哲 学 概 论

韩方希　总策划

赵成文　顾坚男　徐旭开　主　编

王宜凯　孙树华　朱　萌　副主编

张　侠　刘雪林

北京理工大学出版社
BEIJING INSTITUTE OF TECHNOLOGY PRESS

内容简介

本书从哲学与科学、艺术、宗教等文化形式相区别的视角讨论了哲学的对象、哲学知识的特点，特别是从文化意识不同功能的视角讨论了哲学思维、哲学学科性质以及哲学方法的内容和特点。本书还较概括地阐述了哲学主要的分支、主要形态和不同传统，并对哲学与科学、艺术、宗教等文化形式的关系进行了梳理。在表述方法上，本书尽可能介绍不同哲学传统的较为经典的观点，以期使读者对哲学有一个整体的、概貌的了解。

本书可作为各类民办高校本、专科公共理论课的前期教材，亦可作为哲学爱好者学习哲学的入门参考书。

版权专有　侵权必究

图书在版编目（CIP）数据

哲学概论/赵成文，顾坚男，徐旭开主编.—北京：北京理工大学出版社，2023.12重印
ISBN 978-7-5682-4002-4

Ⅰ.①哲…　Ⅱ.①赵…　②顾…　③徐…　Ⅲ.①哲学－概论－高等学校－教材　Ⅳ.①B0

中国版本图书馆 CIP 数据核字（2017）第 095384 号

出版发行 /	北京理工大学出版社有限责任公司
社　　址 /	北京市海淀区中关村南大街 5 号
邮　　编 /	100081
电　　话 /	（010）68914775（总编室）
	（010）82562903（教材售后服务热线）
	（010）68944723（其他图书服务热线）
网　　址 /	http://www.bitpress.com.cn
经　　销 /	全国各地新华书店
印　　刷 /	三河市天利华印刷装订有限公司
开　　本 /	787 毫米×1092 毫米　1/16
印　　张 /	11.75
字　　数 /	290 千字
版　　次 /	2023年12月第1版第12次印刷
定　　价 /	30.80 元

责任编辑 /	陆世立
文案编辑 /	赵　轩
责任校对 /	周瑞红
责任印制 /	李志强

图书出现印装质量问题，请拨打售后服务热线，本社负责调换

前　言

  目前，中国正处在社会转型期，各种改革正在全面、深入地展开，社会现象呈现出多样性和复杂性。面对发展、变化的现实，培养学生的哲学思维习惯显得日趋重要。

  2012年暑期，韩方希校长提出在学校本科专业开设"哲学概论"课程作为学生学习马克思主义基本原理概论课程的准备课程，以及编写校本教材的建议。该建议得到顾坚男及马克思主义基本原理概论课程任课教师的支持。2012年暑期开学，顾坚男协调组织由赵成文、王宜凯、孙树华、朱萌、刘雪林组成教材编写组，并由赵成文提出教材编写框架、三级写作提纲、写作视角、写作体例。在顾坚男的协调组织下，编写组经多次讨论，集体确定了写作大纲。2014年，编写组完成初稿并印成校内讲义开始使用；2015年12月，在顾坚男的协调下又修订了第二稿并印成讲义，在校内使用。在编印校内讲义期间，王宜凯、孙树华做了大量的资料整理、文字编辑、编排工作。2016年下半学期，徐旭开、张侠加入教材编写组，并承担了部分章节的写作。

  本书具体编写分工如下：赵成文编写第一章、第二章、第三章，其中第二章第一节为赵成文与刘雪林共同编写；王宜凯编写第四章；顾坚男编写第五章；徐旭开、张侠、孙树华编写第六章；朱萌编写第七章；徐旭开、张侠编写附录。

  本书在编写过程中参考了大量国内外学者的著作和文章，在此谨向这些学者们表示感谢。由于时间和编者水平所限，书中疏漏之处在所难免，敬请广大读者批评指正。

本教材编写组

2017年1月

目 录

第一章 哲学概述 ………………………………………………………… 1
- 第一节 哲学的内涵 ……………………………………………………… 1
- 第二节 哲学的研究对象 ………………………………………………… 4
- 第三节 哲学性质 ………………………………………………………… 11
- 思考题 …………………………………………………………………… 15

第二章 哲学思维与哲学方法 …………………………………………… 16
- 第一节 哲学思维 ………………………………………………………… 16
- 第二节 哲学方法 ………………………………………………………… 21
- 思考题 …………………………………………………………………… 27

第三章 哲学的基本内容 ………………………………………………… 28
- 第一节 本体论 …………………………………………………………… 28
- 第二节 认识论 …………………………………………………………… 38
- 第三节 价值论 …………………………………………………………… 46
- 思考题 …………………………………………………………………… 63

第四章 哲学的主要分支 ………………………………………………… 64
- 第一节 逻辑学 …………………………………………………………… 64
- 第二节 伦理学 …………………………………………………………… 71
- 第三节 美学 ……………………………………………………………… 77
- 思考题 …………………………………………………………………… 83

第五章 哲学的社会功能 ………………………………………………… 84
- 第一节 批判功能 ………………………………………………………… 84

第二节　整合功能 ·· 88
　　第三节　预测和引导功能 ·· 90
　　思考题 ··· 94

第六章　哲学形态 ·· 95
　　第一节　哲学发展的逻辑 ·· 95
　　第二节　中国哲学 ·· 97
　　第三节　西方哲学 ··· 112
　　第四节　马克思主义哲学 ······································· 139
　　思考题 ·· 150

第七章　哲学与文化 ··· 151
　　第一节　哲学与宗教学 ··· 151
　　第二节　哲学与艺术 ··· 154
　　第三节　哲学与科学技术 ······································· 158
　　第四节　哲学与语言 ··· 162
　　思考题 ·· 165

附录　哲学名著简介 ··· 166

主要参考文献 ··· 179

第一章

哲 学 概 述

第一节 哲学的内涵

"哲学"是人类把握世界的重要方式之一。通常来说，要想了解哲学的复杂内涵，首先要明白"哲学是什么"，亦即能够揭示或说明哲学的含义。先解释概念及其含义，再讨论具体内容，这是经验科学（如自然科学）及形式科学（如数学）的做法。但是，对于涉及较为复杂人文知识的学科（如哲学、美学、伦理学等），这种先介绍概念再分析具体内容的做法往往会导致简单化与教条主义的后果。

一、揭示哲学内涵的困难

对于经验现象、经验事实，要想揭示其外在特征是比较容易的。例如，人们通过观察、实验就可以比较准确地描述某种事物的体积、温度、状态、运动速度、颜色、气味等外在特征；但要揭示其内在特征就有了一定的难度。人们使用比较与概括、归纳与演绎、分析与综合等逻辑方法，使用各种科学仪器，通过研究和分析现象与现象间、现象构成各因素间的关系就可以揭示其内在的特征，如金属的导电性、某些塑料的耐腐蚀性、微观粒子的测不准性等。

但是，哲学的对象至少具有超验性、高度抽象性的一面，对于这种性质，人们不能直接感觉到它，也不能用颜色、体积、温度、导电性等感觉经验的术语来描述它。例如对于"必然性"这一哲学对象，虽然它的"原型"就存在于现实世界中，存在于机械的、物理的、化学的、生物的、社会的等领域的特定关系中，但是人们不能直接仅仅通过观察、实验来确定它的存在，也几乎不可能用观察语言来表达它的存在。所以，从客观方面说，哲学对象的超验性、高度抽象性是造成揭示哲学内涵困难的重要原因之一。

从主观方面看，要想把握超验的、高度抽象的哲学对象，既不能使用物理的、化学的实验手段，也不能仅仅使用分析法、还原法这些科学常用的方法。于是，哲学家们建立了形形色色的思想模式以求理解、接近和把握哲学研究对象，如柏拉图的理念论、老子的道论、亚里士多德的实体论、荀子的天论、德谟克利特的原子论、黑格尔的绝对精神论、胡塞尔的先验现象论、海德格尔的存在论，等等。这些思想模型都具有不同程度的主观性与猜测性，从而也就具有个性与多样性。不同的哲学家对于哲学含义的界说是不同的、多样的，没有也不可能给出一个统一的哲学定义。这是造成揭示哲学内涵困难的另一重要原因。

二、揭示哲学内涵的几种常见视角

不急于揭示哲学的内涵,不急于在了解哲学的全部内容之前给哲学下定义,虽然可以避免简单化和防止教条主义,但是不利于初学者对哲学的学习与把握。初学哲学者总是想先知道哲学是什么,并以此为学习的抓手,建立有关哲学知识的框架,这也是正常的心理。所以,在展开哲学有关理论之前,先简单、概要地界说哲学较为常见的含义,也不失为一种渐进式的方法。常见的揭示哲学内涵的视角有如下五种。

(一)从哲学字面含义的视角

"哲学"一词,源于古希腊文"φιλοδοφια",其词义为"爱智慧"。我国近代翻译家严复将其直译为"爱智学",但这种译名并未得到普遍使用。最早将"φιλοδοφια"译为汉字"哲学"的是日本学者西周,后该译法得到中国学者认可。

汉语的"哲学"一词同古希腊文"φιλοδοφια"的词义十分吻合。"哲"字在汉语中也有"智慧"的意思。《尔雅·释言》说:"哲,智也。"宋代邢昺曾引舍人注:"哲,大哲也。"前者所说之"智"是一般的智慧,是"常人之智";后者说之"大哲(智)",是大智慧,是哲人之智、哲学之智。

要想正确理解智慧,需要把握好"智慧"与"聪明"的关系。不少人认为,智慧就是聪明。所以,哲学是智慧之学,也聪明之学。其实智慧与聪明不是一回事,智慧的含义远比聪明丰富。人们常说"聪明反被聪明误",《红楼梦》中也有"机关算尽太聪明,反算了卿卿性命"。汉代的贾谊将智慧分为"凡人之智"和"非凡人之智",他在《治安策》中说:"凡人之智,能见已然,不能见将然。"贾谊所说的"凡人之智"相当于"聪明",而"能见将然"的"非凡人之智"相当于智慧。智慧的含义中固然有认识论和逻辑的内容,如"知者不惑"[①]"好学者近乎知"[②],但同时其中也含有伦理学的意义。智慧也指不为眼前的、浅薄的和个人的利益所迷惑,而追求长远的、根本的和民族的、国家的利益的精神状态和精神活动。当然这里所说的利益不仅指物质利益,也包括精神文化利益和政治利益。智慧也同人的志向和胸怀密切相关,远大的志向、宽广的胸怀是获得智慧的重要前提。

与哲学含义所联系的"爱智慧"的智慧,可以从四个方面来理解:第一,智慧是一种较高层次的理性思维方式,它坚持辩证法,同时又正确地处理好辩证法与形式逻辑的关系;第二,智慧所要把握的对象是无条件的、整体的、全局的知识,同时它又要正确处理好与有条件的、部分的、局部的知识的关系;第三,智慧追求人类长远的、根本的、整体的利益,同时又要正确处理好其与眼前的、局部的利益的关系;第四,从人生哲学的视角看,智慧与远大的志向和博大的胸襟相联系。

(二)从哲学涉及对象的视角

很多哲学家认为,哲学的研究对象是世界的根本原因。但是,大家对于这种根本原因是什么、它有怎样的性质以及如何表述等方面有着很大的分歧。古希腊的米利都学派把根本原

---

① 出自《论语·宪问》。
② 《中庸》。

因称为"始基"（αρχη）或"本原"，其古希腊文原意是"开始"。始基论或本原论主张世界产生于某种始基、本原，经过演化最终又复归于该种始基、本原。不同哲学家所主张的始基、本原各不相同，如泰勒斯认为是"水"，赫拉克利特主张是"火"，阿那克西曼德则将其概括为"无定形"（απειρου）或"无限"。在中国则有"五行说"、"道"论等学说。后来的哲学家们继续以各种方式讨论世界的终极原因或本原，形成了不同的学说，如柏拉图的"理念论"和"共相论"，德谟克利特的"原子论"，叔本华、尼采的"意志论"，等等。

有些哲学家认为，哲学的研究对象是世界的若干最基本的关系，包括自然、社会、人这三者各自要素的基本关系以及三者之间的基本关系。例如，柏拉图在其理念论中讨论了共相与殊相的关系，其后的唯名论与实在论继续争论这种关系，而这种共性与个性的关系是世界的基本关系之一。古希腊智者普罗泰戈拉认为，人是万物的尺度，是存在者存在的尺度，也是不存在者不存在的尺度，他讨论的是人与外部世界的关系。近代西方的洛克、休谟、贝克莱和现代西方的马赫等把人的感觉与外部世界的关系提到哲学对象之列，随后又有哲学派别把直觉、意志等人的某些主观因素与世界的关系作为哲学的对象。现代西方分析哲学认为，世界的基本存在是"事实"，哲学的对象是人类语言与事实之间的关系，是语言与事实之间如何相对应的法则，也是人与世界关系的一种表现形式。当代的生态哲学把景观多样性、生物多样性与人的活动的关系作为哲学的研究对象。也有哲学派别认为，世界的基本关系也就是世界的普遍规律。

从哲学所涉及对象的视角揭示哲学的内涵，可以对哲学作如下界说：哲学是探讨世界的根本原因、世界的本原的学说；哲学是关于共性与个性、实体与属性、有限与无限、自由与必然等世界基本关系的理论；哲学是关于人的存在与外部世界存在的关系的学说；哲学是关于主观与客观的关系的学说；哲学是关于自然、社会、人、思维发展普遍规律的学说……

（三）从哲学讨论内容的视角

哲学研究内容是哲学研究对象的主观化、知识化，或者说把哲学的研究对象以理论的、知识的形式加以表达就形成哲学的内容。把"始基""本原"理论化，形成哲学本体论、形而上学理论；把"人与外在世界的关系"理论化，分别形成实践论、认识论、价值论、感觉论、意志论；把世界最基本的关系理论化，形成哲学范畴论；把自然、社会、人、思维等领域的存在与发展变化规律理论化，分别形成自然观、历史观、人文观、思维观，对四者的共性进行概括则形成世界观。

从哲学内容的视角揭示哲学的内涵，可以把哲学归结为：哲学是关于本体论、形而上学的理论；哲学是关于实践论、认识论、价值论的理论；哲学是关于感觉、意志的形而上学理论；哲学是关于生态的形而上学理论；哲学是关于人的形而上学理论；哲学是范畴理论；哲学是方法论；哲学是关于世界观的理论……

（四）从哲学表现形式的视角

哲学可表现为概念、判断、推理体系（如柏拉图、亚里士多德、康德、黑格尔等哲学家的理论体系），也可以表现为人的理想、信念体系（如孔子、孟子、庄子的哲学）。

哲学也可以是主体的自觉的、积极的思想活动和探索活动。哲学的思维活动是反思的、自觉的沉思活动，是对自我意识的再思考活动。没有哲学思想活动，就不会有各种哲学理论体系。

哲学又可以是社会思潮。有影响的哲学会得到社会的认同，进而向艺术、文学、宗教、道德、政治、社会习俗等领域渗透、扩散，形成社会思潮，如存在主义思潮、后现代主义思潮等。

因此，哲学既是理论体系，又是理想、信念体系；既是思想活动，又是社会思潮。

（五）从哲学学科性质的视角

哲学学科性质及其社会功能是由它的研究对象、学科内容和方法特点决定的。亚里士多德说，不同的科学研究的是特殊的存在、特殊的"有"，而哲学则研究存在本身、"有"本身。哲学研究是指向世界的本质、根本与整体的。[1]康德认为，科学是知性通过范畴把相关领域的直觉判断结合成的局部、有限的经验判断，而哲学则是理性通过理念来把各种有限的、各自独立的知识综合成关于世界整体的知识。

哲学指向世界的整体性、综合性。庄子在《庄子·内篇·齐物论》里认为，各种具体的实物、具体的理论虽各有其依据，但各有其局限性、有限性，只有"以道观之"，站在"道"的整体的、无限的视角，才能超越超各种具体物、论的局限性、有限性，使人、物、论达到自由。

各种科学（包括自然科学和社会科学）都是"分科研究的学问"，各自截取自然、社会的某一特定领域、某一部特定部分作为自己的研究对象。这种分门别类的研究虽然可以深化对对象的认识，但是整体的世界被分割得零碎了。而哲学弥补了科学的这种不足。哲学是从整体上、从根本原则上把握世界的学问。正是在这个意义上，哲学被称为"科学的科学"、"科学之王"。当然，对于世界的"整体"、"根本"是什么，不同的学派有不同的理解。

第二节 哲学的研究对象

哲学的对象是一个与认识论、实践论和方法论密切相关的本体论问题，它是哲学探索活动指向的客体。哲学的对象范围是随着哲学探索活动的展开逐步扩展与深化的，包括从物质实体到精神体系，从自然到社会和人，从主观到客观，从感觉到思维，从思维工具到方法，从思想创造的体系到实践的创造物，从自然客体到人工客体，从宏观的宇宙到微观的粒子，等等。

一、哲学对象的分类

从宏大视角去理解，哲学对象可以从以下三个层面来把握。

（一）直观对象与反思对象

哲学对象按其与感觉经验的关系，可以分为直观的对象与反思的对象。

---

[1] 北京大学哲学系外国哲学史教研室. 西方哲学原著选读[M]. 北京：商务印书馆，1984：122.

直观的对象是直接呈现在感官前的客观事实、现象，是日常生活认识与部分科学认识的对象，如太阳的东升西落，海水的涨潮落潮，等等。直观对象本身不是哲学的对象，但它为早期哲学所涉及。所谓"反思"是对意识、思想的再思考。所以，反思的对象是思想、精神本身以及思想、思维的产物本身。思想、理论本身已经是抽象思维的产物，对思想、理论的再思考则需要进一步地抽象。例如，芝诺的"飞矢不动"是哲学对象、哲学问题，是对"飞矢运动"这一经验判断的再思考。哲学的对象以反思性的对象为主，即以思辨性的对象为主，与直观对象相比具有间接性，是间接对象。黑格尔认为，在感性直观的基础上形成感觉、知觉等意识是人的初级认识活动，是精神现象学的内容。对初级意识进行反思形成概念是科学的内容，形成理念是哲学的内容。康德把反思称作"反思判断"，是把种概念归属于合适的属概念之下的思维活动。总之，哲学以概念、判断、推理的形式直接把握、加工初级意识，进而形成高级意识。哲学与反思对象直接相关，与直观对象间接相关。

（二）客观自在的对象与主观重构的对象

"客观自在"与"主观自觉"相对，是独立于主观目的性的存在。典型的客观自在的对象是自然现象、自然规律。自然现象是自在的、无目的的。同人类没有发生任何联系的自然对象可以认为是"客观的"，但是这样的对象也是无法言说、无法表达的，因为人类对其没有任何的意识。客观对象一旦进入人的意识，人类必然使用主观的形式对其进行整理、规范，于是其客观性受到主观性的改变，在主观的感性、知性、理性中建构或重构起包含有被改变了的关于对象的图景或思想模式。

哲学的对象一般说来不是直接的、自在的客观对象，而是经过普通意识、科学意识建构或重构的对象。这种经过主观对客观进行建构或重构的对象是可以言说、可以用语言表达的。

唯物论认为，客观自在的对象是原型（康德称其为"物自体"），而由意识建构、重构的对象是仿型。前者以外在必然性的方式对后者加以限制，后者对前者以目的性与能动性的方式加以扩展、组合与创作。但是，"原型说"只适用于主观对简单自然事物的外形模仿。至于物质的微观层次及其规律、宇观层次及其规律、较为复杂的物质系统存在和运动机制是否存在着某种预先的"原型"以及这种原型以何种方式存在，这个问题尚无定论，很像庄子与惠施的濠梁之辩——"子非鱼，安知鱼之乐"。

（三）元对象与复合对象

元对象是指单一的、基本的对象，其内部结构不可再分，其内部要素性质单一，如德谟克利特的"原子"、泰勒斯的"水"、赫拉克利特的"火"等。复合对象是指由不同性质要素组成的对象，或其单一的性质可进一步分解出较深层的原因，如亚里士多德的"实体"，其存在依赖于质料因、形式因等。老子的"道"也是如此，它不是单一性质的存在，而是多种性质的混合。确立元对象多使用分析的方法，而确立复合对象多使用综合的方法。

二、哲学对象与哲学问题和任务

一般说来，哲学对象具有整体性。康德、黑格尔等德国古典哲学家把自然（一切自然现象的总体）、灵魂（一切精神现象的总体）、上帝（自然与灵魂的统一）确立为哲学的对象，但类似这样的哲学对象过于宏观，须从不同视角对其进行细化探讨。

对哲学对象进行有目的的细化思考与研究就会形成哲学的任务。哲学任务总是与哲学对象密切相关的，有时针对哲学对象的讨论会表现为对哲学任务的讨论。传统哲学往往从哲学整体对象的存在出发，依照演绎法推断出哲学的部分对象的存在。这种基于演绎法的推论也叫解释，演绎是对对象的逻辑解释。这样就形成了哲学家们演绎、解释哲学对象的传统。传统哲学的一个重要任务就是解释世界。马克思对这种传统给予了批判考察，认为以往的哲学脱离社会实践来讨论哲学的对象，不懂得哲学的根本任务是改造世界。

当我们的预想与对象本身或对象的某一方面的属性不一致时，就产生了问题。英国哲学家卡尔·波普尔说，科学始于问题，其实哲学也不例外，哲学思考与研究也有始于问题的一面。可见，问题是对对象思考的深化与细化。

深刻的哲学问题往往是反思的结果，是构成哲学对象的重要成分。我国古代屈原在《天问》中提出的某些具有宏观性、整体性的问题，如"遂古之初，谁传道之？上下未形，何由考之？冥昭瞢暗，谁能极之？冯翼惟像，何以识之"等，都是关于世界本原对象的根本问题。又如，康德提出的"世界在时间与空间上是有限的还是无限的？""在世界上是否存在着不可分的单一实体？""万物是有自由的还是没有自由的？""世界之内或世界之外是否有绝对的最终原因？"康德的这四个二律背反问题无疑成为后世哲学探讨的对象。

三、哲学的主要对象

从具体指向来看，哲学对象主要有以下几种：

（一）宇宙万物的本原

把本原作为对象，确立了哲学这种把握世界方式的特殊属性，体现了哲学特有的视角与方法。

"本原"有"木之本、水之源"的含义，喻指事物的重要部分、源头、根本原因。宇宙的本原是指宇宙的源头、根本原因。对宇宙本原探讨来自人的理性本性。人的理性首先表现在对原因的不断追问上。亚里士多德说，人们由于诧异和困惑才开始研究哲学。[①]诧异和困惑都是探求原因的动力，其结果必然产生对原因的追问，而对原因的不断追问会产生一个无限的因果链条。但是，理性不满足于原因的恶无限性，它要追求世界的统一性，从而假设存在着一个最终的原因或第一原因。这个第一原因就是宇宙的本原、世界万物的开端，也是世界统一的根源。

对万物起源和根本原因的关注也是人的较为原始的意识本性。在世界很多民族的神话传说中，都有世界起源与人类起源的内容。例如，中国古代有盘古开天辟地、女娲造人之说；古希腊罗马神话中，普罗米修斯用泥创造了人类，天神乌拉诺斯和地神特拉开创并主宰天地。哲学对世界本原的探讨是以理性的方式继承和发展了神话传说的内容。

"世界的本原"不是客观自在的对象，而是哲学家们主观重构的对象。因此，在不同哲学家那里，世界的本原各有其不同的图景。

---

① 北京大学哲学系外国哲学史教研室. 西方哲学原著选读[M]. 北京：商务印书馆，1984：119.

1. 以某些直观对象为本原

在古希腊，爱奥尼亚的哲学家们把感觉经验范围内的某种直观的物质实体看作本原，如米利都泰勒斯的"水"、阿那克西曼尼的"气"、赫拉克利特的"火"等。一般说来直观对象不是哲学讨论的对象，但是"本原"不论就其性质还是就其内容看却均是哲学的对象。于是，被当作本原、第一原因的"水"、"火"、"气"等就不再特指某种特定条件下的特殊的"水"、"火"、"气"，而应该从与"本原"具有同样间接性的对象方面来理解。把直观实体作为具有抽象性的本原是早期哲学的一个重要特征。

也有某些哲学家不是把直观的实体作为本原，而是把某些直观的属性作为本原，如阿那克西曼尼的"不定形"（或译作"无限"）。这里"不定形"主要是指水的流动性。相比把实体本身作为本原，把可感的直观的某些物质实体的属性作为本原具有进一步的抽象性、间接性与反思性。此外，"不定形"把本原与运动、变化结合起来，认为运动与变化是本原的本性，丰富了本原的内容。

2. 数量关系为本原

数是事物的属性、事物的规定性，也是事物与事物之间的基本关系。简单的数可以是直观的，例如，人们在直观事物外在表象的同时，也就直观了这些事物的个数。但是，对于复杂的数量关系以及对计数与计算的把握，则需要抽象思维。古希腊的毕达哥拉斯及其派别正是把数看作世界始基、本原的哲学家团体。毕达哥拉斯认为数是可感觉的，与可感觉的水、火、气等具有相同的性质；他还认为数是世界的第一原因、第一原则。认为数是世界的本原的观点，补充了仅仅从质的方面探讨世界本原的不足。但数、数量关系具有两面性，即简单的数量具有直观性，复杂的数及计算具有抽象性、间接性。这样，把数作为本原为从物质本原到精神本原的过渡作了理论准备。

3. 以理念为本原

随着人类思维能力与水平的逐步提高，哲学家们对世界本原的探讨从直观的具体实物、实物可感的属性、半直观性质的数量关系发展到思想对象。柏拉图是西方哲学史上第一个明确提出思想因素是世界本原的学者，他主张理念是世界的本原。此处的理念相当于同类事物的种概念，它是通过使用归纳法对同类事物的共性进行概括而得到的。理念的基本含义就是"共性"，所以也有人把柏拉图的理念翻译成"共相"。理念是事物的本质，是具体事物追求的目标。具体事物正是因为具有了理念才成为符合其性质的事物的。柏拉图认为，世界分为理念世界与现实世界，理念是真实的世界，现实世界是虚幻的世界、影子世界。理念本原论揭示了事物的共性与个性的关系问题对于哲学的重要性，引起了后世哲学界的广泛讨论。但是，柏拉图的理念论最终也并没有处理好共相与个性的关系。

4. 以实体为本原

实体是与属性相对的存在，是属性的载体，是自身独立的存在。属性不是自身独立的，它要依附于实体。在逻辑判断中，实体往往处于主词的位置，而属性则作为宾词。例如，"这朵花是红色的"，从逻辑视角看，花是主词，红色是宾词；从本体论视角看，花是实体，是本体，红色是花的属性。

亚里士多德在批评柏拉图理念本原论的同时，提出了实体本原论。亚里士多德认为，共相不能离开殊相而单独存在，所以共相与表示共相的理念不是独立的存在，独立存在的只能是具体事物。具体事物是独立的、真实的存在，所以是第一实体，而种、属这些共相均要通过具体的事物而存在，是第二实体。

现实世界的基础是第一实体。实体论转换了始基论的问题。始基论的问题是"什么是世界的开始并且万物又复归于它"，实体论的问题是"什么是世界的基础并由以构成了世界"。实体论把始基论对世界起源和归宿的追问转向对世界结构的追问。亚里士多德的本体论认为，世界、运动在时间上是无限的，没有开始。

世界在时间上没有开始，但是第一实体的存在有原因。亚里士多德列出了四种原因：质料因、形式因、动力因、目的因。例如，一座大理石雕像，其原材料、材质是大理石，这是质料因；该雕像有一定的构图、比例、结构，这是形式因；该雕像来自雕刻匠的灵感与创造，这是动力因；雕刻者为了纪念、表达情感、信仰、美化环境等而进行雕刻，这是目的因。四因说对于解释人工自然是比较恰当的，但是对于解释天然自然就显得牵强附会。

为了进一步讨论世界的基础（本原）与结构，亚里士多德又概括出了世界的十种基本的关系：实体、数量、性质、关系、空间、时间、形态、所有、能对、被动。表达基本关系的概念被称为范畴。范畴所反映的基本关系也是"本原"的内容，是哲学的对象。

5. 以种子、原子等物质微粒为本原

种子、原子是物质微粒，具有超感觉性，只有靠抽象思维才能把握。阿那克萨戈拉主张"种子"是本原，留基波、德谟克利特、伊壁鸠鲁等主张"原子"是本原。

古希腊的阿那克萨戈拉认为世界上可感知的实物是由不可感觉的物质微粒组成的。此种微粒被称为"种子"（δπερματα）。种子在数目上无限多，其体积无限小；不同种子具有不同的形状、颜色和气味；种子聚合则形成事物，种子消散则事物分解，所以事物并无存在与不存在的转换。万物由种子组成，种子中也包含着万物。

德谟克利特发展了上述种子的理论，提出原子是世界的本原。"原子"（ατομα）希腊文原意是不可分割，是指不能再继续分割的物质微粒。这种微粒由于太小而不可感觉。原子是单一物，不是组合物，密度大，内部没有部分、没有空隙，所以不可分割。原子没有性质上的区别，而只有重量、形状、大小的不同。原子在虚空（空间）中运动，相互碰撞结合形成万物。所以原子是世界的原因，是世界统一的基础。

近代自然科学的原子论在实验基础上发展了古代原子论的合理成分，主张原子组成分子，分子组成物体。原子具有广延性、不可分割性，以及原子量不变则化学性质不变等特性。近代自然科学的原子论是机械唯物论自然观的基础。

6. 以道为本原

中国古代哲学家老子、庄子主张道是本原。"道"本意为道路，引申为规律、法则、本原等意。

老子说："有物混成，先天地生。寂兮寥兮，独立而不改，周行而不殆，可以为天下母。"

"人法地,地法天,天法道,道法自然。"① 道是万物的根本原因,先于宇宙万物而存在,无声无形,独立自存,运行不息;道也是万物的法则。

关于道的存在性质与状态,老子如此描述:"道之为物,惟恍惟惚。惚兮恍兮,其中有象;恍兮惚兮,其中有物;窈兮冥兮,其中有精;其精甚真,其中有信。"② 道处于运动变化之中,所以没有固定不变的形体,但在变化之中产生出"象"与"物",道深远无边,冥暗无界,却有真实确凿的"精"气形成。

道如何生成万物呢?老子如此叙述:"道生一,一生二,二生三,三生万物。万物负阴而抱阳,冲气以为和。"③ "一"为原始混沌体,"有物混成";"二"为阴阳、天地等原始对立物;"三"为阴、阳与其统一之物。

老庄的"道"不同于西方的原子、灵魂、理念等本原。后者是分析的,物质本原与精神本原是分离的;前者是综合的,是包罗物质本原与精神本原的。老庄的"道"有时更像是大爆炸之初的宇宙总体。

7. 以其他精神总体为本原

除以上几种观点外,还有其他以精神总体为本原的,例如笛卡儿的"我思故我在",便是以"我思"为本原的。

(二)自然、社会、人的各自的性质、整体图景以及三者之间的关系

按照亚里士多德的说法,哲学以有、存在本身为研究对象,那就有必要分别讨论自然界的存在、社会的存在与人的存在。

1. 自然界的存在及其总体图景

从哲学发展的历史看,哲学在早期主要探讨自然界的存在,明确什么是自然,什么是存在与非存在,自然界是如何运动的,自然界运动的动力是什么,自然的万物如何生成,等等。近代机械论以牛顿力学和拉普拉斯的动力学决定论为基础,为哲学建立了机器自然界图景。

2. 社会的存在及其图景

早期西方哲学在探讨自然存在的同时,也涉及社会存在,讨论的主要对象限于社会宏观秩序、道德原则、理想社会的原则等。中国古代大部分哲学的探讨重点不是自然的存在(老庄哲学除外),而是社会宏观秩序、典章制度、道德原则以及理想社会的原则等问题。近代西方哲学随着资本主义的萌芽、产生和发展对社会存在的探讨逐步深入,讨论的对象扩展到国家、法律、公共权力等的本原问题、合法性问题,以及人类历史发展的规律性等问题。现代哲学对社会存在的探讨已更加深入和进一步扩展,涉及的主要问题有社会秩序、社会发展的根源、社会唯名论与社会实在论及其相互关系、社会进步的动力、社会及其宏观结构、什么是社会存在、社会存在的要素是什么、社会意识和社会存在的关系、人民群众在社会历史中

---

① 出自《老子》第二十五章。
② 出自《老子》第二十一章。
③ 出自《老子》第四十二章。

的作用，等等。

3. 人的存在

把人的存在作为研究对象是近代以来哲学的任务，但其起源可以追溯到古代，如古希腊智者的"人是万物的尺度"、苏格拉底重申的"认识你自己"等。中国古代哲学关于"恻隐之心，人皆有之；羞恶之心，人皆有之；恭敬之心，人皆有之；是非之心，人皆有之"的人性论，人性善与恶的讨论，以及对"富贵不能淫，贫贱不能移，威武不能屈"等道德人格的讨论也是对人的存在的重要认识。近代西方哲学进一步把抽象的人性作为研究对象，探讨了人追求自由、平等、博爱的倾向以及人权等问题。现代某些西方哲学把人的非理性因素作为人的本质，探讨了直觉、意志、潜意识等对于人、世界存在的意义，而马克思主义哲学把社会关系特别是生产关系作为人性产生的基础。

4. 人、社会、自然的基本关系

世界的统一性既是人、社会、自然内部各要素之间关系的基础，也是三者之间关系的基础。始基论、原子论、理念论、道论等哲学既然承认了某种物质形态、原子、理念、道是世界的本原，同时也就承认了世界万物具有统一性，即分别统一于不同的本原。世界统一性原理不仅具有重要的理论意义，也具有实践意义。物质不灭定律、能量守恒与转化定律、万有引力定律、行星运动定律等自然科学定律的发现离不开世界统一性这一观念的启发与引导。可以设想，如果世界没有统一性，那么就不会有普遍规律，人类也不会有对于规律的认识，我们的宇宙飞行器也休想飞出地球一步，因为如果没有了统一性，地球以外的世界就会根本不同于地球自然界。

世界的差别性既是人、社会、自然内部各要素之间关系的基础，也是三者之间关系的基础。万物莫不相异，世界上没有两片相同的树叶。"万物"一词已经表明世界上的事物在时间、地点、条件、性质、结构等方面是各具特点的，不同的事物有各自不同存在、运行的机制与规律。人、社会、自然三者其存在、发展的规律各不相同，我们既不可把自然规律生搬硬套到社会和人，也不可把人和社会的机制随意地用于自然。

哲学以人、自然、社会的基本关系为对象，即探讨三者统一性、差别性的关系。当代生态哲学对三者关系做了更为深入的探讨。

（三）主体与客体之间的关系

主客体关系是人与外部世界（亦即自然、社会）关系的具体化。在此关系中，人是主体，自然与社会是客体。主体是活动、行为的发出者，客体是活动、行为的对象；主体是主动的一方，客体是被动的一方。哲学探讨的主客体关系包括：主客体成立的前提、条件，两者的性质、结构、特征，两者相互作用的形式、中介等。从哲学演变的历史来看，哲学主要讨论主客体的认识、实践、价值等关系。

（四）主客观之间的关系

主客观之间是主客体关系的细分，是主客体关系的一个方面。不同哲学理论对主客观之间关系的讨论在数量上相比对其他对象的讨论占有更大的比例，是哲学本体论、认识论的对象。

主客观关系在近代以来的哲学探讨中占有越来越重要的地位，这与工业革命以来人类利用科学技术与工业大规模改变自然环境密切相关。恩格斯说："全部哲学，特别是近代哲学的重大的基本问题，是思维和存在的关系问题。"[①]这里的思维与存在的关系是主客体关系的不同表述，其实质是主客体关系。

哲学把主客观关系作为研究对象，其讨论的主要问题包括：主客观含义的界定、各自的基本构成因素、确立的前提，在本体论与认识论中两者及其关系的不同意义，两者相互介入、相互融合、相互转化的条件、过程、媒介等。

第三节 哲学性质

人类把握世界的文化形式主要有科学、宗教、艺术、道德、哲学等，这些不同形式各有不同特点。与文化的其他形式相比，特别是与科学相比，哲学的特性主要包括超验性、整体性、统摄性。

一、超验性

从字面看，"超验"就是超越感觉经验、超出感觉经验而进入意识的抽象的领域。

（一）广义的超验有三种类型

1. 日常意识的超验

日常意识在感觉经验基础上形成概念、判断、推理，并用日常语言加以表达。例如，人们根据对天象的观察，比较太阳、月亮、星星的不同，形成"太阳"、"月亮"、"星星"的概念；又根据对太阳运行的简单观察，得出"太阳总是东升西落的"判断；再根据太阳、月亮、星星均是东升西落，得出"地球是宇宙的中心"的推理。这种超验的实质是以思维的形式把具体的、当下的事物、事实及感官所能直接察觉到的它们之间的简单关系变成意识。日常意识使用的概念、判断、推理与具体的、单一事实、现象及其关系有直接对应关系。

2. 科学思想的超验

科学思想是使用科学的方法并在科学理论的指导下对科学事实及科学事实之间的关系进行观察、实验，得出相关的概念、判断、推理，并用科学术语以及相应的人工符号加以表达。例如，学者在研究气体的状态时，用"温度"来代替日常用语中的"冷热"，用"体积"来代替日常用语中的"大小"，用"压力"来代替"膨胀"；又根据实验和观察得出气体的温度、体积、压强之间关系的"理想气体定律"，并用公式 $pV=nRT$ 表示。这种超验的实质是科学家共同体以约定的思想性范式建构事实、现象及其关系。科学概念通常不是日常生活中的单一性概念而是属概念；科学原理揭示的已不是感官所能直接察觉到的事实之间表面的、简单的关系，而是事物、事实之间较为隐蔽的、内部的关系。但是，科学

[①] 中共中央马克思恩格斯列宁斯大林著作编译局. 马克思恩格斯选集（第4卷）[M]. 北京：人民出版社，1995：223.

术语、科学原理仍然与特殊范围内的事实、现象及其关系有直接或间接对应关系。其中较为简单的、经验性的定律有直接对应关系，如上述的"理想气体定律"；较为复杂的、原理性定律有间接对应关系，如能量守恒与转化定律。科学理论体系中虽然也多少含有超验的内容，但其主要的、绝大部分内容是经验的。

3. 哲学理论的超验

哲学理论以反映经验事实的日常意识、科学意识为基础，或以这些意识与事实的关系为基础，所以哲学也直接或间接与经验相关，但它不满足于经验事实而要进入更加抽象的、更加超验的领域。哲学使用更加抽象的概念和范畴来揭示、建构和重构经验世界不同类型的"共相"、基本性质、深层关系和复杂关系，如物质、社会、精神、自由、时间、必然等概念和范畴；用理论模型勾画经验世界整体图景，勾画理想世界的图景，如"我思故我在""世界是物质的，物质是运动的""人工自然是合规律性同合目的性的统一""人是目的，不是工具"等。

哲学的大部分内容是超验的。这里的"超验"应界定为源于经验又超越经验。如果仅仅界定为超越经验，那这种方式就不是哲学的，而是知性的。只有知性才会把经验和超越绝对地对立起来。哲学超验的实质在于哲学的范畴、哲学理论与经验世界不直接对应。

哲学的超验性并非高高在上和完全脱离经验世界的，而是以抽象的方式关心、理解经验世界。同时，哲学通过日常意识、科学思想及其他意识形式与经验世界有着间接关系。只有这样，哲学才能更好地解释世界，以及指导实践改造世界。

（二）狭义的超验性特指哲学的超验性

哲学的超验性表现在以下几个方面。

1. 哲学对象的超验性

哲学对象是反思性的对象，与经验界是间接关系。第一，哲学的宏观对象诸如自然、社会、人、意识等是整体，是具有无限属性的总和。特别是自然界，其变化、时间、空间都具有无限性。整体性、无限性、总和性是感觉经验无法把握的，因而是超验的。第二，哲学要讨论的因果、实体与属性、自由与必然、本质与现象、潜在与现实等基本关系也是感性经验所不能把握的，是超验的。第三，自我意识对于感觉经验、知性、理性等的性质和主观能力的考察与批判也是超验的。

2. 哲学表现形态的超验性

哲学探讨、沉思、批判等思维活动可通过概念、范畴、判断、推理等理论形态表现出来。首先，哲学的概念、判断、推理体系是以语言文字等抽象符号表示的，具有超验性。科学也是理论体系，也由概念、判断、推理组成。科学的超验是广义的，科学仅在"抽象形式"的意义上是超验的，但在内容方面是经验的，所以也被称为"经验科学"。而哲学不论在形式还是在内容方面均是超验的。

3. 哲学重构的关于世界的图景的超验性

哲学理论的根据论虽然最终来源于现实世界，但是哲学不是照搬也不可能照搬现实世界。

况且现实世界的总体面貌是怎样的,任何人不可能预先知道。哲学只能在当时社会发展的水平、科技进步水平和人类思维发展水平的基础上以范畴、理念、理论的抽象方式来建构、重构世界的宏观图景。这个宏观图景是人的目的性与现实世界客观必然性的统一。由于该图景中包含着人的目的、价值、猜测等主观的因素,所以其超验性是不言自明的。

以经验为基础经过多重抽象进而达到超验是树立理想的前提。在这种意义上可以认为,没有超验就不会有理想。没有理想人的生活将失去方向和动力,像浮萍一样随波逐流。

二、整体性

从整体上把握事物,从整体上把握世界是哲学的特征。这与哲学的高度抽象性、超验性是一致的。

科学是分门别类地研究事物、自然与社会的。不同科学学科研究事物的不同属性、研究自然与社会的某一部分。科学技术发展的表现之一,就是学科、专业越分越细。学科、专业林立有益于人们深化对世界的认识,但也养成了从专业视角片面看世界的习惯,而哲学的整体性思维恰好是对这种片面性的纠正。

整体性可分为不同的层次,如个体的整体性、由相关个体组成的系统的整体性、自然界的整体性、社会的整体等。

(一) 个体的整体性

个体事物的整体性由它的各方面、各层次、各种属性、内外部联系、历史与现状、潜在与现实、存在与运动以及上述各种情况的原因、机制等因素组成。此外,把上述方方面面的情况罗列在一起,也不是该事物的整体。要真正地从整体上把握该事物,还必须按照事物的本身的固有结构有主次、有秩序地把上述各要素组成一个有整体。科学的专业分工习惯于把个体事物分割成零碎的、互不相联的性质与部分,再把这些各自独立的性质、部分加以夸大。科学的分工虽然可以深化人们对事物某些属性、某些部分的认识,但也使个体事物的整体被肢解。哲学对于个体事物整体的关注和追求,可以给人们提供一个关于事物整体观的指导,避免或减轻仅仅使用分析法、还原法带来的错误。

(二) 世界的整体性

同理,自然、社会、个体的人也是整体。但是某些常识性思维和科学专业思维滞隅于一孔之见,只看对象中的个别属性、个别部分、个别领域,有意或无意忽视整体性,犯了"只见树木不见森林"的错误。也有片面思维者把整体性归结为部分,认为部分的特性就是整体的特性,导致"部分崇拜"。"部分崇拜"在人类社会发展的各个时期都有不同形式的表现,如原始人的"图腾崇拜",近代的"机器崇拜",商品社会中的"商品拜物教"、"拜金主义",等等。

数量是事物的重要属性,数量关系是事物间的重要关系。认识数量和数量关系可以较为精确地把握事物。但数量和数量关系不是事物的整体。"数字崇拜"者往往把事物归结为数字,古希腊的毕达哥拉斯认为数是世界的本原,显然是一种数字片面性。在现代社会中,"数字崇拜"的一种表现是把世界、社会、人整体归结为测量数据或统计数据。这种崇拜认为,世界、社会、人就是数据的罗列与堆积,如"GDP崇拜"、"智商崇拜"等。

哲学追求整体性，并不意味着哲学是一种不分巨细、面面俱到的学问。相反，哲学仅仅是通过范畴、辩证法等方法的运用，为人们提供一个观察、思考问题的整体观。所以也可以认为，哲学是关于整体观的学问。

三、统摄性

哲学是时代精神的精华，哲学作为社会思潮对文化各形式或社会意识诸形式有统摄作用。这里的统摄有"统一"、"引领"之意。

（一）文化形式、社会意识形式均是人的精神、意识活动的产物

传统哲学（如康德哲学）把人的意识活动区分为感性、知性、理性三种形式，三者各有特点与分工。感性是感觉、知觉、表象的能力和活动。感性活动对象是外部世界的现象，现象具有个别性、易变性。知性是规范的能力与活动，它把感性材料综合为经验判断。经验判断是科学知识的基础。知性的对象是外部世界一定层次、范围内的本质与规律；本质与规律具有相对的稳定性。理性是把知识统一和形成整体性原理的能力和活动。理性是自觉的意识，是自我意识本身，它一方面必须时刻保持自身的同一性，保持自身的连续性或不变性。另一方面，理性要对知性、感性进行反思。理性的对象是三个统一体：外部现象的统一体——自然；精神的统一体——心灵；自然与心灵的统一体。理性的这三个对象具有形而上学性，是理性为意识树立的三个理想。感性、知性、理性有性质和特点的不同，但没有高低贵贱之分，它们相互影响、相互作用，共同促进意识的进步。理性为感性，知性为基础，感性、知性以理性为引导。

与意识的感性活动相对应的文化形式是文学和艺术。文学和艺术以感性形象反映现实世界。与知性活动相对应的文化形式是科学，科学以专业规范化的理论形式揭示特定现象间的联系和规律。与意识的理性活动相对应的文化形式是哲学，哲学以范畴和理论的形式把握自然、社会、人，以及人的精神领域的最基本的联系和整体关系。宗教是意识的理性与非理性混合的产物。就宗教以一定哲学理论为工具追求世界的统一性来看有理性的因素，就其以盲目信仰为目标模糊信众的自我意识和批判精神来看又是非理性的。

不同的文化形式也没有高低贵贱之分，它们相互影响、相互作用，共同促进社会的精神文明。文学艺术、科学、伦理、宗教等各文化形式为哲学提供丰富的反思素材，哲学为各文化形式提供具有统摄性的形而上学理想目标。哲学对于各文化形式的所具有的统摄性，是理性对于知性、感性所具有的统摄性的实现。

1）本体的统摄性。本体是指作为世界本源的第一实体，是哲学假设的世界最终原因和根本的规则，如中国哲学的"道"、西方哲学的"逻各斯"、唯物论的"物质"、唯心论的"理念"等。本体以其整体性、统一性来统摄引导各文化形式所反应对象的局部性、多样性。

2）理想的统摄性。哲学的理想亦即理性树立的终极目标，是自由、永恒与至善或三者的统一。各种文化形式以其特有的方式反映自然、社会、人的某些个别的、特定的性质和关系，因而具有经验性、部分超验性、局部性和分离性，而哲学由于其对本体与理想的追求而具有超验性、整体性和统摄性。

此外，孔德的实证哲学把"实证性"作为哲学的根本性质。孔德认为，人类的精神发展在经历了古代的神学阶段、近代的形而上学阶段之后，在现代则进入实证阶段。实证性应该

是这一阶段哲学的性质。孔德把自己的哲学称为"实证哲学"。实证哲学把哲学混同于科学，其实质是取消了哲学。与此相类似的还有实用主义哲学。取消哲学思维的结果就是必然导致思维领域的无统摄性、无理想、无终极目标，最终导致思维的自相矛盾与混乱。

思 考 题

1. 如何理解哲学的含义？
2. 你认为哲学的最根本的含义是什么？为什么？

第二章

哲学思维与哲学方法

第一节 哲学思维

思维是人的自我意识的自觉活动。在中文里,"思"就是"想";"维"有"维持"、"保持"的含义。"思"与"维"合在一起,表示连续的想,有一定时间长度的想。临时的想、偶尔的想只是"想一下"而已,都不是思维,思维是有长度的、有深度的想。

思维的生理基础是人脑的神经系统的运动与变化,是人脑利用多种信号系统对所获信息进行加工的活动和过程。利用语言文字符号和其他人工符号进行思维是人的特有属性。

思维按意识形式的不同分为逻辑思维和形象思维。逻辑思维以知性、理性活动为主,其基本形式是概念、判断、推理。形象思维是以感性为主的活动,其基本形式是意象、想象、联想。

思维按对象和内容的不同,可以分为日常思维、文学艺术思维、科学思维、宗教思维、哲学思维等类型。日常思维、文学艺术思维以感性的形象思维为主;科学思维以知性的形式逻辑为主;哲学以理性的辩证法并结合形式逻辑为主;宗教思维是逻辑思维和形象思维的混合。

哲学思维具有如下特点。

一、哲学思维是超越性思维

思维按其方向或指向是否开思维对象可划分为对象性思维和超越性思维。超越性思维是超出对象的范围和现状、与主体的现状有关系等情况的思维。从日常用语看,"超越"是指主体的活动离开了特定的范围、条件、现状等的限制。哲学思维的"超越"是指思维活动离开现有的对象而指向对象以外。但是哲学思维的超越并非简单的离开,而是扬弃式的离开,既基于对象又离开对象。

(一)超越当下事物而指向其"背后"

日常思维是就事论事,限于事物的"实然"、"已然"。哲学思维则是就事寻因、就事探果、就事论理。

1)就事寻因。离开当下的可感觉的事物而到其内部寻求尚未显现的原因;或到事物以外,在该事物与他事物的联系中寻求尚未显现的原因。这正如毛泽东所说的"去粗取精,去伪存真，由此及彼，由表及里"①。

2）就事探果。在所寻求的结果中，既包括积极的结果，也包括消极的后果。哲学对消极后果保持高度警惕。在当代社会，工业化、市场化在促进社会进步的同时，也带来了大量的生态问题，特别是科学技术的误用产生的消极后果更为严重。哲学提醒人们，要学会对人类行为后果的不断追问。

从眼前当下的事物出发，探求有关的原因和结果也是科学的特点。这是哲学思维与科学思维重合之处，但在这里两者仍有很大的不同。哲学把探求因果既作为思维的目标，更作为思维的倾向和习惯。哲学思维要保持对因果的永恒的、不断的追问，科学则只把探求因果作为阶段性目标。不仅如此，哲学思维要对因果关系本身得以成立的条件、因果关系有效性进行批判性考察。

3）就事论理。有三种情况：第一，把对象事物归属于某一类，用类的属性解释该事物。这里的"理"是指属概念或类的有关原理。第二，用已知原因解释该事物。这时的"理"是原因。对于这两种的就事论理，哲学思维与科学思维是重合的。第三，对该事物存在的前提、必然性进行考察。对于已经存在的事物，日常思维与科学思维并不怀疑，科学思维还会为其寻找存在的原因。但哲学思维要超越该事物的存在，考察它是必然的存在还是偶然的存在，是合理的存在还是不合理的存在。科学思维认为，凡是存在的事物总是有原因的，但哲学思维要超越这一点，认为有原因的不一定是合理的，不一定是必然的和有前途的。特别在社会领域和人工自然领域，现存的而不合理的现象、事物更是非常常见的。对于第三种的就事论理，哲学思维的超越性意义重大，它是哲学思维批判性的重要体现。

（二）超越眼前事物而回溯过去、展望未来

相对于眼前，过去和未来都是超验的。但是过去与未来还是有区别的，过去是经验过的，是已存在过的；未来是尚未存在、未知的。对于描述过去，日常思维、科学思维也能做得到，但哲学思维与它们的不同之处在于，把现在的事物看作过去事物合逻辑的发展，把未来看作现在事物的合逻辑的发展，进而把事物过去、现在、未来的统一作为思维倾向与思维习惯。

1. 超越事物的现有价值而指向其潜在价值

事物的现有价值是目前事物对人的意义和有用性、对周围事物的生态意义和有用性。事物的潜在价值是其潜能对于人、对于生态的意义，是将来可能具有的价值。日常思维、科学思维比较注重现有价值，而哲学思维在关注事物现有价值的同时也指向其潜在价值。哲学思维保持对事物价值的动态考察，并把这种考察作为思维倾向和习惯。

2. 超越实用主义和功利主义而指向社会的全面进步和人的全面发展

从字面看，"实用"是"实际的用途、作用"，其字外之意是"即刻的物质利益"；"功利"是指"成绩、效率和利益"，其实质仍然是物质利益。物竞天择、趋利避害是生物进化的法则，趋利避害也是人的本能。追求利益是社会进步的动力，无可厚非。但是利益是可以分为眼前的与长远的、局部的与整体的、个体的与团体的利益；从类型看，利益可以分为物质利益、

---

① 出自毛泽东的《实践论》。

文化利益、政治利益等。不顾甚至牺牲长远的、整体的、团体的物质利益来获取即刻的、局部的、个体的物质利益就是实用主义、功利主义。哲学的超越性思维引导人们跳出狭隘的物质利益藩篱，高瞻远瞩，从"本原"、"本体"、"道"的宏观视角出发，协调好眼前与长远、局部与整体、个体与团体、物质利益与文化、政治等利益的关系。随着社会的进步，人们必然会从对物质的追求扩大到对精神文化、健康安全、参与公共事务管理等各方面的追求，这也要求个人在德、智、体、美、劳等各方面素质得到全面发展。哲学思维的超越是与社会的进步、个人的全面进步相一致的。

二、哲学思维是批判性思维

批判性思维是一种思维方式，是相对于独断性思维和盲从性思维而言的。这里的"批判"是指通过对思维对象的分析、考察揭示出该对象成立的条件和根据，指出其有限性和适用范围，并警示如果该对象超出其适用的范围可能产生的谬误。批判性是自我意识的本性。自我意识不盲目接受未经理性考察的对象和知识。当自我意识被麻痹时，批判性也就丧失了。

哲学的批判性思维的产生同哲学本身产生得一样早。在赫拉克利特的思想中，我们就随处都可以看到批判性思维方式的运用。在此仅举几例。他说："博学并不能使人智慧，否则它就已经使赫西俄德、毕泰戈拉以及克塞诺分尼和赫卡泰智慧了"[1]。这是对"博学就是智慧"这一日常性认识的批判。他还说："如果幸福在于肉体的快感，那么就应该说，牛找到草料吃的时候是幸福的"[2]。这是对"幸福在于肉体的快感"观点的批判。他又说："人们用为祭神而宰杀的牺牲的血涂在身上来使自己纯洁是徒劳的，这正像一个人掉进污泥坑却想用污泥来洗净自己一样"[3]。这是对古代某些宗教行为的批判。

中国的庄子也是一个善于运用批判性思维的大师。庄子与惠施的濠梁之辩有"子非鱼，安知鱼之乐"[4]的名句，表达了人的感觉具有一定程度的不可传达性、不可替代性的思想，提出了人的感性认识的界限问题。

《庄子·天运》中所讲东施效颦的寓言故事，是典型的批判性思维的运用："西施病心而颦其里，其里之丑人见而美之，归亦捧心而颦其里。其里之富人见之，坚闭门而不出；贫人见之，挈妻子而去之走。彼知颦美而不知颦之所以美。"东施不知"颦"的条件与范围，教条式地效颦，结果造成谬误。

在西方哲学史上，康德是第一个把自己的哲学称为"批判哲学"的人。他写了划时代的三批判著作《纯粹理性批判》、《实践理性批判》、《判断力批判》。在《纯粹理性批判》中，康德认为思维批判在于考察人的认识能力，限定知性的范围，揭示范畴应用超出相应的界限必然陷入的困境。康德认为思维批判的性质是消极的、限制性的而不是积极的、建设性的。

在黑格尔那里，哲学思维的批判性也得到了很好的体现。他对欧洲近代的经验论、怀疑论、康德的物自体、不可知论、二律背反等理论进行了批判，并在此基础上阐述了自己的唯心主义辩证法。黑格尔把批判看作发展的重要环节。

---

[1] 北京大学哲学系外国哲学史教研室. 古希腊罗马哲学[M]. 北京：商务印书馆，1982：24.
[2] 同上，第15页.
[3] 同上，第19页.
[4] 出自《庄子·秋水》.

马克思批判了康德的不可知论和主观唯心主义、黑格尔的客观唯心主义，批判了费尔巴哈的形而上学唯物主义，并在此基础上创立辩证唯物主义和历史唯物主义，实现了哲学史上的革命。马克思把批判理解为扬弃，是包含着肯定的否定。马克思认为批判是革命的必要环节。马克思、恩格斯还对资本主义社会制度进行了从经济基础到上层建筑的批判，为无产阶级革命提供了理论准备。

（一）哲学批判思维根源于哲学的终极关怀

所谓"终极关怀"就是对哲学本体论所树立起的三个终极目标的牵挂、关照。如前所述，三个终极目标是指理性所追求的三个无限的总体：自然、心灵与上帝，或自由、永恒、至善。

现实世界万物皆变，无物常住。具体的事物在时间、空间、结构、功能、属性等各方面都是有限的、各具特色的、多样的。理性对众多易变的、有限的、多样的、个别经验事物推演至极或逐步抽象，建立起三个超验的终极目标。这三个目标也是理性的理想，它们具有无限、永恒、单一、静止、绝对等属性，是万物的最终原因。三个目标也是"本原"在物理界、精神界、社会伦理界的体现。

可以认为，终极关怀是指自然界的具体事物以"自然"为理想，追求自由；精神领域的具体意识现象以"心灵"为目标，追求永恒；社会中的人以"上帝"为理想，追求至善。人作为生物是自然界的人，作为能思维、有意识的存在是精神界的人，作为在社会中生活的个体又是社会人，所以自由、永恒、至善是人的终极关怀。无神论者不承认"神"、"上帝"，可以"君子"、"尧舜"为道德理想；马克思主义者可以"为人民服务"为理想。雷锋说："人的生命是有限的，但是为人民服务是无限的。我要把有限的生命投入到无限的为人民服务中去。"雷锋的话阐释了共产主义者的终极关怀的含义，对于我们进一步理解终极关怀是有帮助的。

哲学的终极关怀，一方面对理性的三个目标保持着不断地牵挂、追求，同时又以这三个目标为理想回归现实，对现实中被绝对化的相对事物、被无限化的有限事物、被永恒化的暂时事物、被理想化的经验事物以及相关的思想、理论的谬误之处进行考察、揭露，于是形成批判意识和批判思维，如马克思对"货币拜物教"的批判。马克思首先考察了货币产生、发展的历史，然后指出，货币的实质是充当一般等价物的商品，贵金属充当货币与一般商品没有区别。"金银天然不是货币，但货币天然是金银"[①]揭露了拜金主义者、商品拜物教者把货币、金银绝对化、无限化、神化的谬误。

哲学的批判性思维实质是哲学以理性的理想对现实中背离理想目标的事物和倾向进行揭露并指出其荒谬性的思维倾向和思维习惯。

（二）意识的自觉性、反思性把批判性思维引向深层

意识不是被动地接受感官的刺激、被动地反映外部世界，不是被动地受对象意识的制约，而是根据人的需要有目的、有方向地积极探讨外部世界中有利于人的生存和发展的有关事物和关系。有目的、有方向是意识自觉性的表现。意识要按照自身的目的性、方向性与对象的客观必然性相统一原则来反映外部世界、建构对象；也按照这一原则来考察不符合客观必然性的主观意识，不符目的性的对象及其属性。前者叫作自我批判，后者我们可称之为对象的

[①] 中共中央马克思恩格斯列宁斯大林著作编译局. 资本论[M]. 北京：人民出版社，2004：107.

挑选与改造。

反思有两层含义，一是对思想对象的再思考；二是从对立统一的视角思考对象，亦即从正、反两方面思考对象。反思的动力来自意识的自觉性，反思依据是目的性与客观必然性的统一。反思的进一步考察目标指向意识、思想、理论在多大程度上偏离了客观性，以及对象及其属性在多大程度上不符合人的目的性。正是不断地反思、不断地批判，才使主客观逐步达到统一。

（三）辩证法的否定是批判性思维的重要形式

辩证法是从运动、变易、发展的视角来考察现实事物。在辩证法看来，无物常住，任何具体事物都有一个从产生、发展到衰亡的历史，这是自然界的永恒规律、社会的永恒规律，也是人类存在、发展的规律。事物之所以如此变易，是由于其内部存在着否定因素和倾向。任何事物都由于自身内部的否定而把自己推向对立面——从存在走向消亡。否定并不导致悲观的结论，在旧事物灭亡的同时，新事物又产生了。新事物的不断产生也是自然、社会的永恒规律，新的个体的人不断产生是人的存在、发展规律。

哲学思维的批判性与辩证法的否定相一致。辩证法的否定包含三个方面：第一，它是内部否定；第二，它是新旧事物联系的环节；第三，它是扬弃，是对事物中积极成分的继承、对消极成分的克服。哲学思维批判性深入到事物内部的矛盾，分析其内部积极因素和消极因素，按照事物所处的阶段和条件，促进思维的发展。哲学思维的批判性不崇拜任何权威，包括对自己的消极因素也持批判的态度。

三、哲学思维是反思性思维

（一）反思的含义

"反思"是黑格尔哲学用语，拉丁文是"Reflexion"，原意是"反射"，指光的反射。[①]中文根据黑格尔使用该词时的上下文关系，分别译为"反省"、"反映"、"反思"等。在黑格尔那里，反思也是一词多义，在不同意义上被使用。其基本含义有以下几种。第一，对对象意识的再思考。对象的意识是对对象的直接反映，反思是对意识的再思考。第二，间接性。我们通过镜面的映像来认识对象，镜像是对对象的直接反映，我们或自我意识对镜像进行思考便是其间接性。第三，事物的本质不在直接性，而在间接性，我们应透过现象看本质。第四，事物是互为中介、互为根据的。人们应在事物的相互联系、中介中探索事物的根据、原因。

（二）哲学反思的任务

根据反思一词的意义，可以确定哲学反思的任务。

[①] 黑格尔说："本质的观点一般地讲来即是反思的观点。反映或反思（Reflexion）这个词本来是用来讲光的，当光直线式地射出，碰在一个镜面上时，又从这镜面上反射回来，便叫作反映。在这个现象里有两方面，第一方面是一个直接的存在，第二方面同一存在是作为一间接性的或设定起来的东西。当我们反映或（像大家通常说的）反思一个对象时，情形亦复如此。因此这里我们所要认识的对象，不是它的直接性，而是它的间接的反映过来的现象。我们常认为哲学的任务或目的在于认识事物的本质，这意思只是说不应当让事物停留在它的直接性里而需指出它是以别的事物为中介或根据的。"

第一，对日常意识、科学理论、宗教理论、政治法律理论、艺术理论等意识产物进行再思考。这里所谓的再思考就是辩证地批判。哲学要对不合理的、阻碍社会进步、阻碍人的生存与发展、阻碍人与自然和谐发展的各种理论进行批判考察。哲学不崇拜任何权威。

第二，对人类自身的制度、体制、社会习俗、生产生活方式等进行反省，分析其合理的与不合理的成分；对哲学自身进行反省，不断改进哲学思维方式，改进哲学的内容与形式。

第三，提倡在事物、现象的相互联系中认识世界，特别是在人与外部世界（自然、社会）相互联系中认识世界。哲学既反对忽视人的存在、人的发展的神学理论、机械自然论，也反对忽视自然存在、自然规律以及忽视社会存在、社会规律的抽象的人本主义。

第四，重视中介的作用。在人与外部世界的关系中，实践是最根本的中介。人通过实践证明自己的存在，从而把人与自然区分开来；人又通过实践与自然进行物质的、能量的、信息的交换，从而把人与自然统一起来。逻辑、科学是人与外部世界的思想中介，工具、技术是人与外部世界的物质中介。通过这些中介，人类才能更好地发展人与社会、人与自然的和谐关系。

第二节 哲学方法

方法是认识、实践主体与客体之间的中介，是主体认识、改变、加工客体所使用的手段、工具、程序、途径。方法可以分为三大类，即物质方法、思想方法和程序。物质方法主要有工具、仪器等；思想方法主要有逻辑方法和非逻辑方法；程序是物质方法和思想方法使用的先后顺序、空间布置，以及对方法力度的掌控。

哲学方法是哲学认识、研究对象的方法与表达哲学思想的方法。由于哲学的对象主要是思想、意识、理论，所以哲学的方法以思想性方法为主。

哲学方法又可以分为认识、研究对象的方法与哲学思想的叙述、表达方法两大类。

一、哲学方法与科学方法的异同

科学的对象是经验世界的事实、现象，包括自然、社会、人的生理和心理领域的事实和现象。科学的任务是通过对事实、现象的研究揭示出事实、现象间的因果关系以及必然、普遍的联系。科学研究的方法包括三大部分：第一，搜集事实、现象的方法，如观察法、实验法、调查法、考察法等；第二，对所搜集到的经验资料进行思维加工形成定律、定理的方法，主要是逻辑方法、形象思维方法和直觉方法；第三，建立科学体系的方法，主要是逻辑方法和系统方法。

不同于科学的经验对象，哲学的研究对象是思想、意识本身，所以哲学研究不需要实验和观察，但是哲学仍然需要搜集资料。这里所指的资料不是经验的事实、现象资料，而是思想、文献资料。哲学对思想资料进行加工也需要逻辑方法，但使用时比较灵活，不像科学那样有约定的术语与思维范式。哲学没有固定的思维模式，主要以适合理性思维的辩证法为主。另外，哲学建立理论体系也需要逻辑方法和系统方法。

二、哲学对象的认识、研究方法

（一）古代哲学的直观、思辨与猜测相结合的方法

直观、思辨与猜测相结合的方法是欧洲早期"始基论"者使用的方法。它与古代社会生产力、人类思维和科学发展水平相适应。古代的哲学家们从"万物皆有原因"这一常识出发，追溯出"世界必有一根本原因"的原则，万物从此源头产生，又回归于它。这正像植物的枝叶从根中产生，最后又落叶归根一样，周而复始。

但是这一终极的、根本的原因是什么？依据当时的条件，思想家们只能从现实中的与人们生活关系最密切的实物和实物的属性中去寻找。于是，水、火、气、土、金、木等实物及这些事物的属性（如可流动性、不定性）被确立为始基。

紧接着的问题是，始基是如何产生万物的，万物又是如何复归于始基的？依据当时的条件，思想家们只能靠猜测。思想家们又从现实中与人们生活关系最密切的某些实物的相反又相成的属性（如冷与热、干与湿）出发，用始基与各对相矛盾的属性相互作用来解释万物的产生与复归。

在这里，确定始基是可感的事物或属性，采用的是直观的方法；建立"始基产生万物，万物复归于始基"的世界图景，使用的是猜测法；提出始基与万物相互转化的细节的理论，靠的是没有实证依据的推理，而没有实证依据的推理就是思辨。

始基论本身在今人看来好像很幼稚，也没有实用意义。但是，经过反思，我们就会发现它的伟大意义：第一，它已经建立起哲学的形而上学对象，虽然这一对象还没有脱离经验性，但是它把自然界的统一整体作为理想竖立在人们面前。对照这一理想，现实中再大的存在物也是相对的、有限的、暂时的。第二，它已经建立起了"人类终极关怀"的自然界的目标，使人们的"起源感"、"归宿感"系于大自然。"起源感"与"归宿感"是现实世界因果关系总体在人们的心理、情感上的表现，是与人的生命俱在的。"起源感"与"归宿感"是社会伦理和生态伦理的源头之一。

直觉、猜测、思辨的方法，直到今天仍然在各种研究中被人们不同程度地使用着。猜测法是探求因果关系、原理的重要方法；思辨法往往作为猜测方法的补充，用以论证猜测的合理性；直观法在以实例解释理论时使用。

（二）概念阐释法

概念是思维的基本形式之一，也是哲学思维的基本形式之一。阐明概念是明确对象和表达思想的第一步。所谓阐明概念，就是揭示对象的内涵和明确其外延。形式逻辑用定义的方法来揭示概念的内涵，用分类的方法来确定其外延。哲学除使用形式逻辑的方法外，还使用以下几种方法。

1. 苏格拉底的"诘问法"或"助产术"法

苏格拉底把"善"作为哲学的对象，但对于什么是"善"，他并不急于下定义；对于哪些行为属于善的范围，他也不急于划分。他设想，每个学习者脑海中都有大量关于善的素材，只不过这些素材还没有按目标组织起来，需要有人加以提示，给出一个方向，使这些素材按

一定的顺序形成概念。这样，知识的"婴儿"就诞生了。苏格拉底提示的方法就是不断地诘问，学习者不断地回答他的问题，但他并不直接说出答案。这样持续地一问一答，使概念的内涵越来越丰富，概念额外延不断扩大。有人认为，苏格拉底的"助产术"是"定义"的方法，这是不准确的。"定义"是形式逻辑的方法，它使内涵简单明了，但也容易产生片面性。而"助产术"法，既注意到共性，更注意到定义内涵中不能包括的内容，尽量使概念的内涵丰富。"助产术"法在引导人们关注概念共性的同时，也引导人们关注概念的相对性，关注具体情况具体分析。例如，苏格拉底与他的朋友欧提德谟斯关于什么是"善"的讨论。

欧提德谟斯：苏格拉底，请问什么是善行？

苏格拉底：盗窃、欺骗、把人当奴隶贩卖，这几种行为是善行还是恶行？

欧提德谟斯：是恶行。

苏格拉底：欺骗敌人是恶行吗？把俘虏来的敌人卖作奴隶是恶行吗？

欧提德谟斯：这是善行。不过，我说的是朋友而不是敌人。

苏格拉底：照你说，盗窃对朋友是恶行。但是，如果朋友要自杀，你盗窃了他准备用来自杀的工具，这是恶行吗？

欧提德谟斯：是善行。

苏格拉底：你说对朋友行骗是恶行，可是，在战争中，军队的统帅为了鼓舞士气，对士兵说，援军就要到了。但实际上并无援军，这种欺骗是恶行吗？

欧提德谟斯：这是善行。

在这段对话中，苏格拉底没有直接回答什么是"善"，但讨论了什么是"恶"。这是从善的反面来界定"善"。同时，善、恶均有相对性，随条件的不同而变化。那究竟什么是善呢？这不是一个简单的定义所能回答的。按柏拉图和康德的说法，善是理念，是理想，是所有善行的总体。可见，"助产术"法是典型的哲学方法。哲学方法就是对最大概念理念——只列出表现而不下定义。即使下定义也等于没下，因为任何定义只能揭示善的部分内涵，而不能穷尽善的全部意义。这也是哲学理念不同于科学概念的地方。

2. 康德的概念演绎法

这里所说的演绎，其哲学意义是指推论过程。演绎一词也有法学的意义，它是指对法律依据与事实的关系的论证。康德的概念演绎法包括概念的形成方法与概念的有效运用的方法。康德称前者为主观演绎法，称后者为客观演绎法。前者论证从现象到概念的过程，相当于我们常说的从感性到理性；后者论证从概念到现象，相当于我们常说的从理性到感性。

主观演绎法包括三个阶段。第一个阶段，意识自发地利用时间、空间把各种感觉要素综合为知觉，康德称之为直观把握的综合。第二个阶段，认识活动继续进行，不断有新的表象进入意识，这需要想象把已经过去的表象再现出来，否则意识就中断了。这样，意识通过想象把已经过去的知觉表象再现出来并同新出现的表象形成整体表象。这个阶段被称为想象再造的综合。第三个阶段，不同的杂多表象由自我意识综合统一为关于认识对象的同一个表象以及概念。这一阶段被称为概念认知的综合。通过三个阶段的综合，在自我意识中就形成了关于对象的整体意识（概念）或认识对象。

客观演绎也分三个阶段。第一个阶段，由范畴到思想图式阶段。由于知性范畴具有高度的抽象性，不能直接与经验概念对应，需要建立一个中介，把二者连接起来，而思想图式就是这样的一个中介。康德认为形成知识的范畴共有四组十二个：①量的范畴，包括统一性、多数性、全体性；②质的范畴，包括实在性、否定性、限制性；③关系的范畴，包括实体与偶性、原因与结果、主动与被动的相互作用；④样式的范畴，包括可能性与不可能性、存在性与不存在性、必然性与偶然性。通过思想图式，范畴可以顺利应用于经验概念。第二个阶段，由思想图式到经验概念；第三个阶段，由经验概念到直观对象。这样就完成了从范畴的意识关系到直观对象间现实关系的转化。

康德的概念演绎是建立在先验唯心论基础上的，并且不少环节表述得不够明确。但是，抛开其先验唯心论体系，他的从现实到理论再从理论到现实的认识的运动模式是有很多合理成分的，值得借鉴。

3. 范畴法

哲学的重要对象之一是自然、社会和人存在的基本方式、基本关系，反映这种基本方式、基本关系的哲学概念就是范畴。了解了范畴，就把握了世界的基本脉络、基本图景。使用范畴法描绘世界，一是列出范畴系列或范畴表；二是逐一阐释这些范畴。

1）毕达哥拉斯派哲学的范畴表。在欧洲哲学史上，最早列出范畴表的是毕达哥拉斯派哲学。该派哲学主张"数"是世界的本原，所以数的一些基本关系也就是世界的基本关系。毕达哥拉斯派哲学把范畴称为始基表，列出的范畴共十对二十个，具体如下：

有限	无限	静	动
奇	偶	直	曲
一	多	明	暗
右	左	善	恶
阳	阴	正方	长方

该范畴表以数学揭示的关系（包括数的关系和空间关系）为主，如有限与无限、奇与偶、一与多、左与右、直与曲、长方与正共六对十二个。涉及社会伦理的有一对，即善、恶；涉及自然关系的有三对共六个，包括阳与阴，静与动、明与暗。这些范畴都是成对出现的，说明该学派已认识到世界基本关系的对立统一性。该表中的一与多、有限与无限、动与静、善与恶四对范畴具有极大的普遍性，是对世界最基本关系的揭示。

2）亚里士多德的范畴论。亚里士多德是欧洲哲学史上第一个系统讨论范畴的人。他把范畴看作反映存在的最基本、最一般性质和关系的形式，他还写了《范畴篇》专门探讨范畴问题。亚里士多德列出了十个范畴：实体、数量、性质、关系、空间、时间、形态、所有、能动、被动。

在亚氏范畴中，实体范畴是其中最主要、最核心的。他认为，只有实体这一范畴能在判断中作为主词，能够独立存在；其他范畴只能作为宾词，不能独立存在，需要通过实体而存在，其作用是从不同方面对实体范畴做出规定或说明。

亚里士多德用"实体"来代替古希腊哲学的"本原"、"始基"。哲学思维的进步，表明人类认识的深化。

3）康德的范畴表。康德的范畴表是知性判断的基本范式。康德把传统形式逻辑的四种判断概括或浓缩成四类十二范畴，认为这是把感性直观综合统一于形成判断的先验形式。通过范畴形成的知识才具有普遍性。康德列出的十二范畴在一定程度上反映了现实世界普遍的、基本的关系。

康德的范畴表是按正题、反题、合题的关系列出的，如第一类量的范畴中的统一性、多数性、全体性。康德更重视合题，合题克服了正、反各自的片面性，达到全面性。全面性是客观性的重要保证。按正、反、合的关系来安排范畴表体现了哲学思维的进一步完善。

4）其他范畴。大部分哲学虽然没有列出范畴表，或没有专门讨论范畴问题，但是范畴方法在它们的哲学中也得到不同程度的运用。只不过，有的哲学概括的范畴普遍性程度较高，有的哲学概括的范畴的普遍性程度较小。例如，柏拉图对与"理念"的阐释，关于于"智慧"、"勇敢"、"节制"、"正义"等道德范畴的阐释，这其中理念、正义两范畴普遍性程度较高。又如，孔子的"仁"范畴、老子的"道"和"无为"范畴、卢梭的"自由"和"平等"范畴普遍性程度都较高。

（三）辩证法

辩证法是哲学的重要方法，既是哲学认识对象、建构对象的方法，也是哲学思维、表述思想、建立体系的方法。一般说来，传统哲学、现代人本主义哲学都不同程度使用辩证法，以辩证法来论证本体问题、形而上学等问题、认识论问题；现代分析哲学，拒斥形而上问题，也排斥辩证法。

辩证法在古希腊是一种辩论的方法，是指在辩论中通过揭露对方议论中的矛盾并击败对方的方法。这种意义上的辩证法是主张"不矛盾律"的，它认为言论、思想中出现了矛盾是不正常的。这种意义上的辩证法在中国古代被称为"自相矛盾"。康德也是在"不矛盾"律的意义上使用辩证法的，他认为范畴的误用产生二律背反，陷入矛盾叫作辩证法。

自觉认识到矛盾是普遍的、正常的现象，是事物演变原因的思想家有古希腊的赫拉克利特和中国的老子。他们自觉使用矛盾的方法来描述事物的性质，用来说明运动变化的原因。例如，赫拉克利特说："相反的东西结合在一起，不同的音调造成最美的和谐。"[①] 他还说："在我们身上，生和死、梦和醒、老和少，始终是同一的。前者转化，就成为后者；后者转化，就成为前者。"[②] 他认为："战争是万物之父，也是万物之王。"[③]

老子说："祸兮福之所倚，福兮祸之所伏。孰知其极？其无正。"[④] 这揭示了对立面之间的相互包含。他又说："将欲弱之，必固强之；将欲废之，必故兴之；将欲夺之，必固与之。"[⑤] 这是矛盾方法的巧妙运用，老子告诉人们，在一定条件下，要用相反的办法来实现目的。

如前所述，毕达哥拉斯在建立始基表时，也使用了矛盾的方法。

黑格尔继承了哲学史上关于辩证法是揭露对象自身矛盾的思想，并把矛盾视为支配一切事物和整个宇宙发展的普遍法则。他在哲学史上第一个明确地在宇宙观意义上使用"辩证法"概念。在黑格尔看来，辩证法所揭示的对象本质自身的矛盾和作为发展动力的原则，不仅是普遍适用的，而且是获得其他科学知识的灵魂，是"真正的哲学方法"；只有通过辩证法，才

---

① 北京大学哲学系外国哲学史教研室. 西方哲学原著选读（上卷）[M]. 北京：商务印书馆，1984：27.
② 同上.
③ 同上.
④ 出自《老子》第五十八章.
⑤ 出自《老子》第三十六章.

能把握哲学真理，才能真正获得其他各门科学知识。

恩格斯把辩证法解说为"关于普遍联系的学说"；列宁把辩证法界说为"关于发展的学说"；毛泽东撰写了《矛盾论》，论述了对立统一规律是宇宙的基本规律，他特别强调了矛盾特殊性的方法论意义。

马克思主义哲学建立了实践概念与实践理论，提出了实践基础上精神对于物质的能动作用、社会意识对于社会存在的反作用，进一步发展了辩证法思想，并把辩证法作为重要的认识世界、改造世界的方法。

（四）怀疑、批判的方法

怀疑和批判作为一种态度和精神正与哲学的本性相一致。哲学的产生源于人的惊异。惊异就是好奇、怀疑、质疑。而怀疑、质疑的结果必然导致批判。批判要有说服力，说理必须充分，这就需要论证。怀疑和批判产生于对旧思想的考察，也是新哲学的开端，新哲学思想的建立通过论证来确立和发展。所以怀疑、批判论证是新哲学产生的方法。

1. 怀疑法

怀疑就是对考察对象的前提、内容、形式、结论、结果等方面不相信，提出质疑。从表面看，怀疑是心理想象，是信任的动摇，但其根源是对象本身存在缺陷，对象与关于对象的思想、理论不一致。解决怀疑的办法或是改造对象本身，或是改变理论，或是改变理论与对象的中介，而这些改变又涉及本体论、认识论、实践论、价值论。所以，怀疑虽然不是纯理论活动，但它与理论密切相关；怀疑法虽然不是纯理论方法，包含着心理因素，但以理论方法为主。在这里，怀疑作为心理活动仅仅是引起理论活动的契机，理论是重要的活动，也是重要的内容。

怀疑法作为哲学方法往往在哲学大辩论和社会大变革时期运用较为突出，如中国春秋、战国时期，古希腊的雅典盛期，欧洲的文艺复兴和启蒙运动时期，中国的"五四运动"时期。

笛卡儿是近代法国启蒙运动的先驱，他提出"怀疑一切"口号，对欧洲中世纪以来神学和经院哲学提出质疑。他提出一切不是清楚明白地呈现在理性之前的观念多值得怀疑。他怀疑旧哲学的目的是要建立新哲学，用"实践哲学"来代替"思辨哲学"。他认为一个因袭传统观念的人，不会成为真正的哲学家。笛卡儿的怀疑方法包括怀疑的对象、怀疑的理由、怀疑根据、怀疑的目的。他认为，怀疑的对象是经院哲学，因为经院哲学没有为人们提供真理。怀疑的依据是人们的理性，是清楚明白、不证自明的真概念。他怀疑经院哲学的目的，是建立理性主义的认识论，推广能获得真理的演绎法。

休谟从感觉论的知识论出发，对因果关系的有效性提出质疑。因果关系是科学知识大厦的基石，因果关系受到怀疑，科学大厦开始动摇。休谟的怀疑论引起了哲学、科学领域重要思想家的震惊。据说康德在知道了休谟的怀疑论后，为之连续思考了三天三夜，最后从"独断论"的梦中惊醒。

休谟的怀疑指向哲学的超验范畴，特别是因果范畴。怀疑的理由是因果范畴、因果观念没有感觉印象的支撑。他怀疑所持的依据是感觉论的知识论，怀疑的目的是揭示因果范畴及其所反映的关系不具有客观的、必然的有效性，因果关系只是人们的心理习惯使然。休谟说，因果范畴及其所反映的关系虽然只是心理联想，但对于因果范畴的信念和信心仍然为我们生活所必需。没有因果范畴,我们的生活将陷于混乱。休谟意识到,通过经验的归纳法获得的知识并不具有客观的普遍有效性。知识的不足需要人们的信念来弥补。认识的过程不仅仅是逻辑过程、理性活动的过程,也是信念参与的过程,同时也是理性与非理性共同作用的过程。

2. 批判法

批判就是揭示对象的谬误。辩证的批判是在指出其合理性的同时揭示对象的错误。怀疑使对象动摇,批判使对象进一步受到打击甚至崩溃。批判法的要件:①批判的对象或目标;②对批判对象或目标的分析;③揭示对象谬误所在;④谬误的后果讨论。

由于批判是哲学的本性之一,所以,可以认为,哲学史就是一部思想批判的历史,有新哲学对旧哲学的批判,有不同派别之间的相互批判。在这些批判中,有些是简单的批判,有些是辩证的批判。

三、哲学体系建立的方法

哲学体系是指哲学思想按照一定的逻辑结构构成的有机整体。广义的哲学体系是哲学家的完整的理论体系,如亚里士多德的哲学系统包括本体论、认识论、美学、伦理学等内容,这些内容有着内部的结构;黑格尔的哲学包括逻辑学、伦理学、美学、精神哲学、历史哲学等,这些内容有着以客观唯心主义为线索的结构。狭义的哲学体系是指哲学家的某一具体哲学思想或某一主要著作的结构体系,如康德的《纯粹理性批判》由先验分析论和先验辩证论组成,前者是基础,后者是前者的延伸。

哲学体系从表现形式看,可以是对话式(如苏格拉底哲学),可以是语录式(如孔子哲学),可以是诗歌体(如老子、卢克莱修的哲学),可以是寓言式(如庄子哲学)。大部分哲学家的哲学体系采用论证体。

不同哲学体系建立采用的方法不尽相同,常见的方法有逻辑与历史相统一的方法、普通逻辑的方法、归纳与演绎的方法、辩证法,等等。

思 考 题

1. 哲学思维有何特点?
2. 如何理解哲学思维的超越性?
3. 如何理解哲学思维是反思性思维?
4. 哲学方法主要有哪几种?

哲学的基本内容

通常认为，传统哲学研究的基本内容包括本体论、认识论、实践论、价值论、人论和社会历史论等方面。这里主要讨论本体论、认识论和价值论的基本内容。

第一节 本 体 论

概括地说，哲学本体论主要回答"世界是什么"、"世界的根本性存在是什么"、"从哲学视角看万物存在所依据的基础是什么"之类的问题。本体论是传统哲学的基本内容之一。

"本体论"是对西文"ontology"的中文意译。西文"ontology"由"on"和"logy"两词组成，其基本含义是关于"on"的知识或学问。据考证，"ontology"一词最早由近代德国哲学家郭克兰纽在其编撰的《哲学辞典》（1613 年）中用拉丁文首次使用。他将希腊词"on"的复数"onta"与"logos"结合在一起创造出新词"ontologie"。而希腊文"on"同时具有"是"、"存在"和"有"的含义，中文直译为"存在论"、"是论"或"有论"。所以，从字面上看，本体论就是以形而上的方式从"存有"或"是"的视角对世界万物的存在以及万有的本质、实体、根本、基础等问题进行探讨的理论。"本体论"相当于中国古代哲学的"本根论"。后者的任务在于探究天地万物产生、存在、发展变化的根本原因和最终根据的学说。

一、本体的含义及其多种界说

如前所述，哲学就是哲学家们通过建立概念体系、思想模式对世界进行解释和说明的学说体系。"本体"概念的建立和使用，旨在解释与说明世界存在着的本质与现象、实体与属性、原因与结果、共相与殊相、单元要素与结构整体、本原与派生，以及具有密切关系的各种层次事物、现象之间的隶属关系。"本体"在各种隶属关系中处于决定的、支配的、中心的、基础的地位。

西文"ontology"虽然字面上没有"本体"之意，但无论希腊文的"on"、英文的"to be"、德文的"sein"均是作为系词或动词使用的。而在通常情况下系词或动词是用于表述主词的，是表述"是者"或"在者"的，是表述"谁"或"什么"的。而被表述的"是者"、"在者"就是"事物本身"或称之为"本体"。所以，"本体"是"是"、"存在"、"有"的哲学的必然指向。"ontology"直译为"是论"或"存在论"，意译则为"本体论"。

"本体"（noumenon；thing-in-itself；Sanbstance）从字面看，就是事物本身，它是与该事物有关的各种属性、各种关系的载体（body）。在这里，本体与显现、现象、关系、属性、样式等相对。从逻辑学的视角看，表示本体的概念通常在以"是"为系词所组成的判断中总是作为主词的，在亚里士多德、笛卡儿、斯宾诺莎等人那里被称为"实体"，在柏拉图、康德、黑格尔等人那里被称为"理念"。"本体"的概念比起"存在"的概念更具有形而上学或抽象、超验的性质。

在汉语中，"本体"一词的"本"原指草木的主干或根，与枝、叶相对，引申为根据、本原、主要部分。北宋的邵雍说："道为天地之本，天地为万物之本。""体"一是指事物本身，与事物的属性相对；二是指实体结构，与功能、"用"相对。魏晋玄学以本为体，以末为用。"本体"两字合用，指事物本身、本原、根本。

综合中西哲学史主要哲学家或哲学流派的观点，本体有以下几种界说：

（一）本原、始基为本体

虽然"本体"的概念、"本体论"的提法在近代欧洲理性主义哲学中得到较为普遍的使用，但对于类似本体问题的探讨却可以追溯到古代。古代哲学把探索本原或始基问题作为自己的任务。"本原"或"始基"的基本性质是：万物起源于斯而最终又复归于斯。万物从本源、从始基产生、发端，揭示出本源、始基是万物的第一的、最初原因；万物经过变化、发展最终又复归于本源、始基，这说明本原、始基又是万物的归宿、目标、目的。这"第一因"、"最终目的"等均是本体具有的性质。

本原与本体也有微妙的区别。本原含有"起始"、"发端"的意义，是古代哲学为探讨世界的统一起源而建立的范畴，主要回答"世界从何处开始，起源于何处"。

本体含有"存在本身"、"原本本真实的存在"的意义，旨在回答"在世界的多样性、多层次存在中，什么是更为本质、更为根本的存在"。

（二）能够被思想的存在是本体

在西方哲学史上，古希腊哲学家巴门尼德最早区分了存在和非存在。他认为，存在是可以被思想的，而非存在是不能被思想的。能够被思想的存在是本体，是真实的存在。存在的基本特征是：不生不灭，连续不可分，静止不动，完整无缺陷，可以被思想、被表述。有生有灭、变动不居的感性现象世界是非存在；而现象世界，由于其不断运动变化，思维不能与其一致，所以不是真实的存在。

（三）以概括事物的共相、共性的理念为本体

柏拉图称事物的共相、共性为理念，认为理念是事物的"原型"，而具体事物则是原型的摹本。他认为具体事物是由于"模仿"或"分有"了理念才存在的。理念是真实的存在，具体事物不是真实的存在，因为具体实物变化无常，与理念相比，总是不完全、不完善。具体事物只是理念的影子。具体事物、殊相、个性从属于共相、共性。柏拉图认为共相、共性是事物本身，是真实的存在，这也就是主张理念是根本性的存在，从而是本体，而具体事物、个性则是显现。

（四）实体为本体

实体是本体概念的基本内涵。不少哲学家都有较为详细的实体理论。

亚里士多德反对柏拉图的"共相本体论"，主张单个事物、具体事物是真实的存在。这种真实的存在在逻辑表述中处于主词的地位，所以又称之为实体。实体与属性、数量等相对。属性、数量等通常被表述为宾词。亚里士多德主张实体是存在本身，是本体。[①]但他又主张有三个层次的实体：具体的、单一事物作为实体；形式作为实体；神作为实体。具体实物作为实体是标志存在的，形式、神作为实体是标志万物生灭、变化原因的。亚里士多德提出了四种原因：质料因、形式因、动力因、目的因。四因中的形式因是第一位的原因。

笛卡儿（1596—1650 年）主张有三种实体：我思（心灵）、物体和上帝。笛卡儿给实体的定义是："能自己存在而其存在并不需要别的事物的一种事物。"[②]就表述和论证的顺序看而论，先有我思。"我思故我在"是第一原理，由我思推导出上帝和物体的存在。从创造与被创造的循序看，是上帝在先，上帝创造了我思和物体。心灵作为实体其根本属性是思维，物体作为实体其根本属性是广延。

在物理学领域内，笛卡儿主张物质是唯一的实体，是存在和认识的唯一依据。物质实体与空间在范围上是同一的，其在宏观世界方面无限延伸，其在微观方面则无限可分。在宇宙中不存在非物质性东西。笛卡儿的关于物质实体的理论是唯物论物质观的重要来源之一。

斯宾诺莎认为所谓实体就是"在自身内并通过自身而被认识的东西。换言之，形成实体的概念无须借助于他物的概念。"[③]实体是独立自存的，不以其他事物的存在作为原因和条件。斯宾诺莎列出了实体的四个特征：唯一性、自因性、无限性、永恒性。这四个特征概括了实体作为本体的基本方面。他还认为，"属性"是实体的本质的表现。实体的属性也是无限的，但最重要的是广延性和思维。实体具体化为"样式"。样式也就是具体事物。这样，实体就是包含有无数的属性和样式的整体。斯宾诺莎称其为"自然"。

（五）上帝为本体

中世纪的安瑟尔谟（1033—1109 年）主张上帝就是存在本身，提出了关于上帝存在的本体论证明。由于他的证明是从上帝的概念本身出发来证明上帝的真实存在的，康德称之为"本体论证明"。

哲学史把安瑟尔谟的证明归结如下：

大前提：无与伦比、绝对完善的观念，不仅包含人心中的存在，同时也包含现实中的存在，否则这个观念就不是最完善的了。

小前提：每个人心中都有上帝的观念，这个观念是绝对完善的，不能设想比它更伟大的实体存在。

[①] 汪子嵩："Substance 这个词，现在通常译为'实体'，容易被误解为具体实在存在的物体，我以为还是译为比较抽象的'本体'，更符合亚里士多德的原意"。汪子嵩. 亚里士多德关于本体的学说[M]. 上海：生活·读书·新知三联书店，1982.
[②] 全增嘏. 西方哲学史（上册）[M]. 上海：上海人民出版社，1983：506.
[③] 同上。

结论：上帝既存在于心中，也存在于现实中。

中世纪基督教经院哲学家托马斯·阿奎那将亚里士多德的实体理论和方法运用于上帝的存在论证明，主张上帝是宇宙的本体，是真实的存在。阿奎那论证说，上帝是宇宙万物运动的第一推动者，是世界的最初原因，是自身为必然的最高必然性，是处于世界秩序系列顶端的纯存在，是万物归宗的最终目的。

近代德国理性主义哲学家莱布尼茨（1646—1716年）通过"前定和谐"论和"充足理由律"论证了上帝的存在。莱布尼茨主张不具有广延性的精神实体"单子"是真实的存在，上帝是创造其他单子的"第一单子"、第一实体。上帝作为全知、全能和至善的创造主，一次性地将最高的理性原则赋予所有的单子，然后让每个单子按照自己的内在原则自由发展。上帝是存在的源泉，是本质的源泉，是处在可能性中的事物的源泉。

（六）道为本体

中国先秦时期的哲学家老子、庄子主张道为宇宙的本体。首先，道是宇宙的本原、宇宙的万物源头。"有物混成，先天地生，寂兮寥兮，独立而不改，周行而不殆，可以为天地母。"[①]其次，道为万物的根本原因，由道产生万物，"道生一，一生二，二生三，三生万物"[②]。由道首先生出"元气"；又由元气生出阴阳二气；由阴阳二气生出天、地、人；继之由三者生出万物。再次，道是万物存在的摹本、范本，"人法地、地法天、天法道，道法自然"[③]。最后，道非感官所能直接把握，具有超验性，它"视而不见，名曰夷；听之不闻，名曰希；搏之不得，名曰微"。

除此以外，还有以原子为本体、以人的存在以及人的主观要素（如意志、感觉、人格等）为本体的观点。

二、本体论的历史演进

哲学本体论的发展史大体经历了传统本体论，本体论的怀疑、限制、拒斥，以及本体论重建等几种形式。

（一）传统本体论

从西方哲学发展历史看，传统本体论指古代、中世纪、近代产生和发展的、以实体论、原子论、理念论、上帝存在论等为主干的本体理论，主要包括古希腊罗马哲学的始基论、本原论，理念论、实体论、原子论等；中世纪的神学上帝本体论。此外，中世纪经院哲学的唯名论与实在论的争论也多少涉及本体论问题。近代的欧洲哲学把认识论同本体论结合起来，使本体论理论建构更加深入和系统化。近代本体论主要包括经验论的物质、物体理论，世界物质统一性理论，以及唯理论的实体论、理念论、单子论等。其中黑格尔的哲学体系被认为是近代本体论的集大成学说体系。

---

① 出自《老子》第二十五章。
② 同上，第四十二章。
③ 同上，第二十五章。

（二）本体论的怀疑、限制、拒斥

对本体论的怀疑、限制始于休谟和康德，现代的逻辑实证主义则开始对传统的形而上学本体论加以拒斥。

始于笛卡儿的近代欧洲理性主义，注重理性在存在论和认识论中的作用，而莱布尼茨-沃尔夫理论体系则把理性功能推向新的高峰，认为理性可以把握一切、证明一切，以理性的自明性、推理的有规则性来证明自然（物质）、自我（心灵）和上帝三种本体的存在。康德称沃尔夫（1679—1754年）的方法论为独断论。

1. 休谟对本体论的怀疑

休谟（1711—1776年）从感觉论出发，对物质、自我和上帝的存在理论提出了质疑。休谟认为，人们的任何观念都以由感觉形成的印象为依据，但是，人们没有根据证明有支持自然（物质）、自我（心灵）和上帝三个实体的印象。既然没有相关的印象支持，这三个观念就是虚幻的。他说："每一个观念都是由先前的一种印象或感觉模拟来的；而且我们如果找不出某种印象，那我们可以确乎相信，也没有相应的观念。"[①]他还认为，因果关系也没有证据支持，这种关系仅是人们的习惯联想的产物。既然因果关系都缺乏必要的依据，那么有关"上帝是第一因"、"物质是根本原因"等说法也就不能成立了。

2. 康德对本体论的限制

康德认为，莱布尼茨-沃尔夫等理性主义关于自然、心灵和上帝三个本体存在的证明是对人类理性的误用。康德联系认识论来揭示极端理性主义本体理论的错误。康德把人的认识功能区分为感性、知性、理性。感性是直观的能力；知性是判断的能力；理性是推理的能力。感性直观为知识提供"质料"，知性思维则为知识提供"形式"。思维无内容则空，直观无概念则盲。只承认感性直观，看不到思维的作用，就会犯类似休谟的怀疑论错误；只承认理性概念的作用，离开感性经验做推理，就会犯莱布尼茨-沃尔夫理论的错误。

康德认为，人的理性其本性就是要通过一系列的推理来追求绝对的、无条件的总体的知识，不会满足感性、知性所形成的相对的、有条件的知识。于是理性树立起宇宙（自然、物质）、心灵、上帝三个理想。康德认为，这三个本体仅仅是理性的概念，仅仅是三个"名称"，其中并无实际存在的内容。但是，理性却使用本应该用于综合感性经验的知性范畴来证明无经验内容的三个本体，这就必然要产生被称为"二律背反"的错误。所以，康德得出结论，本体不是知识的对象，我们也不可能获得关于本体存在的任何知识。

但是，康德又说，宇宙、上帝、心灵虽然不是知识的对象，但这并不意味着它们不能成为思考的对象；它们对于"构成"知识没有任何作用，但是它们对于知识的系统化，特别是对于人们的行为的合理性却有着根本性的"范导"作用。可以认为，康德最终是在批判的基础上对休谟和理性主义的观点进行了综合与创新。

---

① 全增嘏. 西方哲学史[M]. 上海：上海人民出版社，1983：641.

3. 以逻辑实证主义为主干的部分分析哲学对本体论的拒斥

传统本体论哲学以无条件的、绝对的世界总体为对象，认为本体是世界的"第一因"、"最终因"。反对本体论的哲学流派要么跟随休谟，从感觉论出发，认为感觉印象是零碎的，根本无法把握无限的"总体"；要么跟随康德，从形式逻辑的矛盾律出发，认为对本体的追求必然陷入"二律背反"。综合两者的观点，就是认为传统本体论既不能得到经验的证实与证伪，也不能从逻辑上判别其真假。

维特根斯坦承袭休谟与康德的基本的立场，认为传统哲学本体论的根本错误在于，它总是企图去思考和言说不可说的东西，其结果却只能是得到一些既不能被验证同时又不合逻辑的无意义言说。所谓无意义，就是认为哲学本体论述说的都是不置可否的内容，既不能使人们获得实际经验知识，由本体论演绎出的结论又难以判断其真伪。

受罗素和维特根斯坦思想的影响，逻辑经验主义提出了拒斥形而上学本体论的理由是因其无意义。石里克认为："形而上学者的努力一向集中在这一荒谬的目标上，要用知识来表达纯粹性质的内容（事物的'本质'），也就是要说那不可说的东西。性质是不能说的，只能显示在体验中，而认识是与体验毫无关系的。因此形而上学的没落并不是因为解决它的问题是人的理性所不能胜任的事（像康德所想的那样），而是根本就没有这种问题。"①卡尔纳普也认为："形而上学命题与任何事实不发生关系，因此它没有意义。"②

逻辑经验主义进一步提出了区别形而上学本体论陈述与科学陈述的"证实原则"和"意义"标准。意义标准包括经验标准和逻辑标准。经验标准是指凡涉及经验内容的概念、用语应该有与其相对应经验事件或事实，能够明确地指出其存在；凡涉及经验内容的命题、判断应该陈述经验内容。逻辑标准是指分析命题应该符合逻辑规则，能够判断其真价值。可以看出，经验标准是对休谟思想的继承；逻辑标准是对康德思想的继承。证实原则主要是指经验的、综合的命题、判断能够直接或间接通过经验加以证实。

逻辑经验主义拒斥形而上学本体论的方法是对涉及科学知识的用语进行逻辑分析，亦即把一个陈述还原为"观察句子"或"记录句子"。而观察句子、记录句子是可以同经验事实对应起来的。凡不能与经验事实相对应的陈述则被看作无意义的形而上学陈述加以拒斥。

但是，包括逻辑经验主义在内的分析哲学流派，尽管其观点中包含很多创新与合理因素，由于不能正确处理理论与证实、个别判断与理论体系、精确表述与抽象论述、物理语言与心理学语言、科学社会功能与哲学的社会功能等的关系，因此其拒斥形而上学本体论的做法也受到来自多种观点的批评。

（三）本体转换和本体论重建

休谟怀疑传统本体论是从非理性的视角出发，以感觉印象为依据，同时以非理性的习惯联想、生活信念来解释因果关系要点；康德限制传统本体论则以知性和理性的功能为依据，以有限逻辑原理应用于无限的理性目标而必然陷入矛盾为要点。黑格尔以后，对传统本体论批判、拒斥是从这两方面入手的；对本体论的改造或重建也是大体上从这两个方面进行的。

---
① 黄颂杰. 二十世纪哲学经典文本（欧洲大陆哲学卷）[M]. 上海：复旦大学出版社，1999：315-316.
② [德]鲁·卡尔纳普. 哲学和逻辑句法[M]. 傅季重，译. 上海：上海人民出版社，1962：17.

1. 非理性本体转换

叔本华（1788—1860 年）、尼采（1844—1900 年）继承了休谟的从非理性视角讨论本体论的立场，强烈反对理性主义，以非理性的人的意志为本体，并将其泛化和客观化，开启了本体的非理性转换。

叔本华主张，世界的内在本质就是意志。意志具有多样性，但最本质的是一种求生产的欲望冲动，也就是"生存意志"（zhe will to live），该种意志的基本要求是获取食物、发展自己、延续生命。宇宙万物均是生存意志的表现，人们的躯体是生存意志的表现、客观化和创造物；动物的躯体与活动、植物生长等也是生存意志的表现、客观化和创造物。

尼采主张"强力意志"（zhe will to power）世界的本质，世界万物是强力意志的外化。强力意志是一种永动不息的欲望和意志，是不停顿地追求力和强力意志。"这个世界就是强力意志，岂有他哉。"[①]

尼采哲学不仅将传统哲学的宇宙、心灵、上帝等本体转换成非理性的强力意志，同时在哲学思想的表达方式上也采取了不同于传统哲学的作法。

2. 对本体论的逻辑的或理性的辩护与重建

随着逻辑经验拒斥本体论遭到责问，为本体论辩护和重建本体论的科学哲学思潮开始兴起。

波普尔（1902—1994 年）认为本体论问题是非常重要的，任何一个科学家都必须有一个本体论的观点作为方法论的指导。他说："把形而上学描绘成无意义的废话是浅薄的"[②]，"我倾向于另一种看法，如果没有任何纯思辨的有时是十分朦胧的形而上学信仰，科学发现是不可能的。"[③]

波普尔认为，坚持一个好的、合理的本体论信仰对科学研究有指导意义。如果否认客观世界的存在，科学研究就会变成主观游戏；如果否认客观世界的存在，人生在世，就成一场空梦，人们就不会对生活抱积极的态度；如果否认在我之外还有他人存在，人们就不会关心他人的苦乐，这样也就不会有伦理道德了。

波普尔提出了"三个世界"的理论：第一，物理世界；第二，主观精神世界；第三，客观知识世界。由此，他建立起自己的多元本体论。

奎因（1908—2000 年）对逻辑经验主义拒斥形而上学本体论的立场提出批评，认为任何科学家在建立理论学说时都以承认某种本体论为前提。他对逻辑经验主义意义标准与证实原则提出反对意见，认为意义标准对分析命题和综合命题的区分本身就具有片面性，因为这两类命题并非可以截然分开的，其区分是相对的。他同时认为，证实原则也仅适用于单个的判断，对于复杂的知识体系整体并不适用。

奎因提出，任何科学理论或说话方式都往往包含有"本体论的承诺"或"本体论约定"。这种人们主观预定的"存在"与实际的存在不一定是一回事，但是这种约定、承诺对于科学

---

① 洪谦. 现代西方哲学论著选辑[M]. 北京：商务印书馆，1993：19.
② 夏基松. 现代西方哲学教程[M]. 上海：上海人民出版社，1985：463.
③ 同上.

理论的选择是非常重要的。

3. 胡塞尔主张回归"生活世界"

胡塞尔（1859—1938年）认为，休谟的怀疑论把理性建立起来的基本概念和范畴归结为心理的虚构，不仅贬低了数学、物理学的意义，而且连根拔出了整个哲学的理想。为解决休谟问题，他要求哲学从自然主义的客观性转向理性的先验性。他建立现象学就是以先验的主体性来求得知识的绝对性。可以认为，胡塞尔是在休谟、康德之后恢复了欧洲哲学史上的追求确定的、必然的、绝对的知识的理性传统。

胡塞尔晚年对欧洲科学危机及其出路进行了思考，提出了以理性构建"生活世界"哲学本体论的思想。胡塞尔"科学危机"的提法并非针对科学进步而是针对包括实证主义在内的片面的科学观、科学价值观和科学方法论。他指出，实证主义的科学观是"一个残缺不全的概念"①，批评实证主义"将科学的理念还原为纯粹事实的科学"②，使"科学丧失其对生活的意义"③。实证主义的科学观导致了实证主义的世界观，其后果是"单纯注重事实的科学，造就单纯注重事实的人"④，而"精神世界的一切形成物，人们所依赖的一切生活条件，理想、规范就如同流逝的波浪一样形成又消失。"⑤他还批判了片面的世界观、科学观所片面使用的自然主义的数学分析方法和只注重偶然性、随机应变的历史主义方法。

克服危机的出路在于回归生活世界，使科学建立在生活世界的基础之上。胡塞尔强调，他所要建立的现象学最终也应该是生活世界的现象学。

生活世界是前科学的世界，亦即尚未被片面化和量化的世界，是意识可以直观的世界。康德说，直观的质料是"物自体"作用于感官引起的，所以"物自体"是康德理论一个前提。但是康德没有展开它，使其处于隐蔽状态。胡塞尔说，类似康德的理论前提，科学和包括现象学在内的哲学的理论前提就是生活世界。生活世界在三个方面优于科学世界：历史优先、普遍性优先、创造秩序优先。

按照胡塞尔现象学的原则，生活世界又是自我意识构建的世界，是意识的"主体性将自己客观化为人的主体性，客观化为世界中的组成部分"⑥。生活世界当然是人的生活世界，应该是多样性的世界，这需要主体将开始时悬置起来的客观的科学、自然的生活态度和"一切实践的构成物（甚至作为文化事实的客观科学的构成物，尽管我们克制自己不对它们发生兴趣）吸引到自身之中的生活世界"⑦。

提出生活世界本体论，已潜含有以人的日常生活实践活动为哲学基础和哲学内容的意味。

4. 海德格尔的存在论的本体论

海德格尔（1889—1976年）认为，哲学的根本问题应该是以"存在"为核心的本体论问

---

① [德]埃德蒙德·胡塞尔. 欧洲科学危机和超验现象学[M]. 张庆熊，译. 上海：上海译文出版社，1988：7.
② [德]埃德蒙德·胡塞尔. 欧洲科学的危机和超越论的现象学[M]. 王炳文，译. 北京：商务印书馆，2001：15.
③ 同上。
④ 同上。
⑤ 同上。
⑥ 同上，第138页。
⑦ 同上，第210页。

题。他既否定柏拉图以来西方理性主义传统的本体论，也反对实证主义全盘拒斥本体论的做法。他以现象学的方法建立起基础存在论的本体论。

海德格尔认为，以往的形而上学在讨论存在问题时，不懂"存在"和"存在者"的区别，把存在混同于存在者，遗忘了对于存在的追问。同时，以往的哲学大都认为存在者是预先给定的。

海德格尔则认为，"存在"是确定"存在者"作为存在者的根基，是使一切存在者得以可能的条件；同时存在又是使存在者显示其为存在者的一系列活动和过程。一切存在者首先必须存在，然后才能逐步成为本真的存在者。没有存在的一系列显现活动，就没有就没有在者。因此，存在相比一切存在者具有优先地位。但是，一切存在又总是存在者的存在，存在也离不开存在者。人这种存在者比起其他的存在者更能显现存在的活动过程，这种存在者与存在有"存在论"的关系，或者说，人这种存在者能够追问存在并且因他的存在而使存在显现出来，海德格尔称之为"此在"。

"此在"在世界中生存，经历着种种的生活实践活动，面对着各种可能性进行选择。开始时把自己混同在"常人"之中，游移不定，优柔寡断；后来它经过"沉沦"、"烦"、"畏"、"死亡"等精神历练，最终破釜沉舟，作出判断。于是"此在"超于自己，获得本真的存在，成为自我。正所谓"少小离家老大回，乡音无改鬓毛衰。儿童相见不相识，笑问客从何处来。"

三、本体论思维方式的基本构架

如前所述本体论，主要讨论存在问题，回答"我们生活于其中的世界其真实存在的是什么"的问题。哲学为什么要建立本体论呢？这就是建立本体论的必然性与合理性问题。

1）世界上事物和现象的存在是多样的，同时又是统一的、有秩序的。存在的这种趋向统一性、秩序性的性质必然导致本体论思维。

大千世界，万象纷呈，各类存在，形形色色。这是世界的多样性。另一方面，这个世界又是统一的、有秩序的。世界的统一性、秩序性体现在万事万物通过因果性、必然性、层次性、相互隶属性而趋向于系统性和整体性。哲学把这种系统性、整体性用概念总括起来就成为理论意义上的本体。

2）世界上的事物、现象既存在着，又不断变化、消失着，新事物新现象不断生成着。事物的这种生成、存在、消亡的辩证法必然导致本体论思维。

每一个事物、现象都有生成、存在、消亡的历史，在时间上、空间上、性质上都是有限的。但是在整体上，世界的存在却是守恒的，其时、空是无限的，其可能性也是无限的。哲学把世界及其分界用一个或几个概念总括起来就成为理论意义上的本体。

3）不论是唯物论所建立起的物质本体还是唯心论所建立起来的精神本体，不论是各种"实体"还是事物的"本质"，它们一方面是理性的概念，是理想；但另一方面，这些概念是有基础、有内容的，绝不是先天幻相。物质本体是由自然、社会、现实的人等作为内容支撑的；精神本体也是由人的心理现象、心理活动及其成果作为内容支撑的。虽然理想不等于现实，但理想来源于现实，并且还会通过人的实践活动、客观世界有规律的演进逐步变为现实。

古希腊的高尔吉亚曾经提出了涉及存在、认识与思想表达的三个著名的怀疑论原则：无物存在；如果有物存在，人也无法认识它；即便可以认识它，也无法把它告诉别人。[①]这三个命题对我们从反面理解哲学讨论本体论思维方式是很有启发的。

第一，无物存在。高尔基亚对该命题的证明可以概括为"存在只有两种情况：存在和非存在"。首先，非存在显然不存在。理由是，如果非存在存在，这本身陷入矛盾。其次，现在只剩下存在。存在如果存在，它要么是派生的，要么是非派生的。如果是非派生的，它必然没有开始，是无限的，但要说无限的东西存在，这是不可能的。因为"无限则无处所"[②]，存在必须有处所、有空间，无处所的存在是不可想象的。

如果存在是派生的，它也要么从非存在派生，要么从存在派生。前者是不可能的，因为非存在是没有的，不能无中生有；后者也是不可能的，因为这等于说，存在是从存在中产生的。但是，既然是存在就不可能有生成，因为正在生成的东西还不是存在。

这一命题涉及的存在论问题，是哲学本体论的核心问题。高尔基亚对第一个命题的论证有漏洞，有偷换概念之嫌，在这里，我们不讨论这个问题，只讨论他思维方式中的僵化之处。

高尔基亚的基本思路是：生成者不存在，存在者不生成；存在与非存在是矛盾的，两者不能贯通；有限与无限是矛盾的，两者亦不能贯通。

如果我们把事物理解为存在与非存在的统一、静止与生成及变化的统一、有限与无限的统一就会得出与高尔基亚相反的结论："事物是存在的"。但是，这需要建立起超越具体实物存在的本体概念和相应的本体理论。

第二，如果有物存在，人也无法认识它。高尔基亚对此命题的论证有明显的逻辑漏洞，这里也不详细讨论这一问题。在论证的内容上，他的基本观点是：思想不等于存在，所以思想也就不能认识存在。高尔基亚注意到思想与存在有着存在论性质上的不同，这是难能可贵的。但是，由于当时相关科学发展水平和人们思维发展水平的限制，高尔基亚还不懂得思想与存在之间同根同源性，不懂得思想与存在通过人的实践活动也可以有同一性。所谓思想与存在的同根同源性，是指人类的意识是自然界、社会长期发展的产物，人的意识认识自然、社会以及人自身并不存在根本性的困难；所谓思想与存在通过实践活动有同一性，是说在实践的基础上，存在的东西可以变成思想的东西，思想也可以变成现实。这两个问题是本体论向认识论的贯彻和扩展，没有本体论思维，认识论问题不可能解决。

第二个命题给我们的启示是：认识是人（主体）与世界（客体）的同源性与对立性、客体的显现性与遮蔽性、认识的形式与内容、主体的多种认识工具的区别与联系、认识成果的绝对性与相对性、认识与实践区别与联系等的统一。如果割裂这些统一，要么导致不可知论，要么导致认识的取消论。但是，解决上述诸方面的统一，需要建立本体论。

第三，即便可以认识它，也无法把它告诉别人。高尔基亚论证的基本思路是，语言不是存在物，语言不是感觉，语言不可能把对存在的感觉传达给别人。存在是有处所的，是占据空间的，而语言是没有处所、不占据空间的，不占据空间的语言不可能把占据空间的存在传达给别人。

第三个命题可以被认为是关于客体（物、世界）的认识结果表达、交流与理解问题。第三个问题是第一、第二个问题的在主体、主体间表达方式、交流与理解方式上的扩展，同时

[①] 北京大学哲学系外国哲学史教研室. 西方哲学原著选读[M]. 北京：商务印书馆，1984：56.
[②] 叶秀山. 前苏格拉底哲学研究[M]. 北京：人民出版社，1983：331.

这一问题又是对上述两个问题的主体间的证明。高尔基亚注意到语言与存在、与感觉和思想的区别，这是其合理性的一面，但是他同样不懂语言与存在、感觉的对应关系。我们知道，即使动物之间也会使用叫声、动作准确地表达它们所发现的外界的新变化。例如，蜜蜂会用舞蹈的方式表达在什么方位、多远的地方发现了花源；灵长类动物会用不同的叫声来传达和理解周围环境发生的危险变化。所以，一般说来，人类就更不存在不能传达、不能交流和不能理解的对外部世界的认识问题。

但是，具体讲来，有着不同经历、不同文化背景、不同价值观、不同生活习惯的人群之间在表达、交流、理解方面会存在一定的困难。培根指出了妨碍人们认识、表达、交流和理解的四种因素，即"种族假象"、"洞穴假象"、"市场假象"和"剧场假象"。然而，有困难并不意味着"不可能"或"不能"。

第三命题给我们的启示是：思想的表达是语言形式与思想内容、语言的逻辑结构与思想内容结构、思想中的客观内容与思想中的主观因素、理性因素与情感情绪等非理性因素等的统一，割裂这些统一，可能造成词不达意、意在言外、语言混乱、言不由衷等表达困难。当然，主体之间的交流、相互理解也需要复杂的沟通管道体系。

在思想的表达、交流与理解方面，本体论原理同样贯彻于其中。具体表现在，思想的可表达性与语言形式、行为方式（包括各种艺术形式）对思想的适于表达性也是同根同源的，都根源于自然的进化、根源于人类的共同或相似实践活动，其中包括主体之间的交往实践。一般说来，只要人们有共同的、相似的实践基础，有共同的经验，那么特定时代的人们的语言、逻辑、行为就可以表达那个时代的人们在共同基础上产生的思想和体会。当然，语言与思想的一致，也存在着相对一致与绝对一致的辩证关系。

第二节 认 识 论

认识论（epistemology 或 theory of knowledge）是探讨认识的本质，认识发生、发展过程及其规律，认识成果及其检验等的哲学学说。英文 Epistemology 来源于希腊语 episteme（知识）和 logic（逻辑，学问），意即有关知识的理论，可译为认识论和知识论。认识论是意译，知识论是直译。从中文字面看，认识是动词，认识论侧重认识活动、过程和规律；知识是名词，知识论侧重知识形态、属性、知识成立的条件等内容。在西方哲学中，"认识论"一名出现较晚晚，始于费雷（I.E.Ferrier）于 1854 年出版的一部哲学著作中，至 1862 年以后，"认识论"提法逐步流行[①]。认识论是传统哲学的重要内容之一。

有哲学就有关于认识问题的探讨，可以说认识问题一直伴随着哲学的产生与发展的全过程。但是，较为系统的认识论则产生于欧洲近代哲学。认识论问题的进一步展开与深化被看作近代欧洲哲学的重要转向，这一转向的发生是与近代欧洲资本主义通过科学技术来发展生产力的需求相一致的。科学技术的进步离不开哲学认识论的指导。

认识论涉及的问题林林总总，概括起来主要有以下几个方面。

[①] 唐君毅. 哲学概论（上册）[M]. 北京：中国社会科学出版社，2005：42.

一、主、客体的区分及相互关系

在认识论中,主体指认识活动的发出者、主动者,回答"谁在认识"的问题;客体是认识活动的对象,是认识活动的被指向者,是被动者,回答"认识什么"的问题。在认识论中,主体与客体的区分是认识的必要前提。认识首先要厘清谁在认识和认识什么。

主客体的区分是一个历史过程。在人类早期,主、客体处在混沌的同一中。那时人还没有明确的自我意识,也没有明确的对象意识,人把自己看作周围世界的一部分,也把周围世界看作自己的一部分。例如,在原始图腾崇拜中,人们把自己看作日、月、山、海、各类动物等图腾物的后代。在古希腊神话里,海、山、太阳以及有关动物被理解为人形化的神;人们也把自己的祖先看作神的后代。这种意识即使在早期希腊哲学中也有体现,例如,泰勒斯认为人是由水中的鱼变化来的。他还认为,自然界万物像人一样,"充满着神灵"[①],亦即主张万物有灵。可以看出,在泰勒斯看来,人有自然的印记(由鱼变来),自然也融合着人的灵气(神灵)。

另一位古希腊哲学家恩培多克勒认为人是用血液来思维的,血液是人的思维力,心是思维力的所在地。[②]他还认为事物流射出某种物质,这种物质恰好与人的感官所具有的孔道相吻合,物质进入感官产生感觉。可以认为,在恩培多克勒那里,主、客体虽然有了初步的区分,但仍然以某种物质为中介而保持着较为原始的同一。

我国先秦时期的管子,曾以"此"与"彼"两个概念来区分认识论中的主、客双方。他说:"其所知,彼也;其所以知,此也。"[③]在此处,"所知"应指认识对象、认识内容的方面;"所以知"应指人的主观认识能力、认识功能方面。

在中世纪,基督教统治着欧洲,人们把"主体性"完全交给了上帝,人们连同他们的哲学都成为上帝的奴仆。

经过文艺复兴、地理大发现、宗教改革以及随之而来的工业革命和科技进步,人们又从上帝那里夺回了自我意识并初步建立起片面的主体性概念。这里所谓片面的主体是相对于全面的主体而言的。全面的主体是感性主体与理性主体、认识主体与实践主体的统一,是主体与客体的统一。但是,近代以来的主体,是以感性与理性相割裂,理论与实践相脱离,主体与客体绝对对立为特征的。

从笛卡儿到康德、黑格尔的理性主义者,把主体仅仅界说为理性思维、自我意识。而自培根开始的经验主义者,只把人看作被动接受外界刺激的感受器,尚未使用"主体"概念来综合各种形式的感性认识。费尔巴哈已经讨论到人的感觉和人的理性,但由于他不懂实践的意义,又离开人的社会性讨论人,只能把人理解为生物学意义上的本能的人。

可以认为,近代以来的哲学虽然自觉区分了主体和客体,特别是自康德开始的德国古典哲学建立了内容丰富的主体和自我意识理论。但是,总体说来,这一时期的哲学对于主、客体的划分是片面的,对于主体的理解是不完整的。

马克思主义哲学认识论把实践概念和辩证法引入认识论,建立起较为全面的主客体关系

[①] 全增嘏. 西方哲学史[M]. 上海:上海人民出版社,1983:34.
[②] 北京大学哲学系外国哲学史教研室. 古希腊罗马哲学[M]. 北京:商务印书馆,1981:60.
[③] 出自《管子·心术上》。

理论。马克思主义哲学把主体理解为进行实践活动、认识活动的处于社会关系中的现实的人；把客体理解为进入人实践领域和人领域的对象。认识过程与实践过程是同一个过程，正如在康德那里认识对象的过程与同在思想中建造对象的过程是同一个过程一样。不同的是，马克思主义强调在现实中而不仅仅是在思想中创造对象。

马克思主义哲学认为，实践活动使主客体得以区分，实践又使主客体统一起来。认识是在时间的基础上产生的，同时认识又为实践提供指导。

二、认识的本质

认识的本质是对认识活动、知识形成过程以及主客体关系的深刻揭示，主要回答"认识是什么？"的问题。

主客体的认识关系是以实践关系为基础的主客体之间的信息交流关系，包括主体对客体的相关信息进行搜集、加工、建构，以及客体对主体所需要的信息的显露、干扰、遮蔽两个方面。主客体这种关系是自然界中不同形式的物质之间相互作用关系发展、进化的结果。荀子说："水火有气而无生，草木有生而无知，禽兽有知而无义，人有气、有生、有知，亦且有义。"[①]荀子列出了从无生命物质经过植物、动物一直到人的关于"知"四种形式的存在序列，也是关于意识史和认识前史的简明概括。离开自然史和社会史就不会有合理的认识，也不会有关于意识本质的正确观点和理论。

对于什么是认识这一问题，不同哲学有不同的回答。

古希腊的恩培多克勒提出（感性）认识是人的感官通道接受事物流射出的物质的过程。他主张"同类相知"原则，可以称之为认识的物质流射说。

德谟克利特则主张认识的"影像流射说"。他认为，原子和虚空构成万物。原子会流射出极细微东西，携带者事物本身的影像，通过空气作用于人的感官孔道，从而引起感觉。思想是精细的影像由感官作用于心灵而形成。

柏拉图主张认识的"灵魂回忆说"。他认为，人的灵魂是轮回不朽的。灵魂在进入人的身体之前，生活在理念世界，随着神灵游历，认识了很多的理念和理念本体。进入身体之后，灵魂通过对先前所知的理念进行回忆而获得认识。但是并非所有人都能直接回忆起理念，人分三、六、九等，大多数人的灵魂由于沾染了尘世的不洁而很难回忆。这些人就需要学习。学习的实质就是回忆。

中国的孔子也持类似"生而知之"的观点，认为人有"生而知之"者、"学而知之"者、"困而学之"者和"困而不学"者之分。但是，孔子不崇拜灵魂不死，不语"怪、力、乱、神"，敬鬼神而远之，这一点不同于柏拉图。

近代以来，哲学家们对认识的本质的探讨相对系统化了，各种理论大体可以分为反映论和先验论两大类。

一般说来，唯物主义的经验论都是主张反映论的。"反映"一词原指光的反射，在认识论里比喻把认识对象如实地变为感觉和如实地转换为观念。列宁在使用"反映"一词时，与摹写、摄影连用，其基本含义就是"如实认识"。如果把人的感觉、思想比喻为模型，把对象比喻为原型，那么反映的含义就是使模型与原型保持一致。近代的培根、霍布斯、洛克以及法

[①] 出自《礼记·王制》。

国的百科全书派等在回答"什么是认识"的问题上都是主张反映论的。

而唯心主义的唯理论者往往是主张先验论的。"先验"一词在这里有纯粹的、不依赖于经验的、必然的、先天的等含义。先验论认为认识的对象是自明的、有必然性的、不依赖于经验的观念或理念，认识的过程就是发现这些天赋观念并据此进行演绎推理的过程。在康德那里，先验是指具有先天性质的感性形式——时间和空间，具有先天性质的知性形式——范畴可以对经验内容有效。康德认为，认识的过程就是运用这些先天的形式综合感性质料以形成认识对象的过程。认识就是为自然立法。

马克思主义哲学则认为，认识的本质就是实践基础上主体对客体的能动反映。这种哲学认识论既反对唯心主义先验论，又扬弃和超越了直观、被动的形而上学唯物主义反映论。

三、认识可能性的基础

认识可能性的基础问题旨在揭示主客体及其关系的存在论的性质。例如，认识的主、客体是一种真实的存在，还是一种虚构的存在？是一种可感的生活实践中的存在，还是纯精神性、纯意识性的存在？由主、客体的本体论性质进而揭示两者关系的本体论性质，例如，两者是同根同源的性质抑或两者有不同的来源？概言之，认识可能性的基础问题就是要说明认识为何可能以及如何可能。

针对这一问题，不同哲学派别有不同的回答。

如前所述，笛卡儿的名言是"我思故我在"，他认为认识的主体是精神性的我思或自我意识；认识的对象是天赋观念，也是精神。这样，认识的主客体是同根同源的，主体认识客体就是同类认识同类，两者不会有不一致。所以，可以认为，笛卡儿所主张的认识的基础就是主客体的思维性或精神性。

莱布尼茨认为人的心灵是认识主体，心灵是知觉能力较强、有记忆力的单子。世界是各种精神单子与不同物质形体的结合体，但单子具有主动性，物质具有被动性。所有单子都是上帝的创造物。上帝也是单子，是万能的、具有必然性的、完满性的单子。单子之间不直接联系。单子们以上帝为中介有间接联系，这就是所谓上帝所确定的"预定和谐"。心灵与各类单子的同根同源，同时又有着相同的预定和谐，这便是心灵认识对象所以可能前提与基础。

欧洲哲学史上部分经验论者从世界的物质统一性原理出发来讨论认识的基础问题。伽桑狄（1592－1655年）是原子本体论者，认为物质世界、人的肉体和心灵均由物质性原子组成。物质、肉体由较为粗实的原子组成，灵魂由精细的物质组成。心灵认识外部世界原则上是物质之间的相互作用，这是认识之所以可能的基础。

黑格尔主张绝对精神先是把自己外化为自然，在自然的长期进化中产生主观精神，主观精神认识自然、认识对象，其实质是绝对精神自己认识自己，同类认识同类，这种认识原则上不存在困难。

我国古代哲学家荀子也讨论过认识的可能性问题。他说："凡以知，人之性也。可以知，物之理也。"[①] 在荀子看来，具有可知的能力、可以认识外界事物的能力，这是人的天然本性；具有可以被认识的性质，这是外界事物的普遍自然特征。按照他的理解，人的属性是"有气、有生、有知、有义"；认识对象具有以"有气"为基础的若干递增属性，如气、生、知等。但

---

① 出自《荀子·解蔽》。

人的属性在质和量的方面都高于认识对象，等级高的存在认识同等级和低等级的存在是自然而然的。

荀子还说："心知道，然后可道；可道，然后能守道以禁非道。以其可道之心取人，则合于道人，而不合于不道之人矣。"①心具有认识与理解普遍原则的能力，同时具有表达、交流这种普遍原则的能力，最后也具有从正面、反面实践普遍原则的能力。荀子主张能知、可知、可言说、可实践是一致的。这四个方面是荀子所揭示的认识可能性的基础。

怀疑论者、不可知论者怀疑、否定人的认识的基础：他们或者不能理解存在与非存在之间的辩证关系、不能理解主体与客体的辩证关系，或者不能理解感性人与理性认识、有限与无限、绝对与相对、个性与共性等等的辩证关系。

四、认识的来源

认识的来源是近代以来经验论与唯理论争论认识论的主要问题之一。

经验论认为，认识来源于感觉经验。培根说："知识乃是存在的表象"②，"全部解释自然的工作从感官开端"③。唯物论的经验论认为，外界个别事物与感官接触，产生感性认识。霍布斯认为，外物与感官的关系，犹如机械运动中的"作用力与反作用力"之间的关系。外物作用于眼睛便产生视觉，作用于耳朵便产生听觉。理性认识是在感性认识的基础上使用归纳法、"三表法"、计算法、比较法等方法获得的。理性认识最终仍来源于感性经验。经验论者坚持这样的信念：凡存在于理智中的都已先存在于感觉中。

大多数唯理论者认为，人的认识有感性认识和理性认识两个来源。感性认识由于具有个别性、变易性所以并不可靠。而理性认识，要么是"理性直观"的、要么是"推理"的，所以具有必然性、普遍性、确定性。理性认识才是真正的、可靠的认识。如果进一步追问感性认识、理性认识的来源。理性论者的回答各有不同。笛卡儿、斯宾诺莎主张感性认识由外物作用引起。笛卡儿、莱布尼茨认为理性认识来自"天赋观念"，斯宾诺莎主张人的理性认识来自理性与外物"思想性"共同作用。

康德对经验论和唯理论关于认识（或知识）来源的争论作了总结，认为人的认识的内容来自感觉经验，感觉经验由外物的作用引起；人的认识的形式来自人的先天能力。人的认识形式包括感性形式—时空和知性形式—范畴。如果没有感性经验，认识是空洞的；如果离开了时空、范畴形式，感觉经验仅是零碎的、旋生旋灭的意识流，也不会自发形成认识。

辩证唯物论哲学认为，人的认识是在改造世界的实践中产生的。在实践中，主体与客体相互作用，主体产生感性认识；在实践中又经过复杂的思维方法加工形成理性认识。

五、真理及其检验标准

真理是认识论的重要内容，同时它又与本体论有着密切的关系。在一定意义上说，真理探讨的历程是哲学发展历程的缩影。

给真或真理下一个定义如同给哲学下定义一样困难。欧洲近代有人提出四种类型的真或

---

① 出自《荀子·解蔽》。
② [英]培根. 新工具[M]. 许宝骙，译. 北京：商务印书馆，1986：93.
③ 同上，第216页。

真理：物自身的一致；物与其表象的一致；概念与被概念所指之物的一致；概念与概念的一致性。①前两项所讨论的是本体论意义上的真或真理，第三项是认识论意义上的真或真理，第四项是逻辑意义上的真或真理。此外，还有从伦理、美学视角所理解的真或真理。

对于真理的性质和功能，不同哲学的看法也有很大的差别。例如，有的哲学主张真理是独立的存在；有的主张它是一种知识；有的强调真理是探索活动；有的认为它是一种信念、理想；有的坚持它是一种工具；有的把它解释为达到目的的途径；有的主张它是人的行为方向的指导或指南；等等。

从字面上看，认识论意义上的真或真理就是为"真"的陈述、判断和理论。但是，对于什么是"真"以及它如何确定和检验，不同的哲学派别、不同的哲学观点对其解释也不尽相同。在这里，我们讨论几种常见的认识论领域的真理观。

1. 符合论真理观

这种观点主张真理是陈述、理论、思想与对象相符合。该理论假设认识对象是独立于认识主体之外的，具有真实的自存性，它是认识的原型。而人的认识则是对这种原型的追求、反映、模仿，可以称之为模型。由于模型与原型有距离，这造成模型的虚假性。模型越是符合原型，其真理性程度就越高，虚假程度就越小。

中国古代墨家提出了真理的三符合论：符合"古者圣王之事"，符合"百姓耳目之实"，符合"百姓人们之利"。②荀子认为："知有所合谓之智。"③

古希腊的亚里士多德说："每一事物之真理与事物之实是必相符合的"。④他还说："凡以不是为是、是为不是者，这就是假的；凡以实为实、以假为假者，这就是真的。"⑤这是说，当判断、思想与其对象相一致时，这种判断、思想就是真的或真理，否则就是假的、虚伪的。

古希腊最早区分了"意见之路"与"真理之路"的巴门尼德主张"思想"同能被思想的"存在"的同一或一致是通向真理之路。"意见"与对象的现象相关联，"真理"与对象的存在相关联。存在是事物的本质。真理通过思维与存在的同一才能获得。

柏拉图把世界分成两个：理念世界和经验世界。经验世界是理念世界的影子。按照他的说法，理念世界是"原型"，经验世界是模仿、分有理念世界的"模型"。原型是真实的，模型是虚幻的。模型必须符合原型，这才是真理。柏拉图还把经验世界比作"洞穴"，把生活在经验世界的人们比作"囚徒"。囚徒们通过投在洞穴壁面上影子来认识本来的世界。人们关于影子的认识最终应该与"事物本身"相符合。而这"事物本身"就是有关的事物的理念。柏拉图举例说，有三种床：画匠画的床、木匠造的床、神造的床（床的理念）。画匠的床应符合木匠的床；木匠造的床应符合床的理念。而只有到达理念才获得真理。柏拉图两级符合论既很好地说明了符合论意义上的真理的含义，也揭示了到达真理之路的漫长与艰辛。

欧洲近代以来的唯物论者在真理问题上多主张符合论。培根认为，以往人们认识发展滞缓一个的根本性原因，就是认识脱离了自然，没有以客观的自然界为对象。为了使人们的认

---

① 唐君毅. 哲学概论（上册）[M]. 北京：中国社会科学院出版社，2005：398.
② 出自《墨子·非命上》。
③ 出自《荀子·正名》。
④ [古希腊]亚里士多德. 形而上学[M]. 吴寿彭，译. 北京：商务印书馆，1983：81.
⑤ 同上。

识与客观的自然界相符合,培根提出在认识中清除四种假相,提倡实验方法和新的归纳法。斯宾诺莎既主张真理的"自明"说,同时也主张符合论,他说:"真观念必须符合它的对象。"①"观念的次序和联系与事物的次序和联系是相同的。"②

在一定意义上,黑格尔也是真理的符合论者。他主张认识论的真理与本体论的真理是一致的,绝对精神既是世界的本原也是真理本身。他认为真理(绝对理念)是通过主观精神与客观精神的一致来达到的。而这种一致是以前者辩证地符合后者为基础的。他说:"在哲学中,真理意味着概念与实在符合"③,是"概念和客观性的绝对统一"④。

康德也是符合论者,但是,他是从相反的意义上使用"符合"这一概念的。通常的符合论均是主张主观与客观相符合,而康德则主张客观与主观相符合,并自称这是哲学史上的哥白尼式的革命。他说:"人们一向假定我们的一切知识必须符合于对象……我们必须尝试一下,如果我们必须认定对象必须符合于我们的知识,看看在形而上学中,我们会不会有更多的成就"⑤。康德反对机械论的反映论,主张认识的过程也就是建构对象的过程。如何正确地建构对象的问题取代了主观如何与客观相符合的问题。康德已经看到人们通过技术来创造人工物的过程,而真理就体现在这一创造过程中。真理不再被理解为静止的、镜面式的符合。

现代西方哲学中的石里克、早期卡尔纳普、罗素、早期维特根斯坦以及日常语言学派哲学家奥斯汀等本质上也坚持符合论真理观。如维特根斯坦就是以这种符合论真理观为前提构建了他《逻辑哲学论》的世界图示说,认为"我们给我们自己建造事实的图像",而"图像是实在的一种模型。"⑥它依附于实在,并直接触及实在,名称=对象、基本命题=事态、命题=事实就是图像与世界的逻辑同构关系,因而,"命题只因为是实在的图像,才能为真或者为假。"⑦

在真理标准问题上,多数符合论主张原型是模型的标准。辩证唯物论则主张实践是检验认识真理性的标准。实践标准的提出,解决了哲学史上符合论真理标准的诸多困难,实现了真理标准问题上的革命。

2. 融贯论真理观

西方哲学自莱布尼茨开始,把真理区分为两大类,即事实真理和逻辑真理。事实真理涉及经验内容,其正确性由理论与经验是否符合来确定,事实真理的正确性是或然的;逻辑真理只涉及逻辑规则和语言而不涉及经验内容,其正确性由前提的正确性和逻辑规则来保证,逻辑真理的正确性是必然的。

真理融贯论主张,一个命题的真伪或正误不在于它与经验事实是否相符,而在于它与已有的被认为是真理的命题系统是否无矛盾或融贯一致。如果融贯一致则为真,否则为假。在这里,已有的真理体系在整体上被看作前提,而待证的命题或理论被看作由前提演绎出的结论。

---

① [荷]斯宾诺莎. 伦理学[M]. 贺麟,译. 北京:商务印书馆,1958:28.
② 同上,第45页.
③ [德]黑格尔. 法哲学原理[M]. 范扬,张企泰,译. 北京:商务印书馆,1961:10.
④ [德]黑格尔. 小逻辑[M]. 贺麟,译. 北京:商务印书馆,1980:397.
⑤ [德]康德. 纯粹理性批判[M]. 韦卓民,译. 武汉:华中师范大学出版社,1991:17.
⑥ [奥]维特根斯坦. 逻辑哲学论[M]. 贺绍甲,译. 北京:商务印书馆,1996:29.
⑦ 同上,第46页.

通常认为，欧洲近代的理性主义者如笛卡儿、斯宾诺莎、莱布尼茨、黑格尔均属融贯论代表，而后来的新黑格尔主义者布拉德雷、布兰夏德以及逻辑实证主义者纽拉特、亨普尔、艾耶尔、蒯因等也不同程度地主张融贯论。

实际上融贯论真理观是一种不彻底的理论。因为凡涉及经验内容的理论，一方面有其逻辑形式，另一方面又有经验内容。融贯论只解决待证理论与已有相关理论的逻辑形式是否融洽的问题，而不能回答其经验内容是否为真的问题。

3. 效用论或实用论真理观

这种真理观从否认知识的确实对象开始，进一步否定知识的客观性，从而主张真理仅是人的经验的组合、人们的信念和行动工具。

休谟主张知识的可靠依据只能是人的感觉。感觉以外的是否有物质或精神的存在，人们无法确定。这样，知识和真理便失去了客观对象。休谟认为，传统的真理观所讨论的主要内容——因果关系并非真实存在，而仅是人的主观联想。人之所以产生这种联想，是出于生活的需要和信念的需要。休谟用主观的需要性取代了真理的客观性，为后来的实用主义真理观开了先河。

彭加勒（又译庞加莱，1854—1912年）认为部分科学的概念、原理是人们约定的产物，并无真假之分。这些概念、原理的评价原则是看其使用起来是否方便、是否更加简单。彭加勒把部分理论的效用性提到比正确性、真理性更为重要的地位。

皮尔士（1839—1914年）以概念、理论在使用中效果问题来取代概念、理论内容的实在性和正确性问题。他说："考虑一下我们认为的概念的客体具有一些什么样的效果——这些效果可以设想为具有实际意义的，这样，我们关于这些效果的概念，就是我们关于这些客体概念的全部。"[①]为了明确和保证概念、理论对于人们行动的经验效果，必须确定信念。皮尔士为人们确定信念提出了四种方法，即固执的方法、权威的方法、先验的方法、科学的方法。

威廉·詹姆士（1842—1910年）从系统的、整体的经验论出发，主张世界整体上是感觉经验的世界。在这个世界上并没有主体与客体、认识者与对象的区分与对立，只有经验与经验之间的关系。真理也不是认识与对象的相符合的关系，而是不同经验过程之间的一致关系。他说："理论的真理因此并不是什么在我们心灵与原型的实在之间的关系。它着落在心灵以内，因为它是心灵这一过程和对象同那一些过程和对象的一致。"[②]他认为，不同经验之间的一致关系是一种圆满的、相契合的关系，是一种使不同经验之间能够简捷、顺利地过渡的关系。这种圆满的关系从工具的意义上说，就是真理。他主张，"只要我们相信一个观念对我们的生活是有益的，它就是真的"[③]，"'真'是任何证实过程的观念的名称。'有用'是它在经验里完成了作用的名称"[④]。他概括地说："'它是有用的，因为它是真的'，或者说，'它是真的，因为它是有用的'"[⑤]。詹姆士混淆了理论内容的客观性与理论运用的价值性的关系，用认识的心理过程取代了认识内容的逻辑关系。

---

① 钱广华. 现代西方哲学评析[M]. 合肥：安徽大学出版社，1996：184.
② [美]威廉·詹姆士. 实用主义[M]. 陈羽纶，孙瑞禾，译. 商务印书馆，1979：133.
③ 同上，第42页.
④ 同上，第105页.
⑤ 同上，第104页.

杜威（1859—1952年）主张思想、概念、理论都不外是人们为了达到预期目的而设计的工具，如果它们对达到目的有用，能使人们获得成功，它们便是真理。他认为，一种理论是否成为真理，并不在于它的真假，而在于它的有效或无效。

第三节 价 值 论

把价值论作为哲学的内容，是现代哲学的一个重要转向。对于哲学内容较为集中、较为系统的讨论有一个从本体论到认识论再到价值论的转化过程。从西方哲学的发展历程看，古代哲学较为集中讨论的是本体论问题；近代较为集中讨论的是认识论问题。19世纪末20世纪初，随着科学技术的发展，人类利用和掌控自然力的能力逐渐增强，人类的自信心也随之增强，以人类为中心的哲学价值论开始兴起并得到快速发展。

一、价值问题的发端与演化

系统的、自觉的价值哲学的兴起和发展虽然是20世纪以后的事，但是人类关于价值问题的探讨却可以追溯到古代的哲学。

例如，在中国古代，孟子曾讨论过他对于熊掌与鱼、生命与义的舍取态度的问题。他说："鱼，我所欲也；熊掌，亦我所欲也。二者不可得兼，舍鱼而取熊掌者也。生，我所欲也；义，亦我所欲也。二者不可得兼，舍生而取义者也。"[①]在这里，孟子已经有意识地、自觉地讨论了"欲"、"所欲"、"取"、"舍"等价值论的基本范畴，并对"所欲"进行了分类排序，如"所欲"之物——鱼、熊掌，"所欲"之精神——义，"所欲"之本——生。他在这里也讨论了价值的标准，即人的义利观。一个人的义利观决定了他对于"所欲"的取舍、褒贬的态度和行为。当然，决定人的取舍、褒贬的因素还有主客观条件，如所欲的"不可得兼"。孟子也已经注意到了"实然之应然"与"理想之应然"的区别。

韩非子在大家所熟知的"自相矛盾"的寓言中，揭示了在条件不具备时，人们不懂取舍的道理而强硬地追求"所欲得兼"的困境。韩非子在暗示人们，有些逻辑错误除去逻辑本身的因素外，还有潜含在逻辑判断中的价值观的因素，即所欲不符合实际、贪欲过旺。这则寓言已经注意到价值与逻辑之间的关系。

在古希腊，苏格拉底把哲学探究的重点从前人注重自然而转向注重人，提出哲学的任务是认识人自己，过有道德的生活。这体现了哲学价值取向的转折。古希腊智者普罗泰戈拉提出了著名的哲学命题"人是万物的尺度，是存在的事物存在的尺度，也是不存在的事物不存在的尺度"。这一命题的提出也体现了哲学对人的价值的重视。

近代欧洲，自然科学开始兴起并得到蓬勃发展。人们开始关注必然与自由、实然与应然、事实与价值的关系。休谟首先提出能否从实然推出应然的问题。康德进一步提出，自然之哲学的任务在于论究一切实有之事物，道德之哲学则论究应有之事物。

被称为价值论之父的洛采（1817—1881年）把价值概念引入哲学。洛采把世界划分为三

[①] 出自《孟子·告子上》。

个研究领域：事实领域、普遍规律的领域和价值领域。价值领域是指人对善、美和神圣的思想作出判断的领域。洛采认为，三个领域之间存在着一种目的和手段的关系。价值是目的，而经验的事实和必然的因果规律则是达到目的手段。

文德尔班（1848—1915年）认为，哲学只有作为具有普遍价值的价值科学才有生命力。他认为，自然界和历史性文化二者之间是存在着差别的，自然界可以用规律来解释，历史性文化必须由领导文化的价值来解释、理解。

李凯尔特（1863—1936年）主张，世界是由现实和价值两部分构成的，哲学问题就是这两部分的关系以及它们的统一问题。在他看来，关于价值，我们不能说它们实际上存在着或不存在，而只能说它们是有意义的还是无意义的。李凯尔特断定，价值绝不是现实，既不是物理现实，也不是心理现象。价值的实质在于它的有效性，而不在于它的实际的事实性。

以石里克为代表的逻辑实证主义思想家认为，科学和价值有着不同的性质和功能：科学关乎事实，价值关乎目的；科学是客观的，价值是主观的；科学是能够进行逻辑分析的，价值是非逻辑分析的。

现代西方哲学中的人本主义把人的意志、信念、需求、人格、经历等主观因素提升到价值论的核心地位，而把自然事物看作人的附属物，是人实现目的和需求的手段。

马克思创立的劳动价值论不仅具有经济学意义，也具有哲学意义。劳动实践创造了人和社会。同时，劳动实践一方面使人与自然区别开来，另一方面又使人与自然统一起来。劳动实践是使人的本质得以实现，也使人的价值、自然的价值得以实现。

二、价值论的主要问题

（一）价值和价值观

价值是指客体对主体的有用性，即客体的属性、结构对主体的需要所具有的积极意义。价值的产生必须有主体和客体两个方面，二者缺一不可。主体有某种需要，客体有一定的属性、结构。客体的属性、结构能满足主体的某种需要，客体对主体具有积极的肯定的意义，也就是说客体对主体有价值。相反，一种事物的存在、属性、结构不能满足一定主体的需要，对主体不具有积极的肯定的意义，这种事物对一定主体就无价值。一种事物对主体有用程度高，满足主体的需要多、范围大，这种事物的价值就大；反之，它满足主体的需要少，其价值就小。

价值观是人们在实践中形成的对于价值、价值关系的一般看法和根本观点，是处理各种价值问题时所持有的比较稳定的立场、观点和态度的总和。价值观的主要问题是价值的评判的标准。人的活动总伴随有价值问题，这就决定了人们在反复的实践和认识过程中，必然会形成一定的价值观。但是人们的价值观却有自觉与不自觉的区分。人们在日常工作和生活实践中自发形成的价值观是不系统的、零乱的，没成为自觉的价值理论。只有经过理论家在一定世界观、人生观指导下进行专门加工，使之理论化、系统化，形成一定价值理论体系，这样的价值观才成为自觉的形态。这就是世界上的各派价值论。因此，人们要想使自己的价值观上升到自觉的层次，就需要下功夫学习价值理论。

无论是人们在实践中自发形成的价值观，还是经过进一步加工上升为理论形态的价值观，都有正确与不正确、先进与落后等性质上的区分。人们形成什么样的价值观，提出何种价值论，是同人们所处的社会地位、生活方式和各种条件相联系的，是由人们的利益和需要决定的。一种价值观是否正确、先进，归根到底要看它反映了什么样的主体利益和需要，看它是否同社会历史发展趋势和人类主体利益相一致。在国际国内激烈复杂的价值观冲突面前，注意分清各种不同的价值观，特别是分清科学、先进的价值观与错误、落后的价值观的界限，是十分重要的。

（二）价值的分类

从存在形式看，价值主要可以分为以下几种类型：

1. 物质价值与精神价值

根据主体需要的不同，可以将价值划分为物质价值与精神价值。根据是自然形成还是人工创造的，物质价值可进一步划分为自然价值与经济价值。自然价值指的是环境价值或生态价值。所谓生态价值，是指生命系统与环境系统的特定关系。生态平衡是可持续发展的基本要求。所谓经济价值，是指作为主体的人在改造自然界的实践活动中创造的，能够满足人的衣、食、住、行、用等物质需要的价值。人生的物质价值，是指作为主体的个人，在其人生实践中满足主体（社会、国家、集体、个体人自身）物质需要的价值。物质需要是保存和维持有机体生命和延续种族的基本需要。对物质利益的关系和追求，是推动人类一切社会活动的客观动力。精神价值是指客体（包括自然、社会、精神产品）同人的精神文化需要的关系。精神追求是人性中更为本质的东西，它使人们在精神上或心理上的需求，是人区别于动物的重要特征。精神价值可根据满足主体的不同精神需要进一步划分为知识价值、道德价值、审美价值、宗教价值等。知识就是力量，知识对于提高人的认识能力和实践能力具有直接作用，知识的价值在当今的信息社会里、知识经济时代备受推崇。道德价值就是善的价值，是高尚的道德行为、优秀的道德品质和崇高的道德理想所产生的价值。道德对于主体具有评价功能、调节功能和教育功能。审美价值是指自然和人、物质和精神、客体和主体相互作用而产生的效果。美的享受可以给予主体以精神上的愉悦。宗教作为一种文化现象，既是麻醉剂，又是兴奋剂，能给信徒以精神上的安慰。

2. 内在价值与外在价值

西方学者把目的价值称作内在价值，把手段价值称作外在价值。我们认为，内在价值是指个体所具备的内在的德、智、体、能、学等，当这些品德、知识、能力尚未表现出来，尚未对象化，尚未对主体（社会、国家、集体、他人）产生影响时的价值形态。一个人的德、智、体、能、学等综合素质越高，其内在价值越大；相反，综合素质越低，其内在价值越小。外在价值是内在价值的外化或对象化，即个体的品德、知识、能力在实践中已经表现出来的、通过社会评价予以肯定的价值形态。

人生的内在价值是人生价值的准备状态，外在价值是人生价值的实现状态，两者是密切联系、不可分割的统一体。一方面，内在价值是外在价值的基础和前提，不具备应有的创造力，就不可能从事现实的创造活动，也就无所谓外在价值。另一方面，外在价值是内在价值的体现和发挥，内在价值只有通过行为表现出来并转化为外在价值，才能够最终得到体现和证实。人生价值的实现过程，实际上就是不断地将内在价值转化为外在价值的过程。一个真正有价值的人,应当是内在价值和外在价值的统一。

3. 现有价值与应有价值

现有价值是已经现实存在的价值形态,是已经实现并得到认可的价值。应有价值是应该有但还尚未变成现实的价值形态。价值不是静态的、一成不变的,而是动态的、发展的。人生价值也不例外,也是一个由现有价值向应有价值不断发展完善的过程。人生价值追求的动态过程,表现为以现有价值为起点,从现有价值出发,提出更高的价值追求。人总是不满足于现有的价值,不断地超越自我、超越现实,追求更高、更大的价值,从而促进自我价值的完善。同时,也正是这种自我的不断超越推动着人类社会的进步和发展。人生价值由现有价值向应有价值的发展过程,也就是人生不断的追求理想、实现理想的过程。

4. 潜在价值与现实价值

潜在价值指的是客体虽尚未存在但可能形成的一种可能满足主体需要的价值形态,是一种潜能或可能性。现实价值指的是业已存在的客体能够满足主体现实需要的价值形态,是一种现实性。人的实践活动就是使潜在价值成为现实价值的过程。确定潜在价值就是在确立实践的目标。对潜在价值的预测是价值判断最重要的内容。

5. 自我价值与社会价值

自我价值和社会价值是人生价值的两种基本形态。自我价值是指人生实践活动对自身需要的满足。它主要包括两个方面的内容:一是个人对自己生命存在的肯定,这是自我价值产生和实现的基本条件;二是对自己人生能力(智力、体力、创造力等)的肯定,对自己生存权利和生活目的的接受和尊重,以及个人的自我完善。社会价值是指人生对社会需要的满足,表现为一个人对社会发展和人类进步事业所作的有益贡献。在个体和社会的价值关系中,个体贡献越大,则价值越大;贡献越小,价值也越小;没有贡献,就没有价值;如果损害社会和他人,则只有负价值。人生价值是自我价值和社会价值的统一。

6. 自在价值、自为价值、创造价值和实现价值

从实现过程看,价值包括自在价值、自为价值、创造价值和实现价值四个环节。自在价值是指未被认识和利用的价值形态,具体包括三种形式:潜在价值、被埋没了的现实价值和未被发现的内在价值。自为价值是被人们认识和发现了的自在价值。要使自在价值变成现实价值,必须认识自在价值,使自在价值变成自为价值。创造价值是价值实现过程中的关键,是指主体客体化、主体本质力量对象化的过程,即主体根据客体的规律和自身需要改造客体、创造物质价值和精神价值的过程。实现价值是价值活动的目的,即将创造的新价值客体用来满足主体的需要。

三、价值观体系

(一) 价值观的含义及主要问题

人的意识按其内容可分为事实意识和价值意识。事实意识是关于客观存在的意识,表现

为关于客观事实的感性的经验知识和理性的科学知识（包括自然科学知识和社会科学知识）。价值意识是关于客观存在的价值和价值关系的意识，是客观存在的价值和价值关系在人的意识中的反映。

价值意识包括两方面的内容：一是价值心理、价值观念，二是价值认识、价值知识。这两方面内容的根本点构成了价值观。

价值意识有三个层次：第一层次是价值心理和价值认识中的价值感知、价值经验或感性价值知识。价值心理包括兴趣、爱好、意向、欲望、愿望、情绪、情感、意志等。这一层次是价值意识的最低层次，是自发的、非理性的，有时甚至是朦胧的价值意识，有着鲜明的价值取向。第二层次是价值观念和理性价值认识，包括价值概念、价值判断或价值评价、价值推理、价值选择、价值预测、价值决策等。价值观念是在事实知识和价值知识参与的条件下，价值心理多次重复并经过长期积淀形成的关于客体价值和主客体价值关系的稳定的观念模式。价值知识是价值认识的结晶，它与事实知识一道对价值观念（特别是科学的价值观念）的形成起作用。价值意识的第三层次或最高层次是价值观。价值观有狭义和广义之分。作为价值意识最高层次的价值观是指广义的"价值观"，相当于哲学基础理论中的"价值论"，是指与自然观、历史观等相类似的、以价值为特定研究对象的理论学说系统。狭义的"价值观"即我们常说的在社会生活中起重要作用的价值观，是"价值观念"的简称。

综上所述，我们认为，所谓价值观就是人们在实践中形成的关于价值和价值关系的根本观点、根本看法和根本态度。具体地说，价值观是人们心目中关于某类事物的价值的基本看法、总的观念，是人们对该类事物的价值取舍模式和指导主体行为的价值追求模式。

价值观的内容，一方面表现为价值取向、价值追求，凝结为一定的价值目标；另一方面表现为价值尺度、评价标准，成为主体判断客体有无价值及价值大小的观念模式和框架，是主体进行价值判断、价值选择的思想根据，以及决策的思想动机和出发点。从微观角度说，价值观是由价值信念、价值目标、价值追求、价值标准、价值规范、价值取向等构成的综合体系，在人们心目中形成一个完整的信念系统。其在深层上表现为人生处世哲学，包括理想信念和人生的目的、意义、使命、态度，而在表层上则表现为对利弊、得失、真假、善恶、美丑、义利、理欲等的权衡和取舍。价值观在人们的价值活动中发挥着动力功能或激励功能、权衡功能、调节功能、规范功能、定向功能或导向功能，构成人生观的重要内容，直接指导着人生各方面的实践活动，是一个无形而有力的世界。从宏观角度说，价值观是社会文化体系的内核和灵魂，代表着社会对应该提倡什么、应该反对什么的规范性判断。

价值观的主要表现形式为信念、信仰和理想。价值观作为观念形态的价值意识，不与政治、法律、艺术、道德、科学这些社会意识形式相并列，而是渗透在一切社会意识的形式之中，是通过各种社会意识形式表现出来的更深层的带有一定倾向性的价值意识，集中表现为人们关于生活中基本价值的信念、信仰、理想等观念的总和。信念、信仰和理想是在各种价值观中居于支配地位、统摄地位的核心价值观，是主宰人们灵魂的精神支柱，是人生的基石。因此，建设社会主义核心价值体系，首先要做好信念、信仰、理想教育。

价值观的主要问题是价值的评判标准。因为价值总是相对的或相比较而言的，在被迫作出选择时人们就必须进行评价、判断并作出取舍。在现实生活中，同样的事物对有的人有价值，对有的人则没有价值，对有的人价值大，而对有的人则价值小。人们在认识了事物及其属性的基础上，从自身需要的尺度出发，确定各种事物是否有价值及其价值大小，从而确定人们活动的价值取向,这一过程就是价值评判的过程。我们在讨论价值含义时所讲的善与恶、美与丑、利与弊、得与失、祸与福、荣与辱、优与劣、贵与贱、有用与无用、可爱与可恨、妥当与不妥当、值得与不值得、应该与不应该、重要与不重要、轻与重、缓与急等,实际上都是价值评价。

（二）价值评价

价值评价是指评价主体对特定的价值关系进行评估或估价的一种主观活动。对于同一事物、同一价值关系,不同的评价主体往往会作出各自不同的评价。评价之所以有主观随意性,一方面受阶级立场的制约,另一方面受认识水平的限制,同时也受主体状态的影响。价值评价总是依据一定的价值尺度或价值标准进行的。这一尺度或标准表现为评价主体意识中的需要。评价主体最终作出肯定性评价还是否定性评价,以及肯定或否定的程度如何,都是运用其意识中的需要进行衡量的结果。需要说明的是,作为评价标准的评价主体意识中的需要与价值主体的需要是不同的。这是因为：其一,从需要的形式上看,后者是一种社会存在,是一种客观规定,前者则是这种需要在意识中的反映;其二,从需要的主体看,评价主体与价值主体有时是同一的,有时则不是同一的,不同主体的需要往往是不同的,而且正是由于主体的需要不同,才会作出不同的评价、判断和取舍。其中,只有科学的标准,才能得出正确的评价。价值评价的科学标准应当是"两个符合",即是否符合客观事物的本质和发展规律,是否符合社会历史发展趋势和人类的共同利益。正确的价值观是对事物的属性、规律和人的需要之间关系的科学认识。如果离开了事物的属性特别是它的规律性,只从人的主观欲望或爱好去评价事物的价值,那就得不出正确的结论。但事物的属性与规律本身无所谓好与坏,它只有在与人的需求发生关系时才显示出是否具有价值。所以,要树立正确的价值观,就必须对人的利益和需求有一个正确的认识。

价值判断就是对各种价值的超前认识,它是一种有目的、有意识的对价值关系可能结果的预测活动。价值判断是主体通过理性地评价价值关系的基础上,进而预测价值关系的可能结果的认识过程。价值判断的基本功能是为实践确定方向、目标和基本原则。价值判断的首要特点是创造性。它是以对价值主体、价值客体、问题情境、价值主体与价值客体交互作用及发展规律的实证性研究为基础,而获得的关于未来价值主体与价值客体交互作用的可能结果的认识过程。在实践之前作为价值判断结论的价值只是一种可能而不是一种现实。实践的目的和实践过程就是将作为价值判断结论的价值由可能变为现实。在价值判断中凝结了世界观、价值观,凝结了思维方式,同时凝结了对客观事物及其规律的认识,凝结了对具体的人的需要、社会需要及其发展规律的认识,凝结了对客观局势的分析和对在这一局势中各种利弊的权衡,同时它是这一系列认识的升华,即它的结论是整合这一系列认识,而创造性地提出的一种关于未来潜在价值的预测。这一预测就确定了实践的方向,确定了实践的方针政策。对于任何一种实践来说,最重要、最艰难的一项认识活动,就是作出能使实践获得成功的价值判断,同时这也是人发挥其创造性,展示其智慧的最佳舞台。

（三）价值观体系的多样性

"价值体系"与"文化"在性质上有相似之处。正如广义的文化包括物质文化、精神文化、制度文化、交往文化一样,广义的价值体系包括价值观念、价值行为或价值实践、价值制度、社会习俗与风尚等要素。多样性是与统一性、同一性、单一性相对的概念，指与差别性、差异性密切相关的丰富性。当丰富、各具特色的差别性同时存在时就称为多样性。价值体系的多样性可以有三种含义：第一，指价值内容、价值表现形式的多样性；第二，指价值体组成要素、价值要素结构的多样性；第三，指价值体系发展、演化模式的多样性。

在现实中，每个人都有自己的价值体系，都有自己的世界观、人生观、理想、追求、道德意识、行为方式、兴趣爱好、生活习惯、审美趣味，等等，这是说个人的价值体系是多样的；不同的阶级、阶层、社会集团、社会群体，由于所处的社会地位不同、社会观点不同、经历不同、教育水平等的差异，他们的价值体系也是千差万别的，从而是多样的；同理，不同民族、不同国家的价值体系更是丰富多彩的。这里我们重点讨论不同民族、不同国家的价值体系多样性问题。为了讨论这一问题，我们可以把价值体系分为三大类。

1. 自然价值体系

第一类是与人们的饮食习惯、休息习惯、服饰与穿戴习惯、居住习惯和建筑风格、服饰和穿戴习惯、语言文字的风格与习惯、劳动和生活习惯等有关的价值体系。这一类价值体系可以称为自然价值体系或自然文化价值体系，它们把不同的民族区别开来，是民族尊严、民族亲和力和民族自豪感的体现。一般说来，这一类的不同价值体系之间是没有善与恶、先进与落后、对与错之分的。例如，我们不能说穿西服就是先进的、是善，穿旗袍就是落后的、是恶。同理，我们不能判断说，讲英语是先进的、是善，讲朝鲜语就是落后的、是恶。这一类的价值体系之间应该相互尊重。

2. 制度价值体系

第二类是与社会的经济结构和经济制度、政治结构和政治制度、社会意识结构和文化制度等有关的价值体系。这一类价值体系可以称为制度价值体系。制度价值体系是由社会发展的阶段性决定、体现着社会演化规律的价值体系。处于相同历史阶段的不同民族可以有大致相同的制度价值体系，而同一个民族在不同的历史发展阶段可以有不同的制度价值体系。社会的、经济的、政治的、文化的制度是有先进与落后之分的，所以体现于其中的制度价值体系也是有先进与落后之分的。一般说来，一个社会可以有滞后的（或残存的）、占统治地位的与超前的制度价值。不同的制度价值之间会有争论、冲突乃至斗争。这种冲突、斗争是社会进步的动力。先进制度价值体系的实现应该应该能够促进社会的发展以及价值体系多样性的发展。每个民族根据历史进程和自己的实际情况有选择这类价值体系的自由，其他民族应该尊重该民族的选择。

3. 社会意识价值体系

第三类是与自觉社会意识密切相关的价值体系，这类价值体系通过哲学、艺术、宗教、道德、科学等社会意识体现出来，我们可以称之为社会意识价值体系或精神文化价值体系。这类价值体系最为复杂，评价起来需要对具体情况作具体分析。价值体系多样性的形成与价值主体（民族）所处的地理环境、语言文字的特点、人口因素、社会生产力发展水平、科技进步水平、社会结构模式、不同价值主体（民族）之间的交往等因素密切相关。

（1）地理环境

不同地理环境为生存其中的人们提供各具特色的生产资料和生活资料，同时，获得这些资料需要通过不同途径和使用不同的手段，于是就形成了不同民族的生产与生活方式的多样性。例如，大草原的生态特点适合放牧，生活于其上的民族必然以畜牧业为生，这样就形成了游牧民族的生产、生活特点，如以牛羊肉为主食，喝马奶酒，居所不固定，服饰穿戴要适应放牧作业和草原上的多变的天气，等等。不仅如此，特定的地理环境与特定的生产、生活方式也影响着人们的性格，如草原上游牧民族具有豪放、勇敢、好客、朴实等特点。

地理环境要素也是很多民族的艺术、图腾中所要表现的内容。雪域高原的民族在绘画、歌唱中多有雪山、高原湖泊、牛羊的内容；生活在江、河、湖、海边的民族在艺术、歌唱中常有水、浪、船、鱼的内容。就图腾而言，草原游牧民族多崇拜狼、牛、羊、马等动物；农耕民族多崇拜太阳、水等自然物。印度人至今还把牛当作神来崇拜。

地理环境是形成自然文化价值体系的重要因素。地球上的千差万别的地理环境为形成世界上丰富多彩的自然文化价值体系提供了物质条件。

（2）社会分工

随着社会生产力的发展、新的劳动工具和劳动技能的出现，社会产生出新的劳动领域，吸纳部分社会成员从事该领域的工作，这就是社会分工。新的社会分工的出现，意味着社会中新的产业、行业、职业、新的工作岗位的产生。不同的产业、行业、职业由于工作性质不同，对于在其中劳动的工作者的要求也不同，需要工作者具有与该行业、产业、职业、工作岗位相适应的职业道德、职业信念和职业价值观。例如，农业中的传统种植业，每天与土、水、肥、庄稼打交道，需要精心耕作，劳动者须树立"吃苦耐劳"的信念与价值追求，正所谓"人勤地不懒"。再如，现代石油化工工业，其对象多是高温、高压、易燃、易爆石油化工原料，劳动者在操作时，必须严格遵守规章制度，稍有不慎就可能造成爆炸、中毒、火灾的等严重后果，这要求劳动者具有"三老四严"、"高度的责任感"、"一丝不苟"等职业道德与职业价值观。

由于社会分工的存在而产生出不同的价值信念与价值取向，这一点，古代思想家很早就注意到了。例如，柏拉图认为，对一个国家来说，统治者的价值取向是"智慧"，武士的价值取向是"勇敢"，普通人的价值取向是"节制"。[①]柏拉图站在奴隶主的立场，贬低劳动者，这是错误的。但是，他认为不同的社会分工会产生出价值观的多样性与价值体系的多样性，这一点还是深刻的。

当代社会，出现了许多高新技术产业。同传统的劳动密集型与资本密集型产业相比，高新技术产业属于技术密集型或知识密集型产业。这类产业的发展主要依靠新技术的不断投入，要求从业人员树立"创新、再创新"的价值信念。

（3）社会交往

社会交往是指个人与个人、个人与群体、群体与群体之间为了满足某种需要而进行的相互接触、相互作用、相互影响、互通有无的活动。它既包括个体与个体、群体与群体之间的交往，又包括不同国家、不同民族之间的交往；既包括物质交往，又包括精神交往。社会交往是社会构成与发展的基础。社会是人们相互交往的产物，没有人们之间的交往，就不会有

---

① 北京大学哲学系外国哲学史教研室. 古希腊罗马哲学[M]. 北京：商务印书馆，1961：221-228.

社会。

人类为了生存就必须进行生产，而生产一方面需要以一定方式结合起来共同劳动，另一方面也需要互相交换劳动。经济交往是其他一切交往的基础。在经济交往的基础上产生了政治交往、文化交往、科学技术交往、军事交往等等的多种交往。满足人们的一定需要是社会交往的根本原因，而社会交往则是满足人的需要的基本途径之一，所以各种社会交往中必然包含着价值体系的传播与交流。

社会交往对于价值体系多样性的影响：第一，在原有的价值体系交流与传播过程中，会自发产生新的次级价值体系。这是由于语言在表达思想时有近似性，而接受方在理解时也有近似性，这种双重的近似性引起原价值体系在传播过程中的"信息改变"。于是传播前后的价值体系有了差别，形成多样性。这种多样性的形成是自发的、非自觉的。第二，在原有的价值体系交流与传播过程中，接受方有意识地使其本土化，形成新的次级价值体系。这是由于在价值体系交流与传播过程中，接受方总是以本土的具体情况为基础的，接受方往往坚持原有价值体系的基本原则，而对其中非原则部分作必要的调整。这样，传播前后的价值体系也就有了区别，形成多样性。

（4）科学技术

科学技术对价值体系多样性的影响可以从两个方面来讨论。

1）科学技术是价值体系的组成部分，甚至本身就是一种价值体系。科学技术是人类认识世界、改造世界的知识体系、活动和社会建制，它通过探索自然、改造自然以及探索社会、改造社会而为人类谋福利。所以，科学技术作为客体对于人类有重要意义，是人类价值体系的重要组成部分。科学技术又是人类自觉意识的一种，其中包含着人们明确的目的与意图，所以它又是一种价值意识、价值体系。体现在科学技术中的最基本的价值信念是"追求真理"。彭加勒（1854—1912 年）说："追求真理应该是我们活动的唯一目标，它是值得我们活动的唯一价值。"[1]国际著名天体物理学家、哈佛大学教授雷泽尔认为，科学以证据、理性争论和对真理的积极探求为价值尺度。[2]科学技术不仅有普遍的、共性的价值信念与价值追求，而且它们中的每一门分支学科还有自己特定的传统、习惯、规范，亦即每一门分支学科都有自己的特定的价值体系。在当代，科学技术分支学科林立，是保持价值体系多样性的最大领域之一。科学技术作为价值体系，其中既有人文价值成分，又有科学价值及成分。逻辑经验主义不满意科学技术领域的价值多样性的状况，它一方面极力拒斥科学技术中的人文价值因素，另一方面又企图用物理学的价值体系来统一或取消所有其他的分支学科的价值体系，结果以失败而过告终。这启示人们，企图消除和破坏价值多样性是不现实的。

2）科学技术通过改变人们的生产方式、生活方式和思维方式来影响社会价值体系的多样性。在当代，科学技术已成为第一生产力。科学技术为人类社会提供新的劳动工具、新能源、新动力、新劳动对象。科学技术的这些新贡献，必然改变社会的生产方式，包括改变生产工艺过程、劳动组织形式和管理模式，所有这些变化最终将导致产业、行业、职业的工作传统、道德规范和价值信念的变化，而逐步形成新价值体系。例如，随着传统农业向机械化、生物工程化、市场化的过渡，劳动者也由传统农民变成农业工人，价值观念也由过去的"面向黄

---

[1] [法]彭加勒. 科学的价值[M]. 李建民，译. 北京：光明日报出版社，1988：187.
[2] 教育部社会科学研究与思想政治工作司. 自然辩证法概论[M]. 北京：高等教育出版社，2004：107.

土背朝天"、"靠天吃饭"、"人勤地不懒"等转变为"机械化作业"、"靠高新技术增产"、"以创新促发展"。

科学技术在生活中的应用,改变着人们的起居、饮食、出行、娱乐、健身等生活方式和习惯,而生活方式是人们的价值体系的重要组成部分。固定电话、移动电话、可视电话以及其他现代通信手段的应用,改变了人们传统的联系方式和交往方式;电脑和互联网的使用,增加了人们获取信息、处理信息和交往的通道与方式;现代交通工具快捷、舒适,更加方便人们的出行和交往。现代科学技术的应用增加了人们交往的途径、扩大了交往的范围,而交往必然包含着价值观、价值意识的交流与传播。

科学技术作为知识体系、作为方法与方法论体系、作为思想意识,也改变着人们的思维方式。科学思想和科学精神是制约和反对宗教神学、鬼怪迷信思想和各种唯心主义的思想武器。人们的思维方式中包含着价值意识,在一定意义上说,甚至它就是一种价值体系,例如,宗教的思维方式中必然包含着宗教价值观,同时,宗教的思维方式也是宗教价值体系的一部分。

(四)中西价值观比较

价值现象又是一种地域现象,不同国家、民族的价值体系都有着各自的特征,而且相互交融和渗透。我们中华民族有着五千年的文明史,产生了具有自身特色的价值体系。中国传统价值体系是指从殷商、西周至清末三千多年历史中形成并发展起来的,由中国古代的思想家所提炼出来的理论化和非理论化的,并转而影响整个中华民族的、具有稳定结构的共同精神、心理状态、思维方式和价值取向等精神成果的总和。

西方价值体系主要是指发源于古代希腊,并在西欧、北美等地区演变和发展的各种观点、学说和理论体系的总和。西方价值系有着三大源头:以苏格拉底、亚里士多德为代表的古希腊文明,发展为后来的科学传统;从古希伯来文明和犹太教对上帝的敬畏中,引发出的宗教原罪思想;源自古罗马的法制文明,后来发展为近代法制观念。这三大文明的因子相互融合、相互涵摄,构筑起庞大的文化体系。西方文化的发展历程,大致经历了以下几个阶段:古希腊罗马文化、中世纪基督教文化、近代资本主义文化和现当代西方文化。在不同的发展阶段上,尽管西方文化关注的重点、讨论的问题各不相同,但作为文化核心的价值观却是一脉相承的。

1. 中国传统文化中的价值观及其基础

在中国古代的哲学中,没有明确的价值概念,也没有形成系统的价值理论。但是,哲学家们在探讨人生理想和人的行为的评价标准时,围绕着义与利、理与欲、志与功的关系所进行的争论,同价值问题密切相关,并在不同方面表现出他们的价值观。孔子把"仁"作为人生追求的最高价值。孔子之后,儒家学派的一些主要代表人物(如孟子、董仲舒、朱熹等)都重义轻利、扬理抑欲,轻视物质方面的价值,重视精神方面的价值,倡导以封建伦理道德为基本内容的价值观。荀子一方面主张先义后利,以义制利,表现出重视精神方面价值的倾向;但另一方面又不排斥人的物质欲望,不排斥人对物质方面价值的追求。他肯定自然界的万物"有用为人",认为人通过裁制万物,就能使他们"尽其美,致其用",从而获得美好的、有用的价值。后来陈亮、叶适倡导道义与功利相统一的价值观,王夫之也倾向于义与利、理与欲不可偏废的价值观。同儒家学派对立的墨子主张"贵义",他所谓义,是指有利于国家百姓人民。墨子把利国家、百姓的义,视为最高的价值,作为判断某一行为是否为义的根据。这是一种功利主义的价值观。

(1)中国传统价值观的内容和特点

与西方价值观相比,中国传统文化中的价值取向,主要有重义轻利、重视群体、伦理本位等。

第一,在传统中国的价值取向中,最显著、最富于特色的,莫过于重义轻利的理论情趣。由于中国社会特殊的经济结构和政治结构的制约,由于封建统治者的提倡,在一切以伦理道德为价值尺度的古代中国,儒家倡导的重义轻利、崇义贬利的思想具有强大的亲和力和感染力,得到了全社会的价值认同。即使出现过墨家的利即是义、义利双行的思想,法家鄙弃礼义、重视功利的观点,但他们毕竟不占主导地位,不过是历史发展长河中偶然溅起的几朵小小的反向浪花而已。从孔子的"志士仁人,有杀身以成仁,无求生以害仁",到董仲舒的"正其谊不谋其利,明其道不计其功",再到程颐的"饿死事小,失节事大",无不是以道义为重,以物质追求为耻的。就是文天祥的"人生自古谁无死,留取丹青照汗青"的高洁情怀,以及谭嗣同"我自横刀向天笑,去留肝胆两昆仑"的无畏气概,也浸透着道义为上的精神。因此,重义轻利、尚义贬利成为普遍的历久不衰的社会心理。这种道义高于功利的伦理情趣,重在人格上的自我完善和精神上的自我满足。它感化着每一颗沉浸在宗法血缘的人情关系的温水中的心,形成了有别于世界其他文化的特色。重义轻利、尚义贬利的社会心理的形成,对于人的理性精神的弘扬,对于人保持自身不沦于"物"的地位,有着一定的积极意义,它造就了一代又一代不为一己之利而为天下大同不惜肝脑涂地的志士仁人,并且成为鼓舞人们为追求真理而不屈不挠斗争的一种民族精神。当然,这种价值取向有时也会被统治者利用,把人的正常物欲视作悖伦,忽视了道德生活的基础是物质生活,忽视了益与利有其统一的一面,从而对于健康人格和心理的形成,对于人的全面发展,起了严重的阻碍作用。

第二,中国价值观强调尊重的是群体、整体的利益。中国文化被公认为以集体主义为价值取向的文化,集体的利益总是高于个人利益,"我们"总是大于"我"。因为中国文化的形成与孔子创立的儒家学说密不可分,儒家学说继承并发展了"天人合一"这一哲学思想。儒家思想的精髓是一个"仁"字,此字由"人"字旁和一个"二"字组成。"人"指的是个体、个人,"二"指的是两个。这个"仁"字的内涵意义是指个人在社会上并不是一个单纯独立的个体,个人必须融入社会、融入集体,作用于他人才能施其"仁"义。由此,"就会产生趋于稳定的倾向。在这种趋势下,创造角色性典型的可能性很少,一种新典型如果不合正统的模型,就会遭到史家的贬抑。因此在中国传统里,人格的形成,差不多是只着重于定性的模拟。人格的合模要求既如此强烈,独特的个性就不容易获得培养和保持"。①尽管在当今中国社会人们的价值观念已经发生了深刻的变化,但人们对集体仍有着很强的归属感。与西方文化相比,现代中国社会仍然强调集体的重要性,主张个人服从集体,在个人利益与集体利益发生冲突时,要以集体利益为重,必要时可以而且应该牺牲个人利益来保全集体利益。

第三,中国传统的价值观着眼于伦理本位,带有浓厚的伦理色彩,道德判断和价值判断相互涵摄、相互渗透、相互转化。与西方社会不同,中国社会跨入文明门槛时,保留了氏族

---

① 李亦园,杨国枢. 中国人的性格[M]. 北京:中国人民大学出版社.

的残余。统治者利用氏族血缘观念和亲情关系,发展了宗法制。宗法制在西周已经完备,成为社会结构的稳定因素之一,影响了此后整个中国古代社会。产生于宗法制土壤中的中国传统价值观,必然以孝悌的伦理关系为依据,并着眼于解决宗法伦理问题。历代的思想家谈天说地论人,始终带有浓厚的伦理色彩。以"三纲"(明明德、新民、止于至善)"八目"(格物、致知、诚意、正心、修身、齐家、治国、平天下)为人生价值的儒家修养论和认识论,完全是以对道德的自我追求和完善为宗旨。道家希望不为境累,不为物役,绝圣弃智,洁身自好,实际上是以对自由人格的追求,表达对实现个体价值的向往。佛家宣扬万法皆空,了无自性,慈悲为本,普度众生,以劝善惩恶为旗帜,仍不脱尘世间伦理的框架。法家高唱人皆"用计算之心以相待",被人评为"非道德主义",而实际上,"醇儒"董仲舒宣扬的"君为臣纲,父为子纲,夫为妻纲"的"三纲"说,就是源于法家的韩非。"三纲"与"五常"(仁、义、礼、智、信)相配,成为封建社会伦理精神的核心。可见,法家思想也颇具伦理色彩,并且与儒家伦理相补相融。

(2)中国传统价值观的经济、社会与文化基础

由于与专制主义的政治结构为一体,中国古代以小农个体生产为基础的经济结构具有极强的稳定性和制约力。它要求把分散的个体小农束缚在土地上,通过不同宗族、不同地域的春种秋收,将收成的相当部分向封建国家缴纳,从而在客观上向封建政权认同。而个体小农经济的脆弱性,使农民必须以家庭或宗族为单位,协同劳作,以增强自身力量,抵御自然灾害的侵扰。因此,个体小农的力量,总是通过群体的组合,在群体的力量的现实中得以实现。这样为了自身的生存,人们就必须加入某一特定的群体,注重群体关系。

从政治上看,封建社会政治结构是以专制君主为中心,为专制王权服务的,人人必须服从封建政治结构绝对维护王权的内在要求,向地主阶级的国家机器低头,以"大一统"为政治观念的核心。正是由于个体小农经济的分散落后,所以政治上的大一统呼声才特别强烈。大型水利工程如四川都江堰,中型水利工程如广西的灵渠,它们的建设,如果没有大一统局面,没有国家政权的组织和协调,调动众多人力物力,依靠集体力量,是根本不能建成的。同样,抵御落后民族侵扰的万里长城的修筑,也不是靠任何个人力量可以完成的。当然,更为根本的是,统治者提倡大一统,是通过强调全国上下群体利益的一致性,来维护已成的天下一统的局面,或收复沦于他人之手的江山。因此,大一统是历史发展的常规,是"天地之常经,古今之通谊也"①。无论知识分子还是庶民百姓,都以天下一统为乐,以江山分裂为忧。维护统一成了民族大义,分裂割据成了国忧民耻。于是,为了维护天下一统这个最大的群体利益,人们不惜牺牲一己之生命。

从思想上看,以儒家为主流的传统思想,以维护社会安定、群体协调为宗旨。它们以群体利益为个体利益的参照系,要求每个社会成员通过道德修养提升思想境界,融个体于群体之中,个体的欲望和价值以群体的欲望和价值为转移。以天下国家为己任也好,以道事君也好,都是以其所认定的整个族类这一群体为价值取向。这又与儒家天人合一的整体思维密切关联。由于儒家强调人与自然、社会的统一,因而人的价值变成以维护社会整体利益为特征的自我道德价值,提倡人的道德和人格的自我完善。以"吾日三省吾身"为典型方式的自我反思的思维方式,便归结为道德境界的自我升华。这种自我反省、自我认识,是以服从社会

---

① 出自《汉书·董仲舒传》。

整体利益为价值取向的，而不是相反。即便是重视个人物欲、承认利害争斗合理性的法家，最终仍主张个体向群体的服从：个体必须适应君主专制这一代表整个地主阶级利益的群体结构，否则便是"贰臣"。

用历史主义的眼光来审视，应该看到，在宗法制和小农经济的条件下，不可能产生群体必须满足"人的自由的全面发展"的价值观念，个体的创造性、独立性和自尊感不可能受到高度的重视。传统价值取向孕育出的社会心理，使维护群体利益以及调节人与人、个人与社会的关系成为人们的思考重心。对于个人来说，只有克制身心、服从群体，才能与世俗融洽相处。群体拥有巨大的道德政治权利，个体则只有享有道德政治义务；而且，这种权利与义务关系的不协调，最终是以个体欲望的自我收缩而得到解决。这种状况，对于个人自由的发展，对于自信、热情、进取等精神品质的形成，特别是对于独特的个性的形成，起了消极作用。

但是，这并不意味着重群体、讲关系的传统价值观一无是处。从人们关系的社会性的角度考察，可以看到，人是社会群体中的人。只有在社会群体中，个人的才智才会得到全面发展，个人的价值才会得到充分实现。从历史上看，正是重群体、讲关系的传统价值观，使中华民族的精神力量凝为一体，使以大局为重、以他人为怀的情操得以弘扬，使中华民族这个大群体得以稳定发展并壮大。

当然，我们更应该看到的是，在传统中国，由于注重群体利益，致使个人要实现自我价值，就必须精心研究人际关系，使个体与群体协调，同步运转。否则，天下既不能"治"，更不能"平"。因此，为了从整体的存在和心理满足中实现自己的价值，为了完成道义，人们不惜牺牲个人的利益以至生命。这种心理培育出一种以他人为先、以集体为重的高尚情怀，起到了纯洁心灵的作用。但是，由于这种心理客观上贬低了个体的作用和价值，使中国人自我贬义的心理畸形发展，从而总是把个体发展的希望寄托于他人的提携之上。讲关系，处关系，搞关系，耗去中国人几多心血！正因为重整体，重关系，所以要待人如己，将心比心；要泛爱众，要平等。如谁与大家不一样，木秀于林，则风必摧之！历史上多少次"平均"、"平等"的呐喊，与其说是农民阶级的自我觉醒，不如说是走投无路惨状下，要求彼此一样的意识流泻。儒家天下大同的堂皇描写和廉价支票，也不过是自然经济条件下这种农民心理的美妙折光而已。正是这种个体与群体、局部与全局利益关系上的此泄彼济，维持了传统中国社会的稳定和延续，孕育出与西方志趣迥异的价值观。

2. 西方价值观的特点及其基础

在西方文化中，从古希腊的苏格拉底、柏拉图开始，就对人生价值问题进行了探讨。苏格拉底把追求善和美德，同真正的幸福看作是一致的。柏拉图从他的理念论出发，发展了苏格拉底的思想。他认为，只有永恒的理念世界才是真实的、有价值的东西；只有理性才具有绝对的价值，才是善；人的灵魂是理性的部分，而肉体则是灵魂的桎梏。灵魂脱离肉体，沉思善的、美好的理念世界，乃是人生的最大幸福和最终目的。亚里士多德把美德看作一个人本人好、工作也好的性格状态，这种性格状态同一件艺术品之为美完全相同。他认为世界上任何事物都有自己的目的，而目的总是趋于至善。这样，至善就成为一切事物的最高价值。这种价值在人身上的实现，也就是善或美德的形成。伊壁鸠鲁认为，人生应该追求的幸福和目的是身体无痛苦和灵魂无干扰的快乐，而快乐也就是至善。斯多葛学派则认为快乐不是绝对的善，它本身毫无价值，只有德行才能使人幸福；而德行来自善良的意志，它要求摆脱一切快乐、痛苦和欲望的激情，要求节制。

欧洲中世纪的基督教神学，断言上帝是永恒的、超验的存在物，是全智、全能、全善的。因而上帝具有最高的价值，是一切价值的源泉；只有上帝所愿，才是有价值的。神学只承认宗教信仰的价值、不死灵魂的价值，而抹杀现实的人及其世俗生活的价值，抹杀科学知识的价值。经过文艺复兴和启蒙运动，资产阶级思想家批判了中世纪基督教神学的价值观，提出了尊重理性和人权以及自由、平等、博爱的口号，提高了人的地位和人的价值。资产阶级人道主义思想集中地体现了资产阶级关于人的价值的观点。

（1）西方价值观的基本内容和特点

西方价值观是与东方价值观迥然有别的，与中国传统文化中的价值观相比，它有着如下基本特点：

第一，西方价值观是理性主义的。西方文化本质上是一种理性文化，理性主义不仅是西方文化的一贯传统，而且是西方价值观的基本特征。理性主义的价值观起源于古希腊，而在近现代文明中不断得到发展。古希腊人强调自然本身运行规律的实在性，强调主体与客体的知性分解，把握其本质与现象，形式和内容，概括出概念和某种理念，再经过分析、比较、综合、演绎，推出某种公理的体系。而且，古希腊人还强调实践理性的地位，将理性精神贯彻到政治、法律、伦理等领域，通过理性的分析、比较，选择最有利于人的价值的实现、最合理的政治和法律的形式。理性主义价值观在近代得到了长足的发展。由启蒙运动开始，人们倡导用人权否定神权、以理性代替信仰，按照理性的原则从事社会、政治和经济活动，确立了理性的神圣地位。整个资本主义精神的发展"完全可以理解为理性主义整体的一部分，而且可以在理性主义对生活基本问题的根本立场中演绎出来"。这是因为资本主义经济虽然激起了人们的致富欲望，但它要求人们按理性的原则来获取财富，希望对非理性的欲望进行抑制或作理性的缓解，并通过理性使社会组织和政治法律合理化，从而为市场经济发展创造条件。而且，资本主义还要求运用理性的力量来组织劳动、配置资源和使用资本，从而达到资源的最佳配置，达到效率的最大化。但我们也看到，资本主义将理性主义价值观作为社会经济活动的基本原则时，理性仅被当作狭隘的工具理性来使用。或者说，它过分地关注工具理性而忽视价值理性，这种理性的市场经济的价值观否定了对人的终极价值的关怀，否定了人对理想世界的追求，否定了人的价值理想和意义世界，从而导致了意义世界的失落、人的异化和生态危机。

第二，西方价值观是效率至上、功利主义的。西方价值观强调对个人利益追求的正当性和合理性，甚至把个人利益看成人的自然权利，看成人活动的唯一动力。洛克曾以"理智"为武器，去探寻社会的"自然"基础，他得出的结论是：建立社会的唯一基础，就是彻头彻尾的个人利益。对他来说，一个个人主义的社会是合乎"自然规律"的，社会和政府的责任就是帮助个人积累私人财富，个人利益是构成社会利益的唯一基础。亚当·斯密也从经济学的角度论述了这种功利主义，在他看来，物质利益是人类活动的基点，只有个人自私活动，才能变贫困为富裕，对此，社会应予以肯定的承认，且不应谴责其为自私自利，更不应妨碍个人追求物质利益的行动。亚当·斯密甚至将其美化为能使他人得益的美德。同时，在西方价值观看来，既然对个人利益的追求属"自然规律"，因而利益则比道德具有更为根本的意义；甚至主张应把道德这个概念从经济学中剔除出去，任何把道德强加在经济之上的企图只会妨碍那只"看不见的手"——市场的自然力量，人们最理想的价值选择应是明智而又贪财的个人之间完全自由的贸易和竞争。

第三，西方价值观是相对主义的。西方价值观历来有着把价值看作具有人为约定性，看作与人的情感、欲望密切联系的，否认价值的客观性成分，而夸大其主观性、相对性成分，从而使价值观具有浓厚的相对主义倾向。如果说，在以农业社会为主的前现代社会，西方人的基本价值观念还是植根于传统习俗和宗教意识之中，价值观带有浓厚的集体性色彩的话，那么在现代社会，尤其在后现代社会，传统价值观受到了动摇，人们试图按照个人的意愿"重估一切价值"，使价值观进入到了一个相对主义时代。人们的价值取向越来越以个人自主权、个人利益和个人爱好为基础，人们越来越根据自己的愿望选择生活方式和价值观念并对自己的行为负责，自我发展和个人幸福则成为指导个人行动的最高价值准则。人们的价值标准也越来越具有相对性，人们否认有适合一切社会和一切人通用的价值标准，否认绝对价值的存在。这是一个崇尚个人的时代，这是一个崇尚变动和选择的时代，这是一个崇尚相对主义的时代。在这个时代里，个人的权利优于社会需求，个人的权利具有至高无上的地位，社会的价值标准、客观的价值标准失去了它应有的地位和价值，其结果必然导致内心的空虚和孤寂，导致社会责任感和奉献精神的缺失。

第四，西方的价值观还是个人主义和人类中心主义的。个人主义是就个人和他人、个人和国家社会的关系来说的。在个人与他人、社会、国家关系问题上，个人利益是至上的。对此，他人和社会均应尊重个人利益。但对个人利益的尊重并不意味着对他人利益和社会利益的毁损，相反，个人一方面要理性地进行利益追求；另一方面还要在利己的同时不损害他人和社会，这种合理利己主义使得西方社会虽然每个人都追求自己的私利，但社会仍保持一定稳定和秩序。当然，个人主义如果走向极端则易导致利己主义，这对社会和他人都是有害的。人类中心主义是就人与自然的关系来说的。在人与自然关系上，西方社会一直奉行主客二分、天人对立的人类中心主义价值观。从古希腊普罗泰戈拉的"人是万物的尺度"到18世纪康德的"人为自然界立法"，再到伴随工业革命而勃兴的现代化运动所带来的自然与社会的深刻变化，使人类是"自然主宰"、自然是人类征服和改造对象，以及人类的使命就是按照自己的意志"征服自然、改造自然"这一价值观念深深地扎根在西方人的价值意识之中。可是随着现代化的高速发展，人类在与自然的关系中遇到了越来越多的矛盾与困难。当代西方社会创造了高度发达的科学技术，使人类征服的狂妄得到了一大满足，但是却造成了自然资源的破坏、生态环境的恶化，以致严重危及人类生存的境况。这种状况促使西方一些思想家开始冷静下来反思人与自然的关系，反思人对自然的传统价值观念。这一反思终于动摇了西方人两千多年执着的信念，人类中心的价值观受到批判。人们试图用"人与自然的和谐统一观"代替"人对自然的征服观"，有些人甚至想通过中国的"天人合一"的价值观念来建立新的生态伦理价值观，以缓解人与自然关系的紧张状态。

（2）西方价值观的经济、社会与文化基础

从价值观的思想基础看，西方价值观是以个人主义为思想基础的。西方社会奉行个人主义价值观是有其社会基础的。与我国传统价值观以农业社会为基础不同，在西方，从古希腊开始就以工商经济为基础，农业虽也存在，但对其历史和文明的进程影响不大。这种以牟利性为目的、以流动性为特征的商业活动，摧毁了家族公社的血亲温情，经过公元前6世纪前几百年的梭伦变法和庇西特拉图、克里斯梯尼的改革，氏族关系最终解体，私有制得以真正确立。到了资本主义生产关系确立起来以后，私人利益以更赤裸裸的形式表现出来，并取得了完全的统治地位。这就使得个人主义成为其价值观的思想基础和主要倾向。

个人主义在西方也经历了一个发展过程。早在古希腊时期，西方社会就形成了与中国以整体为本位不同的传统价值观。由于其价值观的实现是以理性对自然的把握为基础的，它最终止指向的仍是理性的个人。从普罗泰戈拉的"人是万物的尺度"的感性主义价值观，到伊壁鸠鲁的"快乐至善论"的价值观，都表现出其价值观的基本倾向是以个人的理性及感官体验为本位。正如黑格尔所说："在东方的黎明里，个体性消失了……在希腊我们看见了真正的自由在开花。"中世纪对人性的践踏带来了人性的强烈反弹，以高扬人性为旗帜的文艺复兴运动，在重新树立理性的权威的同时，将个人的快乐和幸福为目的的价值准则注入了尘世生活。这一方面培育起了崇尚理性和自然规律的科学精神，另一方面也形成了以快乐幸福为追求目的的功利主义价值观。这种功利主义价值构成了近代以来西方价值观的基本格调。即使19世纪后期以来西方先后出现的各种反对传统观念的思潮，如新康德主义、存在主义、法兰克福学派等，其主要倾向仍然是西方人对个体自由、个体利益、个体发展的价值追求。虽然近代资产阶级思想家也提出过"合理利己主义"的思想，也提出过维护公益、建立规则等主张，这些对作为个人主义极端表现形式的利己主义有一定约束作用，但其价值标准的最终依据仍然是个人利益的满足。

由私有制经济模式和个人主义的思想基础所决定，西方价值观的基本价值取向是重利轻义。与中国传统价值观的重义轻利价值取向完全不同，在西方价值观中，重利轻义思想一直占统治地位。重利轻义的最初表现形式为古希腊的快乐主义。快乐主义的价值观从人的生物特性出发，把人的多种具有社会意义的需要仅仅归结为追求快乐，认为只有肉体与心灵的快乐状态才是唯一合乎人性的，快乐即善，快乐是人类一切行动的动因和人生的目的。到了近代，这种重利轻义的价值取向的理论表现形式则是利己主义。利己主义的基本特点是以自我为中心，以个人利益作为思想和行为原则的价值评判标准。利己主义价值观理论和伦理思想的集大成者有边沁和穆勒。边沁说："功利原则指的就是当我们对任何一种行为表示赞成或不赞成的时候，我们应该看行为是增多还是减少当事者的幸福。"穆勒也同样指出："承认功利为道德基础的信条，换言之，最大幸福主义主张行为的是与它增进幸福的倾向为比例，行为的非与它产生不幸的倾向为比例。"在西方，无论是快乐主义，还是利己主义，作为一种主导价值观，都是从利益出发来讨论价值取向，认为利益是价值的基础，也是道德的基础，谋求利益是一切行为的终极目的。

重利轻义的价值取向反映了西方人追求现世幸福的基本人生态度，也反映了现代资产阶级发展生产、追求财富的强烈愿望，它肯定了人们追求物质利益合理性的一面，在一定程度上也刺激了生产的发展和生活的幸福。但是，西方价值观把义和利等同起来，认为利就是义，道德价值只是人们追求功利的手段，而且对功利的强调特别是把个人利益看得高于一切，这些正是导致西方道德水准下降、个人主义泛滥的思想根源所在。

从价值的实现途径来看，西方价值观崇尚外在的超越，崇尚自我奋斗。西方价值观从人的个体本位出发，把人的价值归结为人的自我价值，并主张通过个人的奋斗来实现自身的价值。20世纪70年代美国的一位社会学家指出，对大多数美国人来说，个人主义就是指"人们有决定自己的生活和前途自由与权利"，或者说"我的一切由我个人负责"。正是通过自我奋斗，通过认识和控制自然来满足自身的需要，从而获得相应的幸福和快乐，人也就实现了一定程度的超越。在西方，自我决定、自我选择、自我奋斗、自我创造则成为其价值实现的基本途径。

就价值追求的最高目标来说，西方的价值观十分推崇个人自由，把自由看成价值追求的最高境界。在古希腊、古罗马，由于人们社会政治生活中还有着自由民与奴隶、主宰与臣服的区别，因而实际上不可能做到每个人都有自己的尊严、价值和人格，因而个性自由的价值还得不到肯定。到了中世纪，人们的自由则遭到了神学蒙昧主义和封建王权的肆意践踏，甚至公开宣扬"人应该藐视自己"，应该离开罪孽深重的尘世生活，以求能尽快进入快乐、幸福、自由的天国。自由在古希腊和中世纪虽然不能成为现实，但思想家们仍然不懈地追求着、论证着自由。伊壁鸠鲁用原子的偏斜运动来论证自由意识。中世纪的一些思想家也都在论证神学世界观的同时，肯定了一个潜在的前提：意志主体是自由的。与中世纪从根本上否定人的自由不同，文艺复兴以来的西方思想家们都十分重视人的自由。从此，自由问题一直是西方价值观的主旨，是人们价值追求的最高目标。正如卢梭所说"人是生而自由的"，自由是人的本质，人如果"放弃自己的自由，就是放弃自己做人的资格，就是放弃人类的权利，甚至就是放弃自己的义务"。至于近代的"天赋人权"思想，德国古典哲学家对理性自由的论证乃至叔本华对意志自由的肯定和萨特的自由选择理论都从不同角度呼唤着、论证着人的自由问题。

西方对自由价值的高扬与肯定，经过人文主义和宗教改革，又经过彻底的政治革命，资产阶级的自由理想变成了现实，自由价值得到了一定程度地实现。而且这种自由表现在思想自由、宗教信仰自由、社会政治生活中的自由以及经济活动中剥削与被剥削的自由等各领域。自由不仅成为理论家所论证的价值理想，而且成为人们现实生活中的价值追求。

从社会的制约机制来说，西方价值观念强调正义或公正。作为一种道德和法律原则，公正原则在人类文明史上由来已久。公正是古希腊和古罗马人所推崇的主要美德之一，也是关于社会全体成员相互之间恰当关系的最高概念，还是法律关于组成全体公民的所有个人的恰当关系的最高概念。公正主要被用来描述个人与个人、个人与政府以及主权国家之间法律关系应达到目标的一个抽象术语，后来公正原则具有普遍意义。如美国学者罗尔斯就提出了适用于社会基本结构的两个正义原则："第一个原则：每个人对与其他人所拥有的最广泛的基本自由体系相容的类似自由体系都应有一种平等的权利。""第二个原则：社会的和经济的不平等应这样安排，使它们被合理地期望适合于每一个人的利益；并且依系于地位和职务向所有人开放。"罗尔斯所主张的正义的主要内容就是每个人都有要求的平等和社会权利的平等。

不管人们对正义的界定有何差异，作为一种价值观所崇尚的正义原则其意义正在于对人们价值追求作出了适当的限制，从而将人与人之间、个人与政府之间的关系调整到某种理想状态，使整个社会处于和谐有序的状态。正义在道德上的基本要求就是利他、富有同情心、尊重他人的人格和权利；正义在法律上的基本要求就是保证每个社会成员在权利和义务方面的一致关系；正义在经济上的基本要求就是收入和财富的平等分配。正义原则对造成全面的机会均等，对保持人际关系的适度性，对社会的健康有序发展起到了积极的作用。

可见，西方的价值观是以个人主义为思想基础，以重利轻义为基本价值取向，以外在超越和自我奋斗为价值实现途径，以个人自由为价值目标，以公正为社会制约机制所组成的一个价值观体系，这一价值体系与我国传统的价值体系相比，有着自身的特点。

思 考 题

1. 如理解本体的含义？本体论对于哲学有何意义？
2. 如何理解价值和价值观？价值论对于哲学有何意义？
3. 如何理解认识的可能性？
4. 举例说明中国、西方价值观的异同。

第四章

哲学的主要分支

知识体系在发展过程中,其中较为成熟、内容及性质较为特殊的部分会独立出来成为新的领域,这种新的研究领域可以称之为原知识体系的分支。一般说来,新产生的分支领域与原知识体系在学科分类上存在着隶属关系。在传统哲学中,通常把逻辑学、伦理学、美学看作哲学的主要分支学科。也有学者认为,自然哲学、精神哲学、历史哲学等是哲学的重要分支。

把逻辑学、伦理学、美学作为哲学的三个分支,是与人的精神活动的三个主要领域分不开的。康德说:"我之理性所有之一切关心事项(思辨的及实践的),皆总括在以下之三问题中:(一)我所能知者为何?(二)我所应为者为何?(三)我所可期望者为何?"[①]第一个问题可以归结为逻辑或认识论问题,第二个问题可以归结为伦理问题,第三个问题可以归结为通过至美进而达到至善的问题。康德写了划时代的"三批判"来解决这三个问题:《纯粹理性批判》讨论先验逻辑和认识论问题;《实践理性批判》讨论伦理问题;《判断力批判》讨论目的论与美学问题。不少哲学家也把完成逻辑学、伦理学、美学的知识体系构筑作为自己的学术任务。

第一节 逻 辑 学

"逻辑"一词源于希腊文"λογοs"(逻各斯),有语言、说明、比例、尺度等多种含义。古希腊哲学家赫拉克利特用"逻各斯"来表示自然事物的发展、变化有尺度、有分寸、有规律。亚里士多德用"逻各斯"这个词表示事物的定义、公式,以揭示事物的本质。英文用"logy"作为后缀,以表示某种学科的知识体系,如 technology、biology,等等。

逻辑学作为一门知识,是研究思维形式和思维规律的学科。

一、逻辑学的起源与发展

逻辑学作为一门学科,经历了古代、近代和现代三个发展阶段。从起源上来说,逻辑学有三个源头:古希腊的形式逻辑,以亚里士多德的《工具论》为代表;中国先秦时期的明辨

---

① [德]康德. 纯粹理性批判[M]. 蓝公武,译. 北京:商务印书馆,1960:549-550.

学，以墨家学派的《墨经》为代表；古印度的因明学，以《正理经》为代表。

古希腊时期，亚里士多德于公元前4世纪的著作《工具论》中，广泛涉及了逻辑学的基本问题，比如概念、范畴、四谓词、直言命题、直言三段论等，从而确立了以直言命题为对象、以三段论理论为核心的词项逻辑理论，成为此后十多个世纪西方形式逻辑的教学体系，即"概念—判断—推理—论证—谬误—反驳—思维规律"，亚里士多德也因此被称之为"逻辑之父"。此外，与亚里士多德的逍遥学派、柏拉图的雅典学派齐名的斯多葛学派发展了命题逻辑，把命题区分为原子命题和复合命题，并重点讨论了复合命题。

中国先秦时期的《墨经》由墨子及其弟子编著，提出了"以名举实，以辞书意，以说出故"的重要思想。"名"相当于概念，"辞"相当于判断，"说"相当于推理，即提出论据来论证某个论题。中国古代的明辨学，大都结合当时的政治斗争和具体的论辩展开，没有采取形式化的方法，形成了中国古代逻辑学自身的特点。

古印度的因明学起源于古代印度的辩论术，"因"是推理的依据，"明"指的就是知识。对于推理论证形式的研究，古印度人提出了五支作法和三支作法，也提出了"过论"（悖论）的研究。"因明"是佛家逻辑的专称，是作为论证佛教教义的工具而存在的。

由于种种历史原因，古代中国逻辑和古代印度逻辑没有进入世界逻辑的主流，古希腊逻辑因相对完整的历史，成为当今世界现代逻辑的肇始。

二、逻辑学的分类

按照门类划分，逻辑学又分为辩证逻辑、普通逻辑和数理逻辑。普通逻辑也称为传统形式逻辑，数理逻辑也称为现代形式逻辑。

普通逻辑的特点是使用自然语言，具有歧义性和不确定性，与自然语言和日常思维有密切联系。亚里士多德的《工具论》主要讨论的是演绎推理，后来在笛卡儿的努力下又有进一步的发展，17世纪弗朗西斯·培根在批判演绎逻辑的基础上提出了科学归纳法，奠定了归纳推理的基础，后来经过约翰·穆勒的研究提出了"穆勒五法"。

数理逻辑是在17世纪末18世纪初由莱布尼茨首先提出来的，他提倡用数学方法研究逻辑。1910年罗素的《数学原理》建立了完全的命题演算系统和一阶谓词演算系统。20世纪30年代数理逻辑达到完善，40年代以后又出现了"集合论"、"证明论"、"递归论"等多个分支，在演算上发展了模态逻辑、多值逻辑、时态逻辑等。

三、传统逻辑讨论的主要问题

（一）概念

概念是反映思维对象及其特有属性的思维形态。对象（事物）的属性有固有属性和偶有属性、特有属性和共有属性之分，其中特有属性中又有本质属性和非本质属性，而概念则是事物的固有的本质的特有属性。

概念有两个基本特征：内涵和外延。概念的内涵是概念反映的对象的特有属性。概念的外延是具有概念所反映的特有属性的对象，即概念的适用范围。例如，"商品"的内涵是"用来交换的劳动产品"，外延是"农业商品、工业商品、机械商品、纺织商品"等。内涵和外延是相互制约的，在一定条件下，概念的内涵确定了，其外延也就确定了，反之亦然。

语词是概念的载体，概念是语词的内容，表达概念的语词在逻辑上叫作词项。同一语词可以表达不同的概念，比如"骄傲"有时表示自满，有时表示自豪；不同语词也可以表示同一概念，比如"爸爸"、"父亲"的内涵外延是相等的。

概念种类可区分为单独概念和普通概念（如"中国"和"国家"），集合概念和非集合概念（如"森林"和"树"），正概念和负概念（"合法"和"不合法"），实体概念和属性概念（如"计算机"和"优秀"）等。

（二）命题

命题是对思维对象有所断定的思维形态。命题有两个基本特征：命题有所肯定或有所否定，即从肯定方面或否定方面对思维对象做出反应，如"孔子是春秋战国人"，"孔子不是汉朝人"。命题都有真假，凡是符合真实情况的命题都是真命题，凡是不符合真实情况的命题都是假命题，如"孔子是春秋战国人"是真命题，"孔子是汉朝人"是假命题。

命题的真、假统称为命题的逻辑值，简称为命题的真值。逻辑学并不研究某个特定命题在事实上的真假，而是研究各种形式命题之间的真假关系。比如当"所有 S 都不是 P"这种形式为真时，"有 S 不是 P"必为真。

语句是命题的语言形式，命题是语句的思想内容。同一语句可以表达不同命题，如"她今天上课"中，"她"既可以指代教师，也可以指代学生，需要根据语境加以区分；不同的语句可以表达同一命题，比如"她只有努力学习，才能取得奖学金"与"她要想取得奖学金，只有靠努力学习"。

依据命题中是否含有模态词，可把命题区分为模态命题和非模态命题。非模态命题按其是否包含其他命题又可区分为简单命题和复合命题。简单命题又分为直言命题和关系命题；复合命题又分为联言命题、选言命题、假言命题、负命题。模态命题又分为真值模态命题（含有"可能"、"必然"模态词）和规范模态命题（含有"必须"、"允许"、"禁止"等规范词）。

（三）推理

推理是依据已知命题得到新命题的思维形态。推理的基本结构包含两部分：前提和结论。前提是推理所依据的命题，结论是由前提得出的新命题。前提和结论之间存在一种推断关系，表现为不同的推理形式，每种推理形式都有各自的推理要求，我们称之为推理规则。如："人终有一死，苏格拉底是人，所以，苏格拉底会死"（直言三段论，"所以"之前是前提，"所以"之后是结论）。

推理的分类有许多种，依据前提和结论的思维进程不同，可区分为演绎推理（从一般到个别）、归纳推理（从个别到一般）、类比推理（从个别到个别或者从一般到一般）和回溯推理（由结论逆推前提或条件）；依据前提和结论是否具有蕴含关系，可分为必然推理（前提真，结论必然真）和或然推理（前提真，结论可能真）；依据前提或结论是否包含复合命题，可分为简单命题推理和复合命题推理；依据前提或结论是否含有模态词，分为模态推理和非模态推理。

推理要获得正确的结论，需要具备两个条件：①推理的前提真实；②推理的形式正确。第一个条件主要由各门具体科学去研究，作为逻辑学，主要研究推理形式的有效性，即前提和结论的联系方式要合乎推理规则，违反推理规则的推理一定是无效的推理。

（四）逻辑基本规律

逻辑思维规律有特殊规律和一般规律之分。有关使用概念、命题和推理的各种具体规则只对某些具体的思维形式起作用，属于特殊规律。贯穿思维整个过程始终的一般规律具有普遍性，即基本规律。基本规律对特殊规律具有统摄作用，思维过程既要遵守特殊规律，又要遵守基本规律。

逻辑基本规律对于思维活动具有确定性要求，思维的确定性即指同一性、无矛盾性和明确性，对应着逻辑基本规律即是同一律、不矛盾律和排中律。从思维的内容来说，无论是概念（词项）、命题（判断），还是论证、推理都要符合这三大规律的要求，否则就无法保证思维的正确性；从适用范围来说，既适用于日常生活的思维，也适用于思辨的哲学思维。

同一律是指在同一思维过程中，每一思想与其自身是同一的，即"A 是 A"（A 既可以是概念，也可以是命题，下同）。违反同一律所犯的错误要么是混淆概念或偷换概念，要么是转移命题或偷换命题。例如，"群众是真正的英雄；我是群众；所以，我是真正的英雄。"第一个"群众"是整体概念，第二个"群众"是具体概念、非整体概念，推理犯了混淆概念的错误。

不矛盾律是指在同一思维过程中，一个思想及其否定不能同时为真，必有一假，即"A 不是非 A"。违反不矛盾律就会犯自相矛盾的逻辑错误。比如"方的圆"、"我一直没有生过病，就是在前几天患了重感冒"都是违反了不矛盾律的规则。

排中律是指在同一思维过程中相互否定的思想不能同时为假，必有一真，即"A 或者非 A"。违反排中律就会犯"模棱两不可"的错误。例如"世界上有鬼还是无鬼呢？有人认为'有鬼'，而有人认为'无鬼'。这两种看法我都不赞成。""有鬼"和"无鬼"为两个相互否定概念，二者必有一真，同时否定就违反了排中律。

此外，充足理由律也被认为是基本规律之一。充足理由律是指一个命题被确认为真，是根据另一个命题或几个命题的真而必然推出来的，即"A 真，因为 B 真并且 B 能推出 A"。这一规律的逻辑要求有三个：①必须有理由；②理由必须真实；③由真实理由必然能推出所要论证的论断。违反充足理由律就会犯"虚假理由"或"推不出"的错误。比如，"宇宙在时间上是由开端的。因为宇宙是上帝创造的，上帝创造的东西在时间上是有开端的。""蚊子战胜了狮子，狮子战胜其他一切动物。所以，蚊子战胜了其他一切动物。"（理由与推断之间没有必然联系，推不出。）

（五）逻辑论证

逻辑论证就是用一个或几个已知为真的命题确定另一命题真实性或虚假性的思维过程。证明的目的在于求真，反驳的目的在于斥假。论证具有两个特征：①论证的根据是已知为真的命题；②通过逻辑推理实现论证。

逻辑论证由论题、论据和论证方式三个要素构成。论题是论证的对象，是通过论证确定其真实或虚假的命题。论据是论证的依据，是指被引用说明论题真假的那些命题。论证方式是把论题和论据联系起来的逻辑形式，它是由论据推出论题的推理形式总和。

依据论证是否从论据的真实性直接推出论题的真实性，可把论证分为直接论证和间接论证（包括反证法和选言证法两种）；依据论据与论题的联系是从一般性的知识到特殊性的知识，还是从特殊性的知识到一般性的知识，可把论证分为演绎论证、归纳论证和类比论证。反驳论题或论据方式主要有直接反驳、间接反驳和归谬法。

论证的规则包括论题的规则、论据的规则和论证方式的规则。论题的规则有两个：①论题必须清楚明确；②论题必须保持同一。论据的规则有三个：①所有论据必须真实；②论据的真实性必须已经被证实；③论据真实性不应当靠论题来论证。论证方式的规则就是合乎逻辑规则。

（六）三种常见的逻辑推理及其评价

1. 演绎推理

演绎推理是能够进行连续的逻辑推演，而且各个推演阶段的结论都是从前提必然的推出来的。就其认识作用来说，演绎推理既可以从一般推出一般，也可以从一般推出个别，还可以从个别推出个别。从其应用的全面情况来说，演绎推理多用从一般性知识推出个别性知识，多用于依据一般原则解决个别问题。

演绎推理可以根据前提命题的种类划分为直言推理、联言推理、选言推理、假言推理、假言选言推理和负命题推理等。以直言三段论为例，直言命题就是直接的无条件的反映判定对象具有或不具有某种性质的命题，简单说就是"S 是 P"，比如"苏格拉底是一个人"。具体的逻辑形式又分为六种"所有 S 是 P"、"所有 S 不是 P"、"有 S 是 P"、"有 S 不是 P"、"某个 S 是 P"、"某个 S 不是 P"。

直言三段论就是由两个直言命题作前提（分为大前提和小前提），推出一个直言命题的结论的推理。例如：

（大前提）人终有一死；

（小前提）苏格拉底是人；

（结论）所以，苏格拉底会死。

其公式为：所有的 S 是 P；

有 Q 是 S；

所以，Q 是 P。

三段论的结论具有必然性，是因为结论已经包含在前提中了。

三段论在实际运用中要复杂得多，要保证三段论形式的有效性，还要必须严格遵守三段论的七项规则，否则就无法从真实的前提推出真实的结论。七项规则是：①只能有三个不同的项；②中项至少有一次是周延的；③前提中不周延的项在结论中仍不得周延；④两个否定前提不能得出结论；⑤前提中有一个是否定的，结论也是否定的，反之亦然；⑥从两个特称前提得不出必然结论；⑦两个前提有一个特称的，结论也是特称的。

值得注意的是，三段论的七项规则只是为了确保推论形式的有效性，并不必然保证结论的真实性，结论的真实可靠，不仅要求推理符合规则，同时要求前提真实，而前提真实并不是逻辑研究的内容，而是各门具体学科要研究的内容。

此外，在三段论的研究中，逻辑学家们还提出了"三段论的格"和"三段论的式"等问题，而且均有相关的具体规则要求。

2. 归纳推理

归纳推理是由个别到一般的推理，其主要特点就是根据某类事物的全部或部分对象的考察，从而作出该类事物一般性的结论。归纳推理分为完全归纳推理和不完全归纳推理。其逻辑模式是：

S_1 是 P，

S_2 是 P，

……

S_n 是 P（S_1、S_2、……S_n 是 S 类的全部或部分对象）；

所以，所有的 S 是 P（结论是一个全称命题）。

完全归纳推理是根据某事物中每一对象都具有或不具有某种属性，推出该类事物全部对象都具有或不具有该属性的推论，其特点是前提完备和结论可靠。但是这一推理局限性比较突出，只能适用于考察范围比较少的某类事物，推理所获得的认识还有待于深化。

不完全推理是根据某一对象具有或不具有某种属性，推出该类事物具有或者不具有某种属性的归纳推理，主要包括简单枚举归纳推理和科学归纳推理两种形式。

简单枚举归纳推理是根据一类事物中部分对象具有某种属性，并且没有遇到相反情况，从而推断出该类事物都具有某种属性的归纳推理。其特点是方便快捷，思维效率高，在日常生活和科学研究初步阶段应用比较广泛。但其局限性在于结论的或然性，结论的可靠性不大，一旦遇到相反情况，结论就会被推翻。提高其可靠性的途径在于增加考察对象数量和注意收集可能出现的反面事例。

科学归纳推理是依据某类事物部分对象与其属性间因果联系的科学分析，推出该类事物具有某种属性的归纳推理。因为此类推理中不仅列举了部分对象的情况，而且揭示出部分对象之所以有某种现象的必然原因，结论比较可靠，前提数量对于结论意义不大，在科学研究中得到广泛应用。

此外，类别推理也是一种比较重要的归纳推理方法。

类比推理是根据两个或两类对象在一系列属性上相同或相似，推出它们在其他属性上也相同或相似的推理方法。此类推理是从个别到个别的推理，但不同事物的不同就在于它们之间的差异性，事物在某一属性上相同或相似不能保证在另一属性上相同或相似，因此类比推理得出的结论是或然的，就此来说，类比推理也是一种归纳推理。

类比推理的基本逻辑形式是：

对象 A 具有属性 a、b、c、d，

对象 B 具有属性 a、b、c；

所以，说明对象 B 可能有属性 d。

要提高类比推理结论的可靠程度，需要注意以下三点：①尽可能多地寻找比较对象的相同或相似属性；②尽量采用本质属性进行类比；③如果进行"量"上的对比，结论的可靠性通常取决于"量"上的精确程度。

3. 回溯推理

回溯推理又称"溯因法"，是运用一般规律性的知识，从已知后件（结果）推溯其前件（原因）的非演绎推理，是由果溯因，由推断到理由的或然性推理。由于客观世界因果联系复杂多样，既有一因一果，又有多因一果等复杂现象，从已知的结果出发，只能或然的回溯其原因。

简单回溯推理形式：　　　复杂回溯推理形式：
已知 q（结果）；　　　　已知 q（结果）；
如果 p，那么 q；　　　　如果 p_1 或 p_2 或……或 p_n，那么 q；
所以，p（原因）。　　　所以，可能 p_1 或 p_2 或……或 p_n。

例如，马路潮湿，推测天下过雨，或者洒水车经过，或者有人泼水，如果天没下雨，也没有洒水车经过，那么就可以推测有人泼水。

提高回溯推理结论的可靠性，需要注意三点：①前件和后件必须具备因果关系；②尽可能地考察导致某一特定结果的众多原因；③尽量排除引起某一结果的其他原因。

四、逻辑学在哲学中的地位

逻辑学作为基础性学科，更多的人把逻辑学看作工具性学科，正因为逻辑学通过提高使用概念、做出命题和进行推理，进而有助于提高人们的逻辑思维能力；有助于人们通过已知的知识的有效脱离，从而获取新的知识；有助于人们明确恰当的表达思想，提升人们的语言表达能力；更是揭露逻辑错误、批判诡辩论的有力工具。

哲学是"爱智"之学，要达此目的，思维必须清澈，思路必须清晰，而逻辑则是帮助爱智者们思维清楚的工具。

逻辑学在西方哲学中一直居于中心地位。早在古希腊时期就有逻辑学是哲学的一部分还是哲学的工具的争论，但是更多的时期里，逻辑学被认为是哲学的一部分。到了 19 世纪末 20 世纪初，随着数学等一些自然学科的发展，逻辑学逐步与数学的关系越来越密切，随着数理逻辑的发展，逻辑学与哲学的关系越来越成为热门话题，特别是在西方现代分析哲学中，数理逻辑更是发挥了至关重要的作用。西方许多大哲学家，特别是近现代以来的大哲学家，同时也是大逻辑学家，比如弗雷格、罗素、维特根斯坦、卡尔纳普、蒯因，等等，均在逻辑学说史上占有重要的地位。

同时，现代逻辑也遇到了许多严肃的哲学问题，以至于产生了以这些问题为研究内容的逻辑哲学。大体来说，逻辑哲学研究三类问题：①关于逻辑学科整体的哲学分析，比如逻辑本质、逻辑与非逻辑划界、逻辑与其他学科的关系，等等；②逻辑学科内部的哲学问题，比如归纳逻辑中的休谟问题，逻辑真理，逻辑哲学关于分析综合、必然偶然、先验后验关系，等等；关于逻辑和哲学基本概念的精细分析，比如名词、语句、命题、陈述、判断等。

五、中西逻辑思想的异同

中国古代逻辑传统在春秋战国时期得到快速发展，其主要成就主要集中于墨家和荀子，但是中国古代逻辑没有发展成像古希腊亚里士多德那样严密的逻辑体系，这与中国传统农耕文化有着密切的联系。

中国古代文化不是以探索世界本质，为知识而知识，而是把政治和伦理问题放在了首要地位，政治和伦理更多的是关注价值判断，而非事实认知，重视人的主体需求，忽视逻辑形式的论证，这就使得中国古代逻辑学一直没有形成独立的学科。同时，中国数学的发展主流是与农业生产相关联的算学方向，理论几何学欠发达，没有形成依靠纯粹公理公式推导证明的数学传统，也使得中国古代逻辑学难以向公式化方向发展。

西方逻辑学在明代开始传入中国，当时被翻译为"名学"、"辩学"、"理则学"等，如李志藻与传教士合作翻译了《名理探》，但是影响并不大。大规模译介西方逻辑学则是在鸦片战争之后，伴随着西方科学的输入而传入，严复是第一个把"logic"翻译为"逻辑"的人。"五四新文化运动"之后，真正学术意义上的逻辑学文章开始出现，从而对中国文化转型起到了一定的积极作用。此后，中国逻辑学的发展开始逐步与世界接轨。

第二节　伦　理　学

从字面看，伦理是关于次第秩序的理论或人与人之间关系的理论。在日常用语中，广义的伦理包括道德。在中文里，"道"指世界宏观运行的规律；"德"指具体实物微观的品质。"道德"联用，有"遵循大道而获得个体品质"之意。从词义上看，道德是对个体主体的行为规范，它较为侧重于个体，强调内在的个人操守修养。伦理就可定义为对社会关系应然性的认识，它更侧重于社会行为规范，强调客观方面。

伦理学是关于人们自身以及人们与社会之间的行为规范的知识。

一、伦理学的发展

中西方伦理学思想产生于不同的社会制度和文化背景之中，两者在其发展过程中存在着很大的差异，形成了不同的伦理学发展进路。

中国伦理学思想大体上经历了四个发展阶段，即先秦时期、秦汉至明清时期、清末至"五四"时期、当代中国伦理学发展时期。中国传统伦理思想占主导地位的是儒家伦理思想，同时道家、法家、佛教、道教等伦理思想也有很大影响，反映了古代自然经济和封建宗法等级制度下的经济和政治状况，是中国传统思想文化中的一个极为重要的部分。

春秋战国时期是中国传统伦理思想发端成型时期。这一时期百家争鸣、派系林立，其中儒家、道家、法家和墨家的伦理思想反映了不同阶层的价值观和道德观，对后世影响较大。儒家孔子把"仁爱"作为最高的道德准则和道德境界，"仁爱"具有两层含义，即"爱人"和"忠恕"，孟子根据孔子的思想，具体提出了"仁义礼智"和"孝悌忠信"八个道德范畴；道家老子认为"道"是万物本源，人应当采取"无为"的态度顺应自然，"弃仁绝义"达到个人精神的绝对自由，即庄子所说的"逍遥游"，具体主张就是顺应客观的自然本性而生活，尤其强调人与自然的和谐统一；墨家墨子认为"义，利也"，凡是"利天下"、"利人"的行为就是道德（义），利天下和利人也是判断是非和道德的标准，把"义"看作"利天下"和"利人"的手段；法家韩非子认为法在社会生活调节中起到重要作用，以法取代礼，强调"不务德而务法"，认识社会风气的治理要靠法律而非道德。

秦汉至隋唐时期，中国传统伦理思想经历了一个逐步完备过程。汉代董仲舒继承发扬了孔孟思想，并使之系统化、理论化和神秘化，认为"人性"是由"天"决定的，有上中下三等，从而提出了"性三品"，并提出了"三纲五常"作为封建道德原则和规范，即"君为臣纲"、

"父为子纲"、"夫为妻纲"和"仁义礼智信",以"天不变,道亦不变"把封建道德规范神秘化。魏晋南北朝隋唐时期,是儒释道伦理思想对立交融时期,道教伦理宣扬道德至上,核心思想是劝善成仙,以达到人与道的合一。佛教认为人生"苦海"的原因在于精神世界的"无明",要求人们去除各种欲念,回归"真知"本性,核心思想是劝人在今世行善,以求来世好报,并提出了佛教伦理的"十善"。

宋明时期理学伦理思想使儒家伦理达到完备形态和顶峰,代表人物是程颢、程颐、朱熹、王守仁及明末的王夫之。程朱理学从客观唯心主义出发,认为人类道德的源泉在于"天理",把义与利、天理和人欲绝对对立起来,把义、天理绝对化神圣化,要求人们放弃一切自然欲望和对利益的追求,把封建伦理道德作为人生的唯一目的,把封建禁欲主义系统化和绝对化。与此对应的是从主观唯心主义出发的王守仁提出的"心即理",提出了类似直觉主义的道德修养思想。王夫之认为天无所作为,人则可以凭借自己的意志选择人的行为,决定人的命运,他反对灭人欲的禁欲主义,认为有欲才有理,天理寓于人欲之中。

清末至"五四"前的伦理思想带有中西混合的特点,把中国伦理思想与西方资产阶级思想结合起来,代表人物是康有为、章太炎和孙中山。他们集中批判"三纲五常"封建伦理思想,吸收西方资产阶级的人性论和人道主义思想,宣扬自由、平等、博爱,提倡积极进取的人生观。孙中山还提出应当继续保留中国传统的道德规范,如"仁爱"、"忠孝"、"信义"等,以适合中国民族传统。

新中国成立以来,中国伦理学的研究走过一段曲折的道路,曾经一度中断伦理学教学和科研活动,直到1978年中国人民大学才首次恢复伦理学的教学,此后中国伦理学得以快速发展。当代中国伦理学的研究,以马克思主义为指导,以唯物史观为理论基础,研究内容十分广泛,涉及基本理论、道德实践及中外伦理学比较研究等各个领域,尤其注重理论联系实际,对重大的理论和现实问题,比如对于道德本质、道德起源、道德原则、市场经济与道德建设等问题,展开了充分的对话和交流,使伦理学研究不断走向深入。

西方伦理学的发展带有明显的阶段性,是伴随西方社会形态的发展而逐渐丰富起来的,共经历了古希腊罗马奴隶制时期、中世纪封建时期、近代资本主义时期和现代资本主义时期四个阶段。

古希腊罗马时期是西方伦理学的起源时期。毕达哥拉斯从"数"是世界本源出发,认为公正是永远与自身统一,公正就是合乎道德;赫拉克利特从"火"是世界本源出发,认为善恶是既对立又相互转化的辩证关系;普罗塔戈拉认为每个自由民都具有公正诚信等德行,人的道德可以通过后天教育而造就,提出了"人是万物的尺度",认为有欲望和追求私利的个人是衡量万物的尺度,也是判断善恶的标准;柏拉图认为道德来源于"善本体",应当清楚人的欲望,依靠"爱的迷狂"净化灵魂,达到神人相通的最高道德境界;亚里士多德编写了西方第一本伦理学著作,提出人生追求的目标是至善,善是人的心灵合乎德行的活动,至善就是幸福,道德德行要遵循"中道"原则,道德可以通过后天教育完善起来,还特别提出了"公正"和"友爱"两个道德范畴;古希腊时期的伊壁鸠鲁提出快乐是幸福生活的开始和目的,幸福生活是天生的最高的善;斯多亚派的塞涅卡则认为肉体是囚禁灵魂的监狱,人生的目的就是克制、清除欲望去追求神,最简单的方法就是自杀。

中世纪时期基督教道德占统治地位,其核心是神道主义和禁欲主义。基督教道德的基本原理是爱,爱就是遵守神的诫命和爱人如己,认为人的欲望是罪恶的根源,只有禁绝一切欲望，忍受一切苦难，才能死后进入天堂；并把信仰神作为最高道德，认为人天生有罪，只有依靠神的拯救。奥古斯丁把伦理思想概括为基督教三主德，即信仰、仁爱和希望；托马斯·阿奎那将其扩展为七德，即信仰、仁爱、希望、智慧、公正、勇敢和节制。

14—16世纪的文艺复兴时期，资产阶级启蒙思想家如但丁、薄伽丘、布鲁诺、拉伯雷、莎士比亚等人，提出了人道主义。感性主义人道主义认为人是自然的产物，人的自然欲望是人的本性，凡是符合人性的，能满足人的欲望的就是道德；理性主义人道主义认为理性和自由意志是人的本性。两者都从人道主义反对神道主义，用享乐主义反对禁欲主义，用个性解放反对封建等级制度，提倡人的价值、尊严和幸福。

近代西方资本主义伦理思想主要包括英法功利伦理思想、德国古典唯心主义伦理思想和英国空想社会主义伦理思想。英法功利伦理思想家有英国的霍布斯、边沁、约翰·穆勒和法国的爱尔维修，他们认为趋利避害是人的本性，人性都是利己的，把苦乐感觉看作道德的来源及区分善恶的标准，苦乐效用在社会上表现为利益，并把个人利益和社会利益的统一作为道德的最高标准。德国古典唯心主义思想家主要代表是康德和黑格尔，康德把实践理性看作道德来源，黑格尔把理念看作道德来源，都从精神上论述道德，其表达的现实内容与功利主义伦理思想是一致的。英国空想社会主义代表人物有莫尔、圣西门、傅立叶和欧文，他们尖锐批判了资本主义私有制下的道德败坏，预测了共产主义社会的新道德原则和规范，认为道德将随着公有制的发展而有益于社会的发展。

现代西方伦理思想沿着非理性主义和形式主义两条路径发展而来。现代非理性主义人本主义伦理思想有叔本华和尼采的唯意志伦理学、柏格森的生命伦理学、萨特的存在主义伦理学和弗洛伊德的精神分析伦理学，他们推崇个人的直觉、意志、生命本能、无意识、性本能等非理性的东西，并把它们看作评判道德的标准，主观主义和相对主义是他们的基本特征。现代形式主义伦理思想表现为科学主义伦理学，有摩尔的直觉主义伦理学、维特根斯坦和史蒂文森的情感主义伦理学、黑尔的语言分析伦理学等，主张研究道德语言并使之规范化，这种伦理学派又被称之为元伦理学。

20世纪60年代以来，西方伦理学出现了传统规范伦理学的复兴和科技伦理学等应用伦理学的兴起，其代表是罗尔斯、诺齐克和麦金泰尔等人关于正义的探讨；现代功利主义派别较多，影响较大的是准则功利主义和行动功利主义；宗教伦理学仍在西方社会中有较大影响，发展为新托马斯主义、新正统派、人格主义、境遇伦理学等。

二、伦理学的主要概念和主要原理

（一）伦理学的主要概念

1. 善与恶

善是对符合一定社会或阶级的道德原则和规范的行为的肯定的评价；恶是对违背一定社会或阶级的道德原则和规范的行为的否定评价。善恶观念是人的主观意识对社会多发生的复杂的道德关系的反映，反映了一定经济社会关系和历史条件下人们的利益和实践活动的要求，具有时代性、民族性和阶级性。马克思主义认为，只有符合社会发展规律和最广大人民群众利益的道德原则和规范才是判断行为善恶的客观科学标准。

2. 正当

正当属于道德评价用语，是符合一定的道德、法律、政治或科学范围的思想和行为的指称，对正当的理解受到时代、民族和阶级的限制。

正当与应当既有联系又有区别。一般来说，凡是符合"应当"的思想和行为都是"正当"的；从道德的角度看，"正当"只是较为基本的道德要求，"应当"则要求人们的行为不仅符合现实的道德规范，而且具有对理想的价值追求，属于更高的道德层次。

3. 公正（正义）

公正在社会生活中有两层含义：一是指按同一原则或标准对待处于相同情况的人与事，即"一视同仁"，包含着平等的意思；二是指所得的与所付出的相称或相适应，如贡献与报偿，功过与奖赏之间的相适应。公正的根本原则就是等利（害）交换。

4. 价值与事实

价值与事实属于西方伦理学用语，包括道德价值是否有事实依据，是否反映事实，能否从事实判断中推演出价值判断，能否从"是"什么中推演出"应该"怎样等问题。事实指实际存在的客观事物，世界的客观属性、关系、联系，以及它们的变化过程；或指一类特殊命题，即其确实性已被严格证实的真命题。

5. 幸福

幸福是指人们在社会生活的一定物质生活和精神生活中由于感受或意识到自己预定的目标和理想的实现或接近而引起的一种心理满足，欲望、天资、努力、机遇、美德是幸福实现的五大要素。

6. 良心

良心是人们在社会实践过程中形成的对自己应负义务的道德责任感和对自己行为的是非善恶的自我评价能力，是一定的道德认识、道德情感和道德意志在个人意识中的统一。良心对于人们的行为具有判断、指导和监督作用。

7. 义务

义务是指个人所意识到的对他人、集体和社会应尽的道德责任，义务是责任的外在形式，责任是自觉意识到的义务。义务大体可分为对他人和社会两大类，在阶级社会中，各个阶级又总是把实践本阶级的道德原则和规范视作人们应尽的义务，在社会的伦理关系中，义务与权利相统一。

除此之外，伦理学研究还包括许多范畴，比如功利、利益、自由、团结、荣誉、美德、信仰、信念、信任、平等、人道、品德，等等，在此不再详述。

（二）伦理学形态的划分

1. 描述伦理学

描述伦理学是根据具体的历史材料，描述和研究各种社会、民族、阶级的社会集团中实际存在的道德关系、道德规范、道德观念、道德结构、道德风尚传统和社会纪律等，并进行社会学和历史学的分析。它主要描述和判定"道德事实"，再现人类道德的历史，并进行分析、解释，揭示产生和发展的主客观方面的原因，并进而提出关于道德教育的具体方法和建议。从整个伦理学体系来看，描述性伦理学既是其经验基础，又是规范伦理学研究的一种理论补充。

2. 元伦理学

元伦理学是一门以语言学和逻辑学为依托来研究道德现象的逻辑分析科学，在诸种道德现象中仅仅抓住道德特有的术语和判断，从而把道德的语言和逻辑问题当作自己全部或主要的研究对象，并借助于逻辑和语言学的方法对道德进行纯形式的分析研究。

元伦理学是 20 世纪西方学者对伦理学的一种变革性尝试，曾经占据半个世纪的主导地位，由于把自然科学的公式符号引入伦理学，加强了伦理学的形式化，脱离了社会生活实际，不能解决现实社会中的道德问题，因而遭到西方学者的普遍批评，但它的研究课题和分析方法被其他伦理学理论所吸收。

3. 规范伦理学

规范伦理学是以人们现实的道德关系、道德意识和道德活动为自己的研究对象，从哲学的世界观角度来探讨和分析人的使命、生活的意义、理想人格，社会价值的标准和具体的义务要求等问题，侧重于道德原则规范的理论论证和实际运用。从性质上说，它是一门注重价值分析的规范科学，或者说是价值科学和规范科学的统一，在整个伦理学体系中处于主体和核心地位。

4. 应用伦理学

应用伦理学主要研究和解决现实生活中的伦理道德问题，使伦理道德更好地发挥自身作用，在研究对象上侧重研究规范伦理学理论在道德生活中的具体应用，在研究任务上指导人类道德生活的具体实践，在研究方法上以实证、描述和解惑法为主，注重伦理道德作用和效能的发挥。比如家庭美德、职业道德、社会公德、行政伦理学、经济伦理学、环境伦理学、性伦理学、生命伦理学、科学技术伦理学，等等。

1. 家庭美德

家庭美德是每个公民在家庭生活中应该遵循的行为准则，是调整家庭成员之间关系的道德原则和规范，是为维护一定的家庭制度服务的。在我国，家庭美德基本规范是尊老爱幼、男女平等、夫妻和睦、勤俭持家、邻里团结等，涵盖了夫妻、长幼、邻里之间的关系。

2. 职业道德

职业道德是从业人员在职业活动中应当遵循的道德规范和必须具备的道德品质。其在内容上具有明显的稳定性和连续性,形成一定的职业心理、职业习惯和职业道德评价标准,甚至是职业传统;在形式上具有多样性、广泛性和适用性特点。我国的职业道德规范有爱岗敬业、诚实守信、办事公道、服务群众、奉献社会。

3. 社会公德

社会公德是人们在履行社会义务或涉及社会公共利益的活动中应当遵循的道德行为准则。它是人类社会生活中根据共同生活的客观需要和历史的优良道德积累而成的,社会中每个成员所应当遵循。我国所倡导的社会公德包括文明礼貌、助人为乐、爱护公物、保护环境、遵纪守法。

4. 行政伦理学

行政伦理学是国家公务员在行使职权、履行职务时应该遵守的伦理道德规范,它以行政伦理问题、行政伦理原则和规范、行政伦理建设对策和措施等作为研究对象的应用伦理学。在我国,行政伦理的基本原则是为人民服务,主要规范包括尽职尽责、廉洁奉公、办事公道、务实高效等。

5. 经济伦理学

经济伦理学是研究经济制度、经济政策、经济决策、经济行为的伦理合理性,并研究经济活动中的组织和个人的伦理规范的学科。其一般分为三个研究层面,即宏观制度层面、中观组织层面和微观个人层面。

6. 环境伦理学

环境伦理学是指人们对自然环境应该承担的道德责任,或者说人们在对待自然环境时应该遵守的行为准则和规范。当代环境道德的基本精神在于:以人类特有的道德自觉态度协调人与自然的关系,重视自然界的权利和内在价值,尊重地球上生命形式的多样性,爱护各种动物和植物,保护自然环境,合理利用自然资源,维护地球生态系统的平衡,促进人类社会和自然环境的协调和可持续发展。

7. 生命伦理学

生命伦理学是根据道德价值和原则对生命科学和卫生保健领域内的人的行为进行系统研究的学科,它是伴随生物技术和医疗技术的迅猛发展,在如何解决现代技术在应用中出现的种种道德难题,如基因治疗和诊断、克隆人、安乐死等难题中,探索技术发展给人类自身带来的伦理问题,并试图为问题的解决提供可选择的方法和理论的证明。

8. 科技伦理学

科技伦理学是研究科学技术活动中的伦理问题以及科技道德中一系列理论和实践问题的学科。科技伦理原则主要包括为人类谋福利、为真理献身、爱国主义、国际主义、人道主义等。

应当注意的是,由于伦理道德是极其复杂的社会现象,伦理学家又从不同的世界观、方法论出发,采用不同的范围和视角,伦理学的研究对象大相径庭,伦理学的划分也是千差万别,有根据哲学基础不同划分的相对主义伦理学、绝对主义伦理学、主观主义伦理学、客观主义伦理学、虚无主义伦理学、理性主义伦理学、非理性主义伦理学等;有根据研究对象区分的宗教伦理学、功利主义伦理学以及应用伦理学中的各个分支;有根据研究者或者学派区分的康德伦理学、洛斯直觉主义伦理学、穆尔非自然主义伦理学等,在此不再详述。

（三）伦理学在哲学中的地位

哲学要关心自然、关心人，关心人与自然的关系、关心人与人的关系。而哲学这些关系的行为规范化就形成伦理。伦理学与哲学的关系最为密切，从古至今都在一般意义上把伦理学看作哲学的一个分支，在当今学科分类中，也是把伦理学看作哲学一级学科之下的二级学科。如果说哲学是对整个世界的观察与思考的话，伦理学则是对道德的观察与思考，是关于善的学说，是哲学认识论所追求的目标之一。

从哲学与伦理学区分来看两者的关系，哲学作为一切学科的学科，为伦理学提供了哲学基础，即哲学中的形而上学、本体论、认识论、逻辑学、语言哲学以及宗教、神学的基础，伦理学与这些学科实际上和逻辑上都有一种紧密的共生关系。而伦理学的研究又更进一步加强了哲学对世界思考的深度和广度。同时，作为实践哲学，又是实践理性的运用，特别是应用伦理学的发展，为实现个人的自由而全面发展提供了不可或缺的理论依据和方法。

第三节 美 学

如果说逻辑是以理性揭示客观世界和思维的真切结构，伦理从实践和意志层次揭示人的合理行为达到至善，美则从情感、感性方面揭示人对于世界的和谐向往与追求。

感知层面上，可以把"美"界定为令人愉悦的形象；从学理上，可以把"美"界定为以情感为中介的意识形态属性或价值。从感知层面上，美是什么的问题也就是美的特征问题，一般来说，美的特征有三点：①形象性；②情感性；③超越性，即个体的知觉和情感可以超越现实材料的物质性限制和个体认识的局限性，达到对世界和人生的整体把握。

美学是关于"美"和艺术的知识。通常认为，18世纪的德国哲学家鲍姆嘉通是美学之父。鲍姆嘉通认为美学是关于人的感性认识如何完善的知识。黑格尔认为美学对象应当是研究"美的艺术"，美学应当是"艺术哲学"，不仅要研究艺术美，还需研究自然美，因为自然美是心灵美即艺术美的反映形态；车尔尼夫斯基认为"美是生活"，他认为美学是关于艺术的科学，他所提到的艺术是描写生活中使人感兴趣的一切事物（或对人们有意义的一切），更强调对现实美的研究。

一、美学的发展历程

从美学思想到美学学科的发展，是伴随着人类对于美的认识不断深化而逐步发展起来的。

西方美学思想从公元前6世纪古希腊时期毕达哥拉斯学派提出和谐、净化等思想到1750年鲍姆嘉通《美学》著作的问世，这一学科的独立，经历了两千多年的历史。中国美学思想也从公元前6世纪老子提出"人法地，地法天，天法道，道法自然"，到王国维《人间词话》把中国传统美学思想与西方美学理论的完美结合，也经历了长达两千多年的历史。此后美学更是随着各个社会科学的发展而不断丰富起来。

公元前6世纪的古希腊时期，理性思维开始萌芽，西方各种美学流派均可以从这里找到源头，毕达哥拉斯的"美在和谐"，苏格拉底的"美德就是知识"、"美是事物功用的发挥"等，柏拉图的"美是理式"，亚里士多德的"美是秩序、匀称和明确即事物的整一性"，等等。几乎同一时期，先秦时期的道家提出自然无为逍遥境界，老子提出"道法自然"的命题，庄子提出"天地有大美"；儒家孔子提出以伦理道德为基础的"里仁为美"，进而提出"中和之美"的审美准则。

古罗马美学思想是对古希腊美学思想的继承和发展。新柏拉图主义的普洛丁提出"神才是美的来源"，审美的最终就是要上升到太一（至善、神）；贺拉斯的《诗艺》是为诗人们制定的法典，提出"合式"概念；朗吉努斯的《论崇高》把"崇高"作为最高的审美范畴取代了"美"。同一时期的中国，魏晋玄学大行其道，提出了一系列美学命题，如王弼提出了"得意忘形"，顾恺之提出了"传神写照"，宗炳提出了"澄怀味象"，谢赫之提出了"气韵生动"，嵇康提出了"声无哀乐"等美学思想。

中世纪欧洲把美学和神学结合起来，奥古斯丁创立了基督教美学，认为美来自上帝，"美善的天主创造美善的事物"；托马斯·阿奎那是中世纪美学的集大成者，他提出美是形式因的范畴，提出了美的三要素，即完美、和谐和鲜明。我国宋代的苏轼提出了"诗画同源"，苏轼本人则把儒家的积极进取、浩然正气，庄周的逍遥任性，魏晋名士的游心太玄，玄宗的空无为本融合成为自己独特的精神境界。

文艺复兴时期的美学中产生了人文主义萌芽，但丁的美学思想带有过渡性，他认为上帝是美的本源，神学理性是判别美丑的标准和尺度；他的《神曲》的布局和结构具有象征性，而象征性是中世纪美学表现的最基本原则。达·芬奇指出美感完全建立在各部分之间神圣的比例关系上，美是和谐的固定形式，认为"镜子是画家之师"，他的绘画美学特征就在于自然真实性和客观永久性。明末王夫之的诗学美学是中国古典诗学美学的总结，融汇了儒释道三家美学思想，提出了文与道、情与理、景与情、意与势、形与神、虚与实、通与变等审美概念，使之艺术表现达到"美与善"、"情、景、理"、"人与自然"的浑而合一的完善境界。

17世纪西方美学思想汲取了自然科学发展的最新成果，产生了理性主义、经验主义美学思想。笛卡儿是理性主义美学的奠基人，是最先提出和确立科学美学信念的哲学家之一，他认为能思维的人是美的，有秩序有规律的自然是美的，用理性指导的人类行动是美的。英国经验主义美学家倡导归纳和实验的方法运动到美学研究中，看重审美主体在审美活动中的作用，分析审美主体的感性经验和性质和特点，如弗兰西斯·培根为美学研究奠定了科学实验的观点和归纳方法的基础；洛克认为美是一种观念，这种侧重审美心理分析、注重主体的感觉经验正是经验论美学的主要特征。此外，夏夫兹伯里的审美内在感官说为现代美学奠定了最好的基础；休谟探讨了美的本质和审美趣味及其标准；柏克论述了崇高和美两种观念的起源及其表现形式。

在18世纪启蒙思想的影响下，西方美学思想得到了空前的发展，美学作为独立的学科开始诞生。卢梭以自然美为审美的标准，提出了审美力的概念。狄德罗为美学建立了完整的理论体系，基于唯物主义观点提出了现实主义美学，认为"美在关系"。所谓美的关系就是指感官知觉到事物的一定形式的实在关系。被称为"美学之父"的鲍姆嘉通在1750年出版的《美学》被认为是美学学科正式成立的年代，他认为美学是研究感性认识的科学，美学的目的是要达到感性认识的完善。此外，温克尔曼以希腊文艺为实例揭示出美的一般本质；莱辛未完成的著作《拉奥孔》被誉为"现实主义美学里程碑"。

德国古典美学是西方美学史上的一个高峰，西方现代美学的许多流派都源于以康德、黑格尔为代表的德国古典美学。康德运用理解力的四项范畴（即质、量、关系、情状）来考察审美判断力，形成了对美和崇高的分析。歌德认为美就是自然，美在现实生活中，他的一生经历了启蒙运动、浪漫主义和古典时期，因此他的美学是一种混合的产物。希勒提出了审美中介说，并提出了审美教育与社会改良的关系，他是架起康德和黑格尔之间的一个重要桥梁。黑格尔是德国古典美学的高峰，他把美定义为"美是理念的感性显现"，美本身是无限的自由的，而艺术美高于自然美。

19世纪美学思想呈现多元化发展，非理性美学、实验美学、移情美学开拓了美学的全新领域。叔本华开启了非理性美学，他的审美范畴（媚美、优美、壮美）都是相对于意志而言的，认为审美是"纯粹的观审，是在直观中浸没，是在客观中自失，是一切个体性的忘怀"。尼采对悲剧的研究认为，悲剧起源于生命的崇拜，源于酒神、音乐及舞蹈，源于一种古老的希腊宗教仪式。车尔尼雪夫斯基提出了"美是生活"的定义，认为真正最高的美是人在现实世界中所遇到的美。费希纳是实验美学的奠基者，运用心理学和物理学中定量分析方法来测定某种刺激物所引起的人们的心理感受，由此提出了13条心理美学规律，标志着古典美学向现代美学的转变。李普斯把移情说提高到科学形态，并使得移情说在19世纪末的美学领域里取得了主导地位。此外，丹纳创立了艺术的特征说，并提出衡量艺术价值性的三个尺度问题。王国维把叔本华的"优美"、"壮美"说运用到《红楼梦评论》中，并融合中西美学思想写就了《人间词话》，其中就提到了著名的三种境界说。

20世纪伴随社会科学在各个领域的发展，美学呈现出丰富多彩的发展，出现了形式主义、精神分析、现象学、结构主义等新的美学流派。克罗齐提出了"艺术即直觉，直觉即表现"、"美就是表现"的表现主义美学，实现了西方美学的价值论转向。桑塔耶那的自然主义美学认为美是客观化的情感。形式主义美学在西方美学史上一直占有重要地位，在20世纪30年代曾再次盛行，克莱夫·贝尔提出了"有意味的形式"理论，对形式观做了另一种解释。弗洛伊德把精神分析理论运用到美学领域，对美感的根源做出解释，认为艺术创作的核心就是性力升华说。分析美学在20世纪50年代达到成熟，其基本特征是从日常语言运用方面分析美学和艺术问题，其代表人物是分析哲学家维特根斯坦。现象学美学是为美学建立现象学基础并运用现象学解决美学问题，现象学大师胡塞尔的现象学美学的意向性理论强调主客体之间的双向交流。此外，还出现了卡西尔的符号论美学、海德格尔和萨特的存在主义美学、法兰克福学派的社会批判美学、索绪尔和雅可布逊等人的结构主义美学等各个美学流派。

二、美学的基本范畴与主要问题

（一）审美范畴

审美范畴主要是指对最基本的审美现象和艺术类型的理论把握，在不同的文化背景中，它是基本、稳定的文化形式。按其不同的状态特征，可把审美范畴分为优美、崇高、悲、喜、丑等。

1. 优美

优美即指狭义上的美，特点是处于无矛盾的相对统一和平衡状态，形式上表现为柔媚、和谐、安静与秀雅的美，从美感上给人以轻松、愉快和心旷神怡的审美感受。自然中的优美侧重于美的形式，天然的完美和谐使主体获得安静恬美的心理感受；社会的中优美侧重于内容，体现着真与善的和谐统一；艺术中的优美是内容和形式的和谐完满的统一。

2. 崇高

崇高是美处于主客体的矛盾激化中，具有一种压倒一切的强大力量，是一种不可阻遏的强劲的气势，在形式上表现为一种粗犷、激荡、刚健、雄伟的特征，给人以惊心动魄的审美感受。自然界的崇高以量的巨大和力的强劲显现出人的感官难于掌握的无限大的特征；社会生活中的崇高体现在实践主体在严重的实践斗争中所显示的伟大力量；艺术中的崇高表现为豪迈粗犷的气魄、昂扬的激情。

3. 悲（悲剧）

悲剧是一种崇高的美，是指现实生活或艺术中那些肯定性的社会力量在矛盾斗争中遭受不可避免的苦难或毁灭，引发人们在同情和悲愤中探索追求，在强烈的情感激荡中分发向上的审美对象，往往表现为英雄人物的牺牲、普通人物的不幸与苦难、旧事物和旧制度的悲剧。

4. 喜（喜剧、滑稽）

喜是一种独特的美的表现形式，泛指社会生活中和各种艺术中一切荒谬悖理、滑稽可笑的事物，其实质在于，在真与善处于尖锐矛盾冲突时，丑失去了存在的合理依据，但仍与善进行挣扎，并以美的形式来掩饰其空虚愚蠢的内容，因而呈现出荒诞可笑的丑态，使关照主体在自由轻松地感性形式中，以笑来嘲笑和揶揄丑。喜剧的共同特征一是笑，二是"寓庄于谐"。

5. 丑

丑是一种极度不和谐的形式，是主体在对象中感受到的恐惧，在价值坐标上趋向于解构和破坏性。现实生活中的丑由于违背了美的规律而具有反审美的性质，只会令人厌恶，不可能激起人的美感，可是经过艺术家正确的审美评价和艺术反映及独具匠心的加工制作，丑可以在艺术中转化为艺术美，获得特殊的审美价值。

6. 意境

意境是中国美学中具有民族特色的审美范畴。它是指在诗（词）、画、戏曲及园林等门类艺术中借匠心独运的艺术手法熔铸所成情景交融、虚实统一，能深刻表现宇宙生机或人生真谛，从而使审美主体之身心超越感性、具体、当下，进入无比广阔空间的那种艺术化境，可分为有我之境和无我之境。

（二）美学问题

对于美学研究对象问题，国内并没有一致的意见，一些美学家把美学研究内容概括为美的问题、审美经验和审美意识问题和艺术问题，也有美学家提出美学就是研究美、美感及美的创造的一般规律的学科。仔细来看，两者观点在内容上具有相似性。此外，还应注意到美学研究中还涉及了形式美、自然美、社会美、艺术美，以及美育等问题。

1. 美的本质

美的本质问题是美学的基本问题，但是几千年来，对于这一问题不同的哲学家和美学家处于不同的角度考察，得出千差万别的结论。毕达哥拉斯学派认为"美在形式"，黑格尔认为"美就是理念"，孟德斯鸠认为"美在典型"，狄德罗认为"美在关系"，车尔尼雪夫斯基则认为"美在生活"。我们可以从美的发生学上来看，美是人的本质力量的感性显现，也可以从美学研究内容来看，美是以情感为中介的意识形态属性或价值。

2. 美感（审美鉴赏、审美判断、趣味判断、观照）

狭义的美感指的是审美主体对当时当地客观存在的某一审美对象所引起的具体感受，即审美感受；广义的美感，又称审美意识，指的是审美主体反映美的各种意识形式，包括审美感受，以及在审美感受基础上形成的审美趣味、审美体验、审美理想、审美观念等所共同组成的审美意识系统。

美感的性质有三点：①社会性；②精神愉悦性；③感情中介性和心理完整性。美感的特征也有三点：①直觉性，或者说沉淀着理性的直觉性；②超功利性，或者说隐含着功利的愉悦；③自由创造性，或者说是合规律与合目的相统一的自由创造性。

3. 美的创造

美的创造是指人们在确定的审美意识指导支配下所进行的具有自觉创造性特点的有价值的一种认识活动。在整个审美意识中，审美理想是美的创造的最终归宿，审美趣味决定着艺术家的审美创造习性和创造风格，审美关照是审美主体不断向客体感性形式施加的理性内涵，审美感受是主体对客体对象理解的基础上所产生的心理感觉。

4. 形式美

广义的形式美就是美的事物的外在形式所具有的相对独立的审美特性，表现为具体的美的形式；狭义的形式美是指构成事物外形的物质材料的自然属性（色、形、声）以及他们的组合规律（如整齐、比例、对称、均衡、反复、节奏、多样的统一等）。形式美一般具有可感性、象征性、内涵多义性等特点。

5. 自然美

自然美是与人类社会生活相关联的自然领域中自然事物和自然现象的美。自然美产生于"自然的人化"，即人的本质和社会实践对象化到自然物上去的一种审美观照。

自然美的特征在于：①自燃性，即对自然的直接的依赖关系；②形式性，即侧重于形式美，使之成为共同美比较集中的领域；③多样性，即展示自然的多角度、多层次、多变化的特性；④象征性，即自然物与人们或社会生活形成异质同构，具有某些相近相似的特征。

6. 社会美

社会美是社会生活中客观存在的客观事物和社会现象的美，指的是那些包含着社会发展本质规律、体现人的理想愿望、给人以精神愉悦的社会生活现象。除生产活动、阶级斗争和科学活动外，人类的日常生活、爱情、友情以及人与人之间的交往活动，等等，凡是能够以恰当的形式显示人的健康向上的本质力量的，都有美的存在。

社会美的特征在于：①与社会实践密切联系，创造物质文明和精神文明的实践活动本身就是社会美的重要组成部分；②社会功利性，具有明显的价值取向；③历史条件性，与特定时代的社会生活紧密联系，表现独特的时代性、民族性和阶级性；④重在内容，以善的内容为前提和基础。

7. 艺术美

艺术美是艺术家在反映和创造过程中凝聚并显现于特定物质符号形态中的美。艺术美的特殊价值就在于它的集中性、纯粹性和永久性。艺术美因为艺术形式的不同而表现出各自独特的审美特征。

由于分类者的观点和依据原则不同，艺术的分类方法大相径庭。从审美经验显现的类型（表现型、再现型、表现与再现兼具型）和方式（空间静态和时间动态）来看，艺术分类如表 4-1 所示。

表 4-1 艺术的分类

类型	呈现于空间静态的	呈现于时间动态的
表现型	实用艺术：建筑、工艺	表演艺术：音乐、舞蹈
再现型	造型艺术：雕塑、绘画	综合艺术：戏剧、影视
表现与再现兼具型	—	语言艺术：文学

事实上，由于各门艺术之间既是相互区别又是相互联系、相互渗透的，并且伴随着人类生活的不断发展和艺术家审美经验的日益丰富，艺术门类在不断增多，而艺术分类的界限也日趋模糊，因此，艺术分类是相对的。

8. 美育（审美教育、美感教育）

美育的内涵不仅仅局限于"审美"和"美感"，由于美是人的本质力量的感性显现，美的感受能力、鉴赏能力和创造能力的培养，就要涉及心理结构的完善、人生态度的优化和人格的全面建构等广泛的问题。因此，美育是人类全面发展教育的组成部分，是人类实现自我发展所需要的重要途径。

三、美学在哲学中的地位

美学曾经长期隶属于哲学，随着社会的发展、科学的进步才逐步分立为独立的学科，所以它与哲学的关系极为密切。哲学是研究自然界、社会和人类思维及其发展的最一般规律的学科，它为美学研究提供了世界观和方法论的基础，对美学研究起到指导性的作用。美学是研究人与现实的审美关系以及美的创造规律的学科，是关于如何树立人的审美观念的学科。而审美的探讨不仅涉及哲学，也涉及伦理学、心理学、艺术学、社会学以及自然科学等学科，因此，美学具有明显的跨学科性质。美学中的许多基本问题，往往会直接涉及哲学中的基本问题，有的就是哲学问题在审美领域中的具体表现。正因为如此，人们又认为美学是人与现实审美关系的一门哲学性学科。

美学在当今是作为独立的学科存在的。如果说在传统哲学中，作为艺术哲学的美学只不过是哲学的一个分支的话，那么，现代哲学以及人文社会科学对情感问题和艺术现象的关注已使美学变得越来越重要了。这种现象是古典人文科学和近代人文科学所没有的。现代人文科学的中心问题是重新思考人是什么，社会是什么，人的价值何在，人与自然、个体与社会取得的和谐的可能性以及客观的条件等深刻问题，这些问题都与美学思考直接相关。

四、中西美学思想的异同

中西美学共同认可审美经验在本质上是一种感性经验，都提出美的和谐，但是由于文化底蕴的不同，在美学研究中表现出不同的美学进路。

西方美学或者从内容形式二分的角度去研究美学，比如研究美的比例、存在与虚空、对立斗争等；或者从主客二分的角度探索美的根源，比如柏拉图、康德等认为美是主观的，亚里士多德、狄德罗认为美是客观的，车尔尼雪夫斯基认为美是社会生活的客观反映，等等。

中国美学从内容和形式的关系上更侧重于内容方面，结合善的功利来研究美，重视形象思维而轻抽象思维。但从起源上来看，中国人的审美经验较为偏重人与自然的关系。中国古人的审美经验，道家的自然主义原则是主流，儒家的道德原则是支流，自然为艺术的范式，审美经验往往先于艺术经验而不为后者所范围，在人与自然的审美经验基础上延伸出人对艺术的审美经验，后者作为副产品依存于前者。此外，在中国美学中的和谐思想贯穿着宇宙气、阴阳、五行等对立互补盛衰循环等中国传统理论。

中国古代美学经历了两大突破和三次会通。第一次突破是庄子美学，庄子的《齐物论》、《心斋法》和《逍遥游》奠定了中国古人纯粹的审美经验，后经玄学美学得到广泛发展。第二次突破是禅宗美学的发展，开始从儒道时空观转向佛教时空观，形成唐代的意境说。第一次会通是在先秦时期荀子的"美善相乐"，达到道德之善。第二次会通是魏晋时期玄学美学综合儒道复兴庄子的逍遥经验，代表人物是王弼和嵇康。第三次会通是明末清初王夫之完成对中国古代儒道佛美学的总结。

思 考 题

1．演绎推理和归纳推理各有什么优点和缺点？
2．英国哲学家波普尔认为：归纳结论是涉及潜无穷对象的全称陈述，而为观察证实的归纳例证不论数量多大，总是有限的，当以无限作底数去除不管多大的数量时，所得到的商（即概率）总是零。因此，归纳结论不仅得不到必然的支持，甚至也得不到或然的支持。思考此类说法是否成立，为什么？
3．应用伦理学都有哪些内容？
4．如何理解中国传统伦理道德的当代扬弃？
5．美学是一门什么样的学科？
6．如何理解西方美学史中的形式美？

第五章

哲学的社会功能

哲学的社会价值是指哲学作为社会意识形态之一，发挥着与其自身社会职责相适应的功效。这些功效主要包括批判功能、整合功能、监督功能、宏观预测功能、引导功能、人格塑造等功能。哲学的这些功能是我们前面讨论过的哲学的思维特性的具体体现。

第一节 批判功能

哲学的批判是哲学以终极关系的视角对社会、人的活动、人与自然关系中不合理成分、因素进行揭露和批评，指出其荒谬性和不良后果，已引起人们的警惕，唤起人们的觉悟。近代以来，哲学的批判逐步从不同哲学之间相互争论转向对哲学以外的广大社会现象的批评和揭露，哲学社会批判的功能日益彰显。

一、哲学批判的内容和特征

（一）哲学批判的内容

哲学的批判包括社会宏观制度层面的不合理成分，落后的、腐朽的价值观和文化观，落后伦理观、社会习俗和道德风貌等。

1. 进步哲学对私有制的批判

随着资本主义生产关系的建立，社会生产力得到了极大发展，与此同时，资本主义私有制也造成社会的严重的贫富对立和各种丑恶现象。进步的思想家，特别是空想社会主义者，以先进哲学为武器，对资本主义私有制进行了批判。

例如，早期空想社会主义者托马斯·莫尔揭露了资本主义原始积累的罪恶，认为早期资本主义私有制是建立在对广大贫困群众进行掠夺的基础之上的。他一针见血地指出，圈地运动是"羊吃人"。羊、土地作为生产资料本应为人类造福，但在资本主义私有制条件下，它们却成为剥削贫困阶级的手段。法国18世纪空想社会主义者巴贝夫对资本主义私有制产生的竞争和无政府状态进行了批判，他指出："竞争导致不择手段地、无目的和无计划地制造商品，还要冒找不到顾客的危险"①，即"生产过剩的危险"②。

19 世纪初期的法国空想社会主义者沙利·傅立叶对资本主义生产关系的批判更是精彩至极。他指出，资本主义经济制度是文明社会一切灾难的渊薮，这种制度产生出个人利益同他人利益、同集体利益的冲突："医生希望自己的同胞患寒热病；律师希望每个家庭都发生诉讼；建筑师需要一场大火把一个城市的四分之一化为灰烬；安装玻璃的工人希望下一场大冰雹把所有的玻璃打碎……总之，在文明制度的经济体系中每个人都处在蓄意与群众战斗的状态。③"所以，文明制度"是反对大众的个人所有制的暴政"④。傅立叶对按照资本主义私有制价值观要求建立起来的管理制度进行了揭露，认为"文明制度的结构在一切方面都只是一种巧妙地掠夺穷人而发财致富的艺术"⑤，他指出，英国工人在工厂中的工作时间往往长达 16 小时，所得的收入却难以糊口，而工厂主还要缩减工人的工资，使工人的生活日益贫困。

2. 进步哲学对落后、腐朽的价值观的批判

价值观就是人们关于价值舍取和是非判断的标准。价值观有先进与落后之分。批判落后的价值观和文化观特别是腐朽的价值观和文化观是哲学批判目标之一。批判的目的在于提倡进步的、合理的价值观，抵制落后的价值观，形成良好的社会风气，促进社会的全面进步和人的全面发展。

市场经济建立以来，随着不同阶层的人们被普遍卷入市场经济各领域，人们的经济主体性增强，在思想意识领域造成多元价值观存在和发展的条件，形形色色的价值观应运而生。价值观的多元性，一方面为文化的繁荣创造了条件，另一方面，各种价值观萌生，良莠并存，也造成思想意识领域的混乱，进步哲学当仁不让地承担起社会责任，对落后的价值观进行批判，有利于促进社会进步。落后、腐朽的价值观有各种表现，"重物轻人"是其中重要的一种。当代的西方马克思主义对之进行了批判。

西方马克思主义鼻祖卢卡奇认为重物轻人是资本社会的普遍现象，并称之为"物化"。卢卡奇对之进行了揭露和批判。他认为，资本主义表现为商品的巨大堆积，商品形式的奥秘在于，它把人们劳动的社会性质转换成劳动产品的物的性质，于是，人与人之间的关系采取了物与物质间关系的虚幻形式，亦即被物化了。人们面对着的是一个异己的物的世界，这个世界与自己相对峙并统治、压抑着自己。所以，物化的本质是，"人自己的活动，他自己的劳动，成为客观的、独立于自己的某种东西，成为借助于与人相对应的某种自发运动而控制了人的某种东西。⑥"卢卡奇列举了资本主义条件下物化的三种表现，首先，物化使人们屈从于狭隘的分工范围，成为分工的奴隶。人们的生活也被局限于狭小的圈子中而不能自拔，他们的眼光也只限于观看圈内的事物，失去了对整个社会的理解力和批判力；其次，它使人们的现实生活、现实关系僵硬化、机械化、急功近利化；最后，它使人们在劳动过程中失去自主性、创造性。

---

① [法]巴贝夫. 巴贝夫文选[M]. 梅溪，译. 北京：商务印书馆，1962：85.
② 同上，第 91 页.
③ [法]傅立叶. 傅立叶选集（第一卷）[M]. 赵俊欣，译. 北京：商务印书馆，1979：122.
④ 同上，第 8 页.
⑤ 同上，第 114 页.
⑥ [匈]卢卡奇. 历史和阶级意识[M]. 张西平，译. 重庆：重庆出版社，1990：87.

3. 对异化文化现象的批判

异化文化是指在市场条件下,文化失去了自身的正常性质和功能,而成为一种商业化的、生硬的、格式化的工业产品。在现代社会中,市场的原则、工业化生产的规则、科学技术的逻辑也渗透到或被转移到文化的生产与消费中。文化产品的生产者与消费者都屈从于社会的经济的、行政管理的以及自身生存的压力,使文化失去创造性、批判性、自主性。

进步的哲学家如法兰克福学派的霍克海默尔和阿多诺对当代文化的异化及其价值环境进行了分析与批判。霍克海默尔认为,在现代资本主义条件下,"无论'精英'还是大众都服从于一种在任何给定的情况下只允许他们做出一种单一的反应机制。他们那些尚未开发出来的本性因素不可能得以理喻地表述。①"

在现代,文化艺术作品完全放弃了自身的独立自主性而甘愿与一般商品为伍。在阿多诺看来,现代资本主义是一个制度严格的管理社会,一切都被规范化和格式化。文化艺术作品的创作和欣赏都服从这种规范化与格式化,顺从经济的和政治的支配,自愿异化。阿多诺认为,爵士乐就是以文化产品的形式表明了这一点。爵士乐没有表达解放,而是要缩短异化的个人与其肯定的文化的距离。无论爵士乐中的非洲因素多么固定,它的倔强的东西从一开始就被整合进一个严格的框架中,其中批判的、自主的因素被一体化的框架所阉割。公众在欣赏文化艺术品时其感受同消费普通商品是一样的,商业意识、格式化、一体化占据了他们的思想,他们不思考,失去自主意识,忘记现实,忘记痛苦和忧伤,这就是文化工业的价值。霍克海默尔认为,文化工业欺骗了消费者,麻痹了他们的批判精神与自主意识。

4. 对落后的伦理道德、习俗和社会风气的批判

市场经济十分灵活地把商品以外的很多事物和关系多变成了商品如信息、人的才能等,同时其范围正向社会的道德领域扩散。市场的竞争活动一方面提高了效率,另一方面也把假冒伪劣、以次充好等不正当竞争行径引入竞争,并进一步引起社会道德的滑坡,使利己主义、拜金主义等在社会各领域膨胀。进步哲学独具慧眼,很早就对此进行了揭露与批评。

例如,圣西门猛烈地抨击了利己主义。他指出,在市场经济条件下,利己主义主义者的人数每天都在增加,"贪婪已变成在每个人身上占有统治地位的情感;利己主义这个人类的坏疽,侵害着一切政治集体,并成为一切社会阶级的通病。②"他认为,利己主义正是现代政治病的原因。这种政治病折磨着有利于社会的一切工作,资产者可以吞噬穷人的绝大多数劳动收入,造成了个人利益和集体利益的对立,统治阶级和被统治阶级的对立。利己主义是社会分裂与瓦解的祸根,给人类带来了灾难性的后果。

傅立叶对资本主义商品经济条件下道德的虚伪性与欺骗性进行了揭露和批判,他认为,"文明是欺骗的王国,而道德则是他的工具"③。资产阶级道德家是一群骗子,因为他们的那些道德说教是在"卑鄙的商业精神面前下跪"的科学④,它们实际上是被资产阶级收买的、为

---

① [德]霍克海默. 批判理论[M]. 李小兵, 等, 译. 重庆:重庆出版社, 1993:263.
② [法]圣西门. 圣西门选集(第一卷)[M]. 王燕生, 徐仲年, 徐基恩, 等, 译. 北京:商务印书馆, 1979:286.
③ [法]傅立叶. 傅立叶选集(第三卷)[M]. 赵俊欣, 等, 译. 北京:商务印书馆, 1982:228.
④ [法]傅立叶. 傅立叶选集(第三卷)[M]. 赵俊欣, 等, 译. 北京:商务印书馆, 1982:303.

统治阶级效劳的工具。在文明社会中,"商人精神"渗透到社会道德的方方面面,所以,资本主义社会的道德是贫乏的。他指出,资产阶级道德的败坏突出地表现在婚姻的交易中,这种交易使妇女沦为一种商品,成为罪恶买卖的对象。欧文在批判资本主义市场经济条件下的婚姻制度时指出,资本主义市场经济条件下的家庭婚姻形式,充满了欺骗、伪善和暴力。婚姻不是基于双方的爱情,而是出自彼此的相互欺骗,这必然会产生大量的令人厌恶和感到痛苦的社会疾病、违反自然情理的罪行、杀人、神经错乱和发狂行为,"这些灾祸经常带来难忍的精神痛苦,特别是妇女更是如此,往往是他们无法摆脱而被迫自杀,以结束这种痛苦"①。

5. 对破坏生态环境行为的批判

人类进入工业社会以来,一方面,科学技术迅猛发展,人类战胜自然的手段增多,力量增强;另一方面,工业化的生产力极大膨胀,迅速把各种自然资源变成产品。市场经济的无休止的生产与无休止的消费,有进一步成为促进人类利用科技和工业化开放自然资源的能力。于是,造成这样的一种情况:自然资源过度利用和人类大量的生产、生活废弃物对生态的破坏。人类与自然同时面临两大困境:自然资源的枯竭和环境的破坏。人类的不合理行为威胁到自身的生存。面对科技、工业、市场的不合理运用所造成的人与自然关系的窘迫和紧张,不少哲学（包括生态马克思主义）对此进行了批判。

生态马克思主义认为,资本主义制度是生态危机的根源。为了论证这一观点,莱易斯提出了"异化消费论",高兹提出了"生态危机论",基尼乌提出了"生产力论"。他们认为,生态危机是资本主义生产方式的必然产物。资本主义市场经济的根本原则就是追求利润最大化,这导致了社会的过度生产和过度消费。他们指出,即使平均利润率下降,企业也还会借助科学技术对自然资源进行过度的掠夺与开发,以保证其利润的实现。维克托·沃尔斯认为:"当前的全球严重的生态问题,完全是资本主义国家,特别是发达资本主义国家无节制生产和无节制的消费造成的。"② 雅各布·莫内塔一针见血地指出:"为超额利润而生产、为过度消费而生产是资本主义生产方式的两根支柱"③,"解决全球生态问题的根本途径是节制资本主义国家生产和节制资本主义国家消费,而这是资本主义国家做不到也不愿意做到的。"④ 他们还指出,资本主义生产方式迫使各企业竭力将生产成本"外在化",由社会来承担企业造成的环境恶果。资本家不可能牺牲企业的利润而去保护环境。对此,高兹提出了资本主义存在着经济合理性与生态合理性相矛盾的观点。所谓经济合理性,是指企业追求利润最大化,同时要求效率最大化、需求最大化、消费最大化,而生态合理性是指生活得更好、劳动与消费得更少的目标,追求生态效益最大化。这两个合理性在资本主义条件下是不相容的,因为资本主义生产的目的就是追求利润最大化。

以上是哲学批判的主要内容和几个实例。通过上述分析可以认为,哲学批判是哲学思维对人类自己行为的反思,是人类社会进步不可或缺的精神动力。

---

① [英]欧文. 欧文选集（下卷）[M]. 柯象峯,何光来,秦果显,译. 北京：商务印书馆,1965：138.
② 陈学明. 熟练东欧剧变后国外马克思主义趋向[M]. 北京：中国人民大学出版社,2000：396.
③ 同上.
④ 同上.

(二)哲学批判的特征

哲学批判具有如下特征：第一，哲学批判基于人类整体利益的批判。所谓整体利益就是经济的、政治、文化的、社会的、生态环境等利益的总和，而不仅仅是功利目标。第二，哲学批判是基于人的全面发展的批判。所谓全面发展是人的德、智、体、美、劳等全面素质，人的自由、生存权利和发展权利，人的政治、经济、文化、公共事务管理等权益的总和。第三，哲学道德批判以个人利益与团体利益的统一、眼前利益与长远利益的统一、局部利益与整体利益的统一为基础。

二、哲学批判的必要性和重要意义

任何批判都来自哲学思维。日常思维局限于眼前的经验内的事物和关系，往往满足于一时一事之利，目光短线，易犯急功近利的错误。科技专业思维，易被狭隘的专业分工所局限，往往"只见树木不见森林"。只有哲学思维才既具有超验性，又具有整体性。超验能使人们高瞻远瞩，不为眼前的功利所迷惑，及时发现急功近利的错误；整体性使人从全局利益出发，不为有限性、局部性所遮蔽，及时揭示个人主义和小团体主义的错误。

那么是否还存在其他形式的批判呢？例如，政治的批判、艺术的批判、科技的批判等。当然存在上述形式的批判。但是，经过仔细考察就会发现，所谓政治批判其实质是政治哲学的批判；艺术批判其实质是艺术哲学的批判；科技批判其实质是科技哲学的批判。这些专业的批评均是哲学批判在各专业领域的具体体现。

与感性活动和知性活动不同，批判活动本身是自我意识能动性、自觉性的表现，是理性的活动。自我意识通过理性既考察对象意识，也考察自我意识本身；既考察理性活动，也考察感性和知性活动。感性活动产生日常意识，知性活动产生科技专业意识，自我意识通过理性的活动就是哲学思维。

哲学的批判是深刻的批判，它深入到对象的内部结构；哲学批判是根本性的批判，它考察对象得以存在的前提；哲学批判是整体性的批判，它考察对象的各方面、各层次、各种属性；哲学批判是超前性的批判，它不仅考察对象的现状，而且考察对象可能出现的结果与趋势。

哲学批判是人类社会进步永不枯竭的精神动力，但是哲学的批判也是有局限性的，需要具体情况具体分析。例如，哲学批判的指向是否正确，批判内容是否符合实际情况，批判会产生哪些积极后果、哪些消极后果，都需要依历史条件和具体社会条件而定。

第二节 整 合 功 能

整合的含义是，原本的统一整体被肢解，现在再一次把它统一为整体。一般说来，科学是分析的、分解的，虽然科学也使用综合；哲学是统一的、综合的，虽然哲学也使用分析。科学与哲学的联姻，可谓相得益彰。

一、社会分工和科技专业化的利与弊

社会的分工促进了科学技术的产生与发展,科技进步又进一步促进社会的分工。社会分工的发展趋势是,分工越来越细,社会的职业、行业越来越多;科学技术分化的趋势是,专业越分越细,科技分支林立。社会分工、科技专业化有利于社会进步。第一,分工使人类对客观世界的改造、利用更加深入、更加细致,是生产力发展的重要体现;科技的专业化,使人类对自然的认识日益深化,对自然力、自然物质的利用深入到微观层次,极大地促进了生产力的发展。第二,社会分工、科技专业化有利于提高效率,加快了生产力的发展速度。

但是,社会分工、科技专业化也带来不少社会问题。第一,造成社会部门增多,社会结构复杂化。据统计,国际标准职业分类把职业由粗至细分为四个层次,即8个大类、83个小类、284个细类、1 506个职业项目,总共列出职业1 881个。至于理论科学、应用科学、工程技术的分业分支的数目远远超过职业的数目。各职业、行业、专业工作内容、性质不同,岗位标准不同、工资待遇不同,造成社会复杂的阶层和社会集团。不同的阶层、集团利益诉求不同,造成社会协调的难度加大。第二,社会分工的细化,使部分人终生从事一项专业工作,素质、能力发展受到限制,成为"单面人"。"单面人"的增多,造成社会成员交流的障碍。第三,不同专业的人其思维方式长期受专业限制,造成思维的片面化。片面化思维人数的不断扩大,影响人类正确认识世界和改造世界。第四,造成人与自然的分裂。处于分工中的人们,仅仅从自身的利益出发和从狭小范围的结果评价人与自然的关系,结果就造成这种情况:从局部看,人的行为是合理的,但从全局看则是不合理的;从局部看是有效率的,能体现技术先进性的,但从全局看则是破坏生态环境的。

二、哲学整合的依据和目标

如何使社会分工和科技专业化发挥其长处,克服其不足,这是人类必须认真对待的问题,哲学的整合正是为了解决这一问题。哲学之所以能担负起社会整合的重任,是因为综合统一就是哲学思维的本性。如前所述,就本体论而言,常识性思维以眼前当下的实物、现象为目标;科学思维以经验范围内具体事物的内部联系和事实之间的关系为目标;哲学思维以自然现象的整体、精神现象的整体、社会现象的整体为目标。

从认识论和方法论而言,常识性思维主要使用直观的方法;科学主要使用分门别类和分析的方法;哲学则主要使用综合统一的方法。可见,哲学思维比其他形式的思维更适合社会的整合任务。

当然常识性思维、科学性思维也是用综合、统一,但这种者、统一是局部的或指向局部的。康德说,感性的综合是"直观把握的综合",相当于没有分化的,原始混沌的综合;知性的综合是"概念认知的综合",是个别经验事物整体的综合,是指向有限局部的。只有哲学思维的综合是指向无限的、形而上整体的,亦即指向整体的理想。

哲学整合的目标:第一,通过发展生产力、建立合理社会制度、提高社会成员道德觉悟,逐步消除"三大差别",实现社会和谐;第二,努力实现社会的全面发展,亦即社会在经济、政治、文化、社会、生态等方面的全面协调发展;第三,努力实现人的全面发展,亦即人的全面的、充分的、自由的发展,实现人的德、智、体、美、劳各种素质的发展。第四,实现人与自然的协调发展,既反对自然主义,更反对人类中心主义。哲学整合的目标要分阶段实现，这与社会进步的阶段性是一致的。

三、整合的途径

哲学是意识形态，哲学的任务、目标要通过人的实践才能实现。所以哲学目标、任务的实现首先在于宣传合理的思想、普及先进的意识。

1）批判错误理念。对社会中的异化现象、社会分裂现象、阶级剥削、阶级压迫现象进行批判，为建立合理的、平等的、共同富裕的社会制度做好理论铺垫。合理的社会制度的建立，是社会的根本整合；对人类的不合理的生产方式、消费方式、人类中心主义进行批判，宣传合理的生态理论，普及保护生态的意识。

2）加强舆论宣传。哲学应利用各种舆论工具宣传社会全面进步、人的全面发展、人与自然协调发展的意义；开展相关的学术活动，在社会领域不断扩大影响。

3）强化教育基础。使哲学的人的全面发展的理论向教育理论渗透，发展先进的教育哲学思想，提倡素质教育，使每一个经过学校教育的人都树立人全面发展的意识，使这种意识深入人心。

4）发展个体兴趣。随着生产力的发展、社会的进步，人们的闲暇时间会逐渐增加。哲学应积极呼吁，为人们利用闲暇时间发展自己的兴趣爱好、发展自己的潜能、潜质创造条件，把工业化社会对人的片面发展的影响降到最低。

但是，由于哲学的抽象性，哲学的整合只是为社会提供整合的理论、整合的意识、整合的思想。具体科学以这些理论、思想、意识为参考，为借鉴，制定出具体部门的社会整合计划、方案，再去指导群众的实践。

第三节 预测和引导功能

哲学的预测功能和引导功能是哲学思维方式所具有的超验性、统摄性的具体体现。超验性赋予哲学以宏观的预测功能，而统摄性则赋予其引导功能。

一、预测功能

经验科学都或多或少具有对未来的预测功能。这些科学能够对自己特殊领域中的研究对象作精确的描述并使用量化手段对其未来发展作准确度较高的预测。但经验科学从产生时的性质看，它们主要是为了满足人类的某种短期功利性的需要，如几何学最初产生时是为了满足人们丈量土地和疏理河道的需要；天文学是为了满足人们种植业、畜牧业生产的需要，等等。所以，经验科学对特定领域的事件、现象的预测具有较强的功利性。例如，人们对某种产品市场需求的预测，对一定时期内股市的预测，等等。

但哲学从一开始产生就可以认为它是指向人类的未来活动的。亚里士多德说："古往今来人们开始哲理探索都应起源于对自然万物的惊异"[①]。所谓惊异就是把一种感到奇怪或寻根问

[①] [古希腊]亚里士多德. 形而上学[M]. 吴寿彭，译. 北京：商务印书馆，1959：5.

底的非功利意向提到首位，这就意味着要超越现存事物。超越现存事物则意味着一方面向过去寻求原因，另一方面要为未来创造或预测结果。"向过去寻求原因"这是在逻辑的意义上而言的。由于时间是一去不复返的，所以在时间上"向过去寻求原因"只能表现在未来。例如，我们常说，造成现在和过去人们大量死亡的癌症，其病因将在未来的某一时刻探明；中生代末期造成恐龙绝灭的原因在未来会清楚的；等等。

哲学的研究对象是作为一切经验原因的原因的本体，这个本体既是过去和现在的万事万物的原因，同时又是人类未来的追求目标。这个目标虽然是人类的感官、知性所不能达到的，但它却是人类的理性所能把握的。它是理性为人类的感性活动树立起的一个理想，并引导人类的创造活动趋向这一理想。未来的世界，一方面是事物按客观规律发展的必然结果，这是经验预测的基础；另一方面又是人类按照自己的理想进行实践的结果，而这则是哲学预测的依据。所以，对未来的预测一方面包括对发展的客观必然性的预见，另一方面也包括对人类实践活动的方向和理想进行富有创造性的构想。哲学的预测是一种以本体理想为目标的具有创造性构想的预测。在这里，功利与非功利是辩证转化的关系。"将欲取之，必先予之"就是这个道理。

各经验科学对本学科研究对象未来发展的预测，主要是从客观方面、从必然性方面做出的精密描述，而哲学对未来的预测是在各经验科学预测的基础上着重对人类未来活动的主观方面、从人类主体的创造性方面做出构想。经验科学的预测是对事物作局部的、短期的、微观的判断，而哲学的预测则是在各经验科学所作判断的基础上对整个未来世界的图景作系统的、长期的、宏观的推理。经验科学的预测追求相对的、功利的目标，而哲学的预测追求的则是根本的、符合人类全面发展的利益的目标。例如，马克思依据唯物史观和剩余价值学说对资本主义必然为社会主义所代替的预测，黑格尔依据否定之否定辩证法对事物发展是一个圆圈的预测，等等。

所以经验科学的预测和哲学对理想的追求是人类预测活动不可分割的两个部分。离开了经验科学的预测，人类就不能精确把握客观事物发展的必然趋势，对未来盲无所知；离开了哲学的理想，离开了哲学的宏观预测，人类的创造性将失去方向，人类将成为必然性的奴隶。经验科学的预测使人类脚踏实地地走向未来，哲学的理想的创造性预测使未来属于人类。

二、引导功能

所谓引导就是目的性对于盲目的引领，是有序性对于无序的规范，是主动性对于被动的启动，方向性对于迷惘的指引。通过引导，盲目者明确目的，混乱者趋向秩序，被动者转为主动，迷惘者找到方向。

（一）哲学通过树立理想引导社会

哲学是理性追求世界总体的学问。理性是推理的能力，是发现原理的能力。理性通过原理树立起的目标，就是理想。哲学的理想可以有四个，即自然总体、社会总体、人的总体以及三者的统一。

1）自然总体的原理目标或理想告诉人们，自然界的各个组成部分、各个圈层是一个整体，是和谐统一的，人们或人类社会不要为了部分人的狭隘利益去破坏自然界的统一与和谐。在工业社会，人们无休止的生产和消费已经深度破坏了自然界的统一与和谐，造成部分自然资源的枯竭、部分生物物种的灭绝和自然环境的无污染。自然总体的理想启发人类社会的生态觉悟，引导社会走可持续发展的道路，合理开发资源，保护生态环境。中国哲学中"天人合一"的理想较好体现了自然总体原理以及人与自然统一的原理。

人们忽视自然总体的理想从而分裂、破坏了自然界，其中一个主要的原因就是最求"短期效应"，只顾眼前的、局部的利益。而短期效应是与分裂性思维、"只见树木，不见森林"的形而上学知性思维相一致。

2）社会总体的原理目标或理想告诉人们，社会的各个方面、各个领域、各个层面、各个区域是一个整体，是和谐统一的，亦即社会的物质文明与精神文明，政治、经济与文化，城市与乡村、各空间区域是和谐统一、需要协同发展的，破坏了这种协调，社会的正常发展与进步就会受到阻碍。

人类社会自私有制产生以来，生产力呈现出曲折的发展态势，特别是资本主义生产方式极大地促进了生产力和科学技术的进步。但是，由于错误的历史观歪曲了人们对社会理想的认识，剥削制度的存在导致社会产生阶级对抗的分裂、社会贫富差距的扩大；资本主义生产方式导致周期性经济危机；垄断资本主义又直接导致20世纪的两次世界大战。当代世界，错误的历史观继续推动超额剩余价值的获得者在世界范围内推行新殖民主义、强权政治和单边主义，导致全球性的混乱与各种人为的灾难。

社会理想引导人们用新的国际经济、政治新秩序去代替旧的秩序；用世界多元化逐步战胜单边主义和强权政治；用文化多元性代替文化一元性；用谈判、协商代替武力解决，最终使世界由纷争走向和谐，由战乱走向稳定，由贫穷变为富裕。

3）人的总体的原理目标或理想告诉人们，人的各个方面是一个整体，是和谐统一的，包括人的身心两个方面、人的德智体美等各个方面的和谐统一，等等。但是，由于社会发展程度和水平的限制，特别是不合理社会制度的限制，人的身体发展与精神发展分离了，人被不合理社会分工所异化，人的多种才能受到压抑，人被片面化。

人的总体化理想引导人们通过建立合理的社会制度，组成自由人的联合体，实现自我管理、自我完善、自我发展；消除人的异化的社会条件与环境，使每一个人的身心得到协调发展；使每一个人的潜能得到充分发挥，每一个人均能按照自己的计划与选择自由地发展。

（二）哲学革命对社会革命的引导

人是智慧生物，人有意识、能思维，人的行为受意识的引导。当人们受正确意识引导时，其行为会产生预期的、积极的成果；相反，则会产生不期的、消极的后果，这体现了意识的反作用。古希腊神话中，普罗米修斯在创造人类之始，先是把强有力的体魄、发达敏锐的感官都给了动物，及至轮到人类时，他已无物可送，于是他偷来天火送给了人类。这天火喻指智慧。人的体魄不如熊罴虎豹，感官不如鹰隼犬猫，但是人有智慧。这内在的精灵远胜于那外在的体魄和感官。

可以这样认为，虽然社会进步不一定是思想和意识的进步；但是，思想和意识落后一定导致社会的停滞，所以，当社会发展受到阻碍之时，首先的障碍必然是落后的思想意识。这时，思想意识的革命就成为社会革命的先导，即哲学革命是社会革命的先导。

1. 哲学革命产生的社会条件

哲学革命是新哲学代替旧哲学的过程,是哲学领域的飞跃和质变。哲学革命通过改变人们的思维方式来改变人们行为方式、生活方式,进而改变社会的政治结构和生产方式。哲学革命产生的条件有以下几个方面。

第一,新的生产力、新的生产方式出现,但处于萌芽状态。随着社会的进步,旧的生产方式内部自发积累起来的新的生产方式因素得到发展,并在一定范围内促进社会进步,提高了生活水平,改进了人们的思维方式,引起阶级阶层结构的变化。这些新的变化首先引起艺术领域的创造冲动,反映新生活的文学艺术作品相继出现。对新生活方式和文学艺术作品新内容的反思催生新哲学。

第二,新自然观或关于自然的新观点的产生。新工具的产生和运用会刺激相应科学技术原理的产生与发展,或者有关科学原理的应用,导致新技术、新工具的产生与应用。新科技原理对自然观产生影响,自然观的革新会促进哲学革命。

第三,宗教改革或鼎新。新生产方式、新生活方式反映到宗教生活中,引起宗教思想、教规教仪的改革。宗教改革对哲学革命有积极的促进作用。

第四,保守力量的刺激。保守的政治势力和意识形态对新生产方式、新生活方式、新思想进行围攻、绞杀引起进步哲学家的反感和愤怒。

2. 哲学革命的内容及途径

哲学是时代精神的精华,是对社会存在的反思。哲学面对新的生产方式、新的生活方式和新思想,有两条道路可以选择:要么同保守的政治势力、意识形态一起把新事物扼杀在襁褓之中;要么站在新事物一边,改革哲学的内容与形式,批判旧的社会制度和意识形态。

哲学革命的内容包括以下几个方面:第一,批判旧制度。哲学革命首先表现在对旧制度、旧思想的批判上。对旧制度的批判包括对旧的经济制度、政治法律制度的批判;对旧思想的批判包括对旧的思维方式、旧的价值观和伦理观的批判。第二,批判旧的世界观。具体表现在对旧哲学的自然观、社会历史观的批判,哲学革命为社会革命提供了世界观、方法论的指导。哲学革命极大地解放了人们的思想,为社会革命奠定了思想基础。第三,基本问题转向和创新内容。包括在自然观、历史观、认识论等方面的问题转向和创新。哲学革命提出的关于人的理论、关于未来社会的发展趋势理论为社会革命和建立新社会提供了可供参考的原则和制度模式,为社会革命提供了方向。第四,变换旧形态。恩格斯曾经指出,与唯心主义一样,唯物主义哲学也要随着科技革命和社会运动的时代性发展而不断地改变自己的形态。

3. 哲学革命引导社会革命

社会革命是一个复合的社会运动和社会现象,其中包括生产力的变革、生产组织形式与财产占有方式的变革、社会政治制度的变革,等等。

从近代欧洲社会革命的实际进程来看,社会革命的实质性内容主要有蒸汽机的运用与普及、珍妮纺机等工作机的使用与普及、工场手工业向大机器工厂作业的过渡、资产阶级政权的先后建立,等等。但是,当人们仔细考察这些经济领域和政治领域的重大变革事件的时候,会发现其前或其后总是有重大的哲学思想变革的引导。

1543年哥白尼的《天体运行论》发表。从内容看,《天体运行论》是一部天文学著作,但从性质和影响看,它又是一部具有重要哲学意义的著作。其哲学意义不亚于其天文学意义。它向世人展现出一个全新的自然观,使自然界从上帝的统治下解放出来。

1620年培根的《新工具》发表。这部著作是培根计划写作的《伟大的复兴》的第二部分。继哥白尼之后,培根进一步批判了宗教神学的自然观及其所持的人与自然的神学立场,系统批判了经院哲学的思维方式与认识论,为近代英国的社会革命提供了自然观、认识论和方法论的思想武器,成为近代英国社会革命的先导。

自1639年开始,笛卡儿撰写和发表了一系列表明与神学、与经院哲学思维方式相背离的哲学和自然科学著作,进一步阐述了新的自然观和基于理性思维的新的方法论。笛卡儿的世界观、方法论极大影响了法国后来的哲学家门。笛卡儿以及百科全书派、卢梭等思想家的哲学思想成为法国大革命的先导。同样,德国古典哲学家们的哲学思想也成为近代德国社会革命的先导。

思 考 题

1. 哲学批判的内容主要包括哪些?
2. 哲学批判有何特征?
3. 哲学的整合功能有何意义?
4. 哲学的预测与经验科学预测有何不同?
5. 哲学的引导功能有何意义?

第六章

哲 学 形 态

哲学是建立在人类的在与思的基础上的，其在与思基础上产生的哲学形态是多种多样的，我们探究哲学形态，立足于地域性和民族性的传统，在其发展进路中把握相对具体的哲学形态，审视中国哲学、西方哲学和马克思主义哲学的历史逻辑和理论逻辑维度，揭示其主要特质，以促进传统哲学的内源性发展。

第一节 哲学发展的逻辑

哲学作为人类理性把握世界的存在形式，面对主体生命的困顿，阐发本心觉解以自明本体，阐发物我关系以构建图景，提出器物通达形上、形上照见形下的文化慧命与终极关怀。哲学是思想中所把握到的时代和自己时代精神的精华，是历史逻辑与理论逻辑的统一。客观地讲，哲学多定义，"哲学是什么"可以有不同视角进行的界定，而"什么是哲学"确实无统一让人信服的界说，哲学在传统上主要存在着中西范式差异，但作为人类生活和文化体系存在并表现出来的样式，面对难以解决而又不能回避的现实，我们可以不囿于中西哲学的传统而去思考一些人类经验普遍面对的根本哲学问题，暂时抛开哲学的民族性特质去关乎"世界哲学"发展的问题，探究其演进的一般历史轨迹及逻辑特质，呈现哲学的历史逻辑与理论逻辑。

一、哲学发展的历史逻辑

中国哲学和西方哲学在其历史演化中，都曾出现了不同的形态。

（一）以西方哲学而言

不仅不同时期（如古希腊、中世纪、近代、现代）的哲学往往形态各异，而且同一时期的哲学系统（如海德格尔的哲学与维特根斯坦的哲学）在关注的问题、言说的方式等方面也互不相同。然而，这种形态的差异，并不影响它们同为哲学。

古希腊时期，哲学包括自然哲学、形而上学和伦理哲学三个阶段，为西方哲学的理性思辨和形而上学打下了传统根基。它提出了逻辑、存在、实体等成为西方哲学的经典命题，而柏拉图和亚里士多德关于共相性质的争论开启了中世纪基督教哲学关于唯名论和实在论的争论。中世纪时期，西罗马帝国崩溃后，基督教成为西欧不可侵犯的绝对意识形态，哲学成为"神学的婢女"，被基督教信仰的浓重阴影所笼罩。从教父哲学（柏拉图-奥古斯丁体系）到经院哲学（亚里士多德-阿奎那体系）的过渡反映了希腊罗马理性精神的复苏，而唯名论和实在论的对立为近代理性主义和经验论的兴起开辟了道路。

近代以来，早期西欧哲学从文艺复兴和宗教改革运动开始，演化出欧陆唯理论同不列颠经验论的对立，以培根、洛克、霍布斯为代表的英国经验论和以笛卡儿为代表的大陆唯理论两大哲学派系，其核心是理性反思和对经验（外在或内在）的重视。唯理论演变成莱布尼茨-沃尔夫体系中的独断论，而经验论则在休谟那里成为彻底的怀疑主义，这为法兰西启蒙思想和德意志古典哲学的出现埋下了伏笔。18世纪的法国哲学包括法国自然神论和唯物主义两块，探讨的核心问题是人与自然的关系，理论上则表现为思维和存在的关系。法国自然神论奠定了西方政治学的基础，而激进的卢梭则引导了后世批判哲学（马克思和尼采的哲学理论）的出现。法国唯物主义者否定自由意志，但推崇人的理性，使理性主义成为法国哲学鲜明的特点。18世纪末19世纪初出现德意志古典哲学体系代表着传统西方哲学的最高成就。它将考察重点转向主体与客体的关系，实现了西方哲学继亚里士多德形而上学体系之后的第二次飞跃。康德通过对自在之物和现象的严格区分，发展出认识论的先验自我意识统摄机能和道德实践领域的纯粹理性，以及沟通两者的判断力批判。黑格尔通过辩证法三段论将整个世界容纳在绝对精神从自在状态过渡到自为状态，最终达成绝对理性自我意识的宏大历史过程。因此，黑格尔成为最后一个形而上学大体系，并引发费尔巴哈和马克思对其思想的反思。

19世纪中后期，形而上学和理性主义的传统西方哲学走向终结，导致了向现代西方哲学的过渡时期。马克思把哲学从天上拽回了人间，对人的感性活动即实践的确认使得马克思主义成为形而上学的终结者（海德格尔语）；以尼采为代表的非理性主义则着重于人生命意志的实现。两者的思想体系，对后世的现代西方哲学，现象学运动、结构主义、西方马克思主义、精神分析学乃至后现代哲学，产生不可替代的巨大启发作用。

（二）以中国哲学而言

不管是先秦、秦汉、魏晋、隋唐、宋明，还是近代、现代等时期，哲学家的思想在形成的时候，都是以那个时代的哲学理论、学说的形式出现的，从老子、孔子、墨子、孟子、庄子、荀子、韩非子，到董仲舒、朱熹、王阳明、王夫之、黄宗羲，再到胡适、冯友兰、熊十力、牟宗三、杜维明等，都是如此。随着历史的演化，这些理论学说才逐渐凝结为历史的形态，成为哲学的历史。从哲学史上看，人类的哲学思维是不断深化的发展史，存在着一个内在的逻辑规律。

历史地看，无论是中国哲学史上，抑或西方哲学史上，在不同哲学家那里，哲学往往呈现出不同的面目；从关注的问题到言说的方式，哲学的形态也常常各异。然而，这并不妨碍我们从最宽泛的层面，对哲学的一般规定加以把握。在哲学与哲学史的演变与互动中，历史上的哲学系统本身也具有了哲学与哲学史的双重身份。以历史视角考察哲学，它既表现为在历史演化过程中逐渐凝结的不同哲学系统，是一种可以在历史中加以把握、考察的对象，又是在历史过程之中不断形成、延续的智慧长河。前者使之具有既成性，后者则赋予它以生成性。哲学的既成性意味着它具有相对确定的意义，哲学在其历史发展中呈现内在的理论逻辑。

二、哲学发展的理论逻辑

阐明哲学的理论逻辑,就是要探究其内在理论发展的逻辑主线。纵观哲学发展的历史,主体面对生命的痛苦与困顿,是以我思人论为逻辑出发点,按照世界——思想——语言的顺序不断转移和深化的。在哲学的童年时代,人类直面自然、宇宙及主体本我,世界成为思维的对象,而思维着世界的主体还未被反思,于是人们以本体论的形式提出问题。随着哲学思维的深入,人们发现对于客观世界的认识受到主体的限制,于是人类思想意识成为哲学家思考的对象,认识论逐渐成为哲学的中心内容。然而,哲学家们很快发现,思想和语言无法分离,思想受到语言形式的限制。人类思想观念的混乱往往是由于语言使用的混乱,只要对语言加以分析,澄清语言的意义,思想和观念的混乱也会随之消失。于是,对语言的理解提供了理解思想和世界的新途径,语言分析也成为思考和解决哲学问题的新方法。

中国哲学与西方哲学的起点不同,但这个思维顺序是必然要经历的。具体地讲,主体层次不同,体认各异,面对的痛苦对象不同,体证各异,但每一种思维方式的内在困境和矛盾才是推动哲学思维转折的内在动因。例如,儒学从先秦时期的孔子、孟子、荀子到两汉时期的董仲舒,再到宋明时期新儒学的朱熹理学、王阳明心学,甚至到现代时期的熊十力、牟宗三,在"外王"层面上的困难,实际上是由"内圣"之学的内在矛盾造成的。在"内圣外王"的学理格局中,隐含着许多大前提:内圣在先,外王在后;德在先,智在后;见闻之知以德性之知为本;德性主体决定认知主体。又如从老子、庄子开启的道学哲学,以天道运行的原理为基础,展开以自然为义理的"道"的哲学。天道运行有其自然而然的存在,道的哲学即在解明此一存有性内涵,认识和诠释道便成为其逻辑的起点,进而得以提出认识一个世界运行秩序之无定限、无执着。道家哲学发展的社会哲学认为社会的存在是个客体,人们是在其中生存的主体,所以应该要有其独立自存的自由性,而不受任何意识形态的束缚。在此前提下,道学哲学关注主体,尊重人类自主性的态度与存在定位,重视人性的自由与解放。

哲学虽然有着鲜明的地域性、民族性,在这里只有尽可能充分立足于共生共成的时代性整体性的"在场",尽可能以"道通为一"和"大其心能体天下之物"的胸襟汲取人类中西哲学传统的全部智慧,而不是在中西哲学永远不会丧失其相对独立性的传统之间自我设限,不在"我族"与"他人"之间刻意厚此薄彼,才会真正在一个不断"因革损益"的过程中"不变随缘"而又"随缘不变"。中西传统哲学彼此"共同"、"共通"或至少是"家族相似"的普遍的人类经验的"共相",提炼出对这些经验更为深邃的理论逻辑检讨,在哲学共相的发展中寻找历史逻辑,在哲学历史逻辑中呈现内在的理论逻辑,形成通适性的哲学,为人类整体智慧的提升作出贡献。

第二节 中国哲学

以中国哲学冠名的哲学,具有鲜明地域性特质。哲学作为理论把握世界的方式,展现为感性到理性逻辑的统一体。由于逻辑落脚于最高实体的主体生命现实性,这种活生生的生命性源于潜在与现实的思辨关系,哲学逻辑必须以其历史发展逻辑为视角,并从范畴论意义上呈现为理论逻辑，凸显主体生命的逻辑，体现为生命的现实性。

一、中国哲学的历史逻辑

中国哲学具有非常悠久的历史，伴随中国社会和中华文明的前进步伐，中国哲学开端与公元前 11 世纪的殷商和西周之际，《周易》古经的成型及《洪范》的传授，周公敬德与礼乐观念，标志着中国哲学的产生。

（一）先秦时期

周王朝衰败之后，诸侯争锋，每一个诸侯国都希望自己能够变得更强大，这样才能保护自己的安全，并夺取更多的土地和劳动力；各诸侯国之间的战争也越来越激烈，从春秋初期贵族竞技式战争演变成了战国时代杀人盈野的兼并战争，给社会带来了巨大的灾难。于是整个时代的主体就是两个现实问题：一是如何让我的国家变得更强大，这是每个国家的统治者都关心的问题；二是如何把社会从兼并战争的深重灾难中拯救出来。除了社会的上层，普通民众在战乱中饱受痛苦。对于这两个问题，思想家们阐发了不同的观点，于是，就产生了不同的"家"，亦可称之为"哲学流派"。

儒家认为，当时的社会问题都是礼崩乐坏导致的，所以要恢复周王朝的价值和制度，为此，孔子一生奔走；其中孟子提出"仁政"理念，他认为，如果君王有高尚的道德水平，那么就能推行良好的政策，于是，人民就会向往这个国家纷纷前来，这样这个国家就能强大。可见，儒家认为只要君王有了良好的道德水平，国家强大、老百姓安居乐业都是必然的结果。墨家的想法则不同，他们认为，要拯救时弊，首要的是避免战争。但是空喊和平口号是没用的，于是墨者组成团体，用他们的防守技术来维护和平。法家认为，国家要强大，就要不断加强政府的权力，特别是君王的权力；要用暴力和利益去驱使百姓，国家才会越来越强大。道家老子对宇宙、世界之类的问题很感兴趣，在政治上提出了一套无为之治的主张。而庄子更加重视个人的自由。

先秦的诸子百家是中国历史的"轴心时代"，奠定了之后中国思想的格局。秦之后的中国各王朝，大体都是"阳儒阴法"、"王霸杂用"，而墨家的传统则在中国民间大体流传下来。

（二）两汉时期

经过秦代"暴政"的洗礼，汉初的休养生息政策使得崇尚清静无为的黄老道学成为主流思想，而儒家则吸收了阴阳家的宇宙理论和道法名家的思想资源后，逐渐进入了思想的中心，以汉武帝采纳董仲舒的对策为标志，儒学上升为国家意识形态，而五经博士的设立则标志着儒学正式进入经学时代。

（三）魏晋时期

传统上，贵族必定是从事于政治的政治家，但是在魏晋的变局中，一大批贵族或主动或被动地从政治圈中逃逸了出来，于是他们的关注点从政治转移到了大自然，从社会转移到了个人生活。他们开始聚集讨论从自然到人生的各种问题，即名教与自然之辩成为思考的主题，由此便产生了玄学。

(四)隋唐时期

西汉末年,佛教开始从中国的边疆传入内地,到了唐朝,产生了中国本土的大佛学,诞生了以禅宗为代表的中国化的佛教。隋唐强盛时期,中国人以开放的心态迎接和转创佛学,这种对心性问题的诠释及其对于普通民众的精神舒缓功效,形成了儒道佛三教互动特色。

(五)宋明时期

宋初的儒家深感几百年间佛教的巨大影响,决心捍卫儒家在国家意识形态中的正统地位,于是他们吸收了佛教对心性问题的讨论,发扬了孟子性善论的传统,提出天理观,完成了以制度和伦理并举向以"理"作为道德和秩序的合法性最后和唯一依据的转变,使儒学重心由"外王"转向"内圣",开创了宋明理学。

(六)明末清初

明朝灭亡给中国的读书人带来了巨大的冲击,很多人从不同角度来谈论明朝灭亡的原因,进而反思整个中国的儒家传统特别是宋明理学的传统,因而产生了一波新思想,开启中国近代思想解放的先声。

纵观中国哲学历史发展,其特点便是特重主体性与内在道德性,以生命为中心思考主体存在与意义。

二、中国哲学的理论逻辑

哲学是以理性思辨的方式探究普遍性终极性超验性问题而取得的理论化系统化的成果。先秦时期,中国已经有了自己的完整的哲学,中国哲学的逻辑体系由客体天论、天人之辩、主体人论三部分组成。知天以制天的天论是中国哲学的逻辑起点,究天人之际的天人之辩是中国哲学的基本主题,知人以成人的人论是中国哲学的价值追求。

(一)天论

中国哲学中的"天"尽管含义复杂,但基本可以归结为自然之天与主宰之天,而且,自然之天与主宰之天只是一个天,不能割裂。自然之天是从天的物质载体方面而言的,主宰之天是从天的精神内容方面而言的,离开了任何一个方面,都不能称其为天。以阴阳学说为基础的天论,是中国哲学关于事物存在形式及其变化动因的系统见解,构成主体面对的痛苦对象,成为中国哲学思考的逻辑起点。

阴阳学说中认为事物内部存在着既相互依托又相互对立的两种因素,一种禀性柔弱、晦暗、谦退、顺随,称为阴;一种禀性刚强、明朗、激进、自执,称为阳。阴阳相互交替、融通,从而造成事物的运动和变化。阴,原指背光的一面;阳,原指向阳光的一面。阴阳虽为两面,但都是同一事物的两个方面,犹如一座山的南北、一个人的前后,所以渐渐就引申指事物内部既相互资补又相互对立的两个方面或两个因素。阴阳学说在不同时代、不同代表人物那里各有不同特色,其细节更是纷繁多样。

就整个学说的主流而言,阴阳学说具有如下特色:其一,认为阴阳双方是对立斗争的。阳刚则阴弱,阴强则阳弱;阳前则阴后,阴前则阳后;阳上则阴下,阴上则阳下;阳盛则阴衰，阴盛则阳衰。二者处在交替、更迭、互斥、搏击的状态之中。其二，认为阴阳双方是资补融通的。有阴则有阳，有阳则有阴，独阳不在，独阴不行。二者处在互助、和谐、平稳、圆柔的状态之中。其三，认为对立和融通是合为一体的。一般来说，对立和斗争的形式是平和柔缓的，资补和融通的过程是通过平和柔缓的对立斗争实现的。这是阴阳二者的正常关系。打破这种关系便是失调。其四，认为阴阳交合的不同形式形成不同事物，阴阳的对立和融通造成事物的运动和变化。阴阳失调则事物受损，阴阳相分则事物毁灭。其五，认为一种事物的关系中自身含有阴阳，又在与其他事物的关系中代表着阴或者阳；阴阳的关系网相互连接，构成了纷繁复杂的世界。认为世界上的任何一个事物，都须既观察它与其他事物的阴阳关系，又观察它自身内部的阴阳关系。

五行说是中国古代关于事物的构成因素、禀性成因、演变趋势、相互关系的一种系统见解。五行，意思是五类，指金、木、水、火、土。五行也可以指五种状态、五个阶段、五种元素。五行学说的基本内容：其一，认为天地万物是由金、木、水、火、土五种基本元素构成的，各种元素的禀性不同，不同元素的组合、搭配，形成形态各异、性能相别的各种万物。其二，认为五种元素之间存在着相互克制、相互资补的关系，这种关系构成了事物内部的联系和事物之间的联系，决定着事物发展变化的趋势。其三，认为五行及其相互关系表现为天文现象、地理现象、政治现象、军事现象、生理现象、人伦现象，贯穿于各种现象之中，使各类现象呈现出有机的统一和相互的感应。其四，认为把握了五行之间的关系，可以上观天文、下察地理、预见未来、推测吉凶、处理政务、协调人伦。

（二）天人之辩

司马迁曾以"究天人之际，穷古今之辩"，极言天人关系研究之重要性。天人之辩在中国哲学中主要有三种观点，即天人本一说、天人分殊说、天人合一说。

天人本一说的代表观点主要有：①北宋程颢、程颐汲取了佛、道、玄的理论，从哲学的高度来探讨宇宙的本原和社会的伦理等人生中的重大问题，创造性地提出了天理的命题，将天理与人道贯通为一体，认为天人本无二，不必言合。②陆九渊的弟子袁燮认为："天人本一致，何以天人本一致？只缘此心无天人之殊，天得此心而为天，地得此心而为地，人得此心而为人，今但为形体所隔，遂见有如此差别，试静而思之，所谓形体者安在？我之形体犹是无有，而又何天人之异乎！"宋明心学王阳明认为："夫人者，天地之心。天地万物，本吾一体者也。"

天人分殊说认为，天与人尽管有相互制约、相互影响的关系，但都是各自独立的两种东西。先秦时期荀子提出"天人相分、人文统类"的天人有分重要思想，他首先为事实与价值划界、天然世界与人文世界分殊，由此找到了任何价值建构的逻辑起点和历史起点，开显出一个以人为本、丰富多彩的人文世界，即今人所说的意义世界、价值世界。天人相分并非天人对抗，荀学明分之路的首要价值取向是应天、顺天、用天。故天人明分之道走向的是一条应天而治世、顺天而利人、用天而为人的价值创生之道；天人相分论，实际是天人关系展开后的天人相分又相合的天人和谐、天人共生、天人合一之中国路向，是中国哲学特有背景下的一种宏大叙事。然后，在天人明分的基础上，荀子又看到了人的性伪之分，进而提出了人性有恶、化恶为善的"化性起伪"之道，其"化性起伪"思想是立论于人的自然之性基础上对其社会道德性中恶之可能的防范、恶之成分的改造，是德性主体的创生过程。最后，荀子在明确"天人有分"、需要"化性起伪"的理论基点上，系统而完整地提出了德性主体的生成之道、人文世界的创建之道，这就是虚壹而静、学以化性、积善成圣的人生之道，以分释礼、由礼而法，礼法并重、王霸并用的治世之道。由此说明"化性起伪"实乃荀子独辟的"内圣外王"之道，呈现出内在主观的目的价值引领与外在客观的工具价值规范之双重路向及其统一。

天人合一说，是北宋张载首先提出来的。张载将传统的气论思想发展到气本论，同时继承了先秦儒家的心性论，并将二者相结合，形成了以天人一气为内容、以天人同性为指向的"天人合一"思想。天人一气，是就自然之天而言的；天人同性，是就主宰之天而言的。正如自然之天与主宰之天不可分割一样，天人一气与天人同性也是不可分割的。这与张载的虚气观密切相关在张载看来，太虚即气，气与"虚而神"的气之性本来就是一体。对于张载的"天人合一"可作两方面的理解：它既是天人关系的最高境界，也是达到这一境界的一个过程。为了实现"天人合一"，张载主张通过穷理尽性的内在途径和礼乐制度的外部约束，改变人的气质之性，达到天地之性，最终建立一套天人一体的世界秩序。张载以后，程颢、程颐、朱熹、陆九渊、王阳明、王夫之等人，又进一步丰富和发展了天人思想。他们尽管对张载的某些理论并不认同，甚至提出了批评，但在"天人合一"的内容、途径、归宿等方面，并无根本的分歧。中国哲学中的"天人合一"，从人与自然之天的角度来说，强调天人在构成质料上的一致性，即天人都是一气之流行。从人与主宰之天的角度而言，强调的是天与人、上帝鬼神与人在本性上的同一性，即天人一理、天人同德等"天人合一"涉及人与自然的关系问题，但却与当下生态问题没有直接的关系，更不是人与自然的合一问题。

（三）人论

中国哲学自开始就强调天道生生不息的本性，儒家、道家与佛家都蕴含着强烈的生命意识。穷天人之际，探究人与自然、人与社会、人与人、人与自身的普遍意义，揭示人的本质和价值，妙解人生的奥秘，是中国哲学所追求的价值目标。哲学人性论中，人性二字与通常意义上的人性有区别。狭义的人性往往被理解成德性，人性论也被理解成对性善、性恶的争论。人性可以分成本性、德性、知性三个层面，本性是人的先天之性、生物之性。对本性只能做事实判断。欲望是人的本性。欲望这一本性本身无所谓善恶。善恶是社会对人们满足欲望的行为方式的评价。德性是个人的生物之性与社会后天的影响相互作用后的合道德性。合道德性即个人的价值追求方式与社会道德相符合的程度。自觉地以社会道德认可的方式去满足欲望，就是有德性；以社会道德不认可的方式去满足欲望，就是无德性。

人道论包括个人的为人处世之道、治人者治人理政之道，以及全社会促进人的全面完善之道。人道论是中国人的应用哲学，包括伦理学、政治哲学、教育哲学、管理哲学等。中国人的生存智慧集中表现在人道论里面。中国哲学认为，天道、人道本是一道，只是在具体运行时发生分殊。如果天道与人道发生冲突，一定是现实社会出了问题。

人格论是最具有中国特色的哲学思想，代表了中国人的精神境界。中国的哲人智士的人生价值观念在于追求和实现理想人格及人生意义，不是追求灵魂不灭、来世天堂。他们的理想人格是圣贤君子、志士仁人、忠臣孝子、清官廉吏等，即成为有知识、有才德、有节操的人，达则兼济天下、利济苍生，穷则独善其身、修身养性。北宋张载"为天地立心，为生民立命，为往圣继绝学，为万世开太平"四句最能反映中国哲学自天而人、自人而学、自学而至万世的儒学终极关怀的体现。

三、中国哲学的子学

我们这里所讲的中国哲学主要是指中国传统哲学。中国哲学主要介绍了鸦片战争以前的中国传统哲学的历史发展及其观点,分为先秦哲学、两汉经学、魏晋玄学、隋唐道教与佛教哲学、宋明理学和清代实学与朴学六个时期,呈现其各自理论特质。

(一)先秦哲学

在中国思想史上,春秋战国时期无疑处于非常重要的地位。在文化上,这一时期被称为"诸子百家"或者"百家争鸣"时期。诸子指孔子、老子、墨子、孟子、庄子、荀子等人物;百家指儒家、道家、墨家、法家、阴阳家、名家、纵横家、杂家、农家、小说家等"九流十家"的学术流派。诸子百家是后世对春秋战国时期学术思想人物和派别的总称。

诸子百家学说,在我国哲学史上写下了光彩夺目的一页。这一时期的思想文化奠定了两千多年封建社会的文化基础,对中华民族几千年灿烂文化有着极其深远的影响,为千秋万代留下了极其宝贵的精神财富,为人类文化做出了极其巨大的贡献。

下面我们重点介绍影响比较大的儒家、道家、墨家、阴阳家、法家中的诸子。

1. 儒家哲学

儒家是先秦时期由孔子创立的一个学术派别;儒学是儒家学派所持的理论观点和思想体系。孔子本人是流落民间的"儒",他以自己的礼制、六艺知识,传授弟子,创立了以仁、义、礼、智为基本范畴的思想体系,教人做有道德修养的君子。他的学说在春秋时代,发展成一个强大的学派,被称为"儒家学派"。儒家思想后来成为中国封建社会的正统思想,处于独尊地位,成为传统文化的主流、核心内容,对中华民族精神的形成产生了无与伦比的影响。

1)孔子。孔子(公元前551年—公元前479年),名丘,字仲尼,春秋时期鲁国人,思想家、政治家和教育家,儒家学派创始人。人们称他为"千古圣人"、"无冕素王"、"至圣先师"、"夫子"等。《论语》是研究孔子哲学思想的主要材料。

孔子生活的春秋时代,是一个社会极为混乱的时代,周王室已名存实亡,诸侯纷争,社会动荡。旧的秩序已经被破坏,新的秩序还未建立起来。孔子一生的志向就是建立一个理想的秩序。在孔子看来,周礼是三代之治的总结,是典范。他创造性地提出了"仁"的范畴,建立起自己的道德学说;再进而把德同治联系起来,阐发自己的治国理想。孔子提出的"仁"的观念也成为儒家思想的核心。

"仁"是孔子哲学的核心。那么,"仁"是什么呢?孔子回答说:"仁者爱人。"孔子进一步提出了"仁"的方法就是忠恕。自己有某种要求需要满足,也要推想他人也有这种要求需要满足,这也就是所谓的"忠"。如果再从消极方面说,就是"己所不欲,勿施于人",即我不愿他人如何对待我,我也就不要这样对待他人,这就是所谓"恕"。孔子从仁出发,将道德与治国相结合,提出"为政以德"的治国理念。

孔子提出"正名"的思想,认为名不正则言不顺。孔子正名的标准是"礼",即"周礼"。所谓"周礼",就是西周统治者制定的一整套经济、政治制度和道德规范、礼节仪式等。其中心内容就是以血缘关系为纽带的等级制、分封制和世袭制。这套制度,在孔子看来是最完美的。由此，孔子提出圣人、君子与小人的等级。圣人是孔子追求得最高理想。在他看来，圣人是天生的，连孔子自己都不敢以圣人自居，说明圣人的神圣性。孔子不仅把外王——追求理想社会看成崇高目标，而且同时把内圣——追求理想的人格作为崇高目标。由于理想社会取决于时命，因此成就理想人格甚至有更优先的意义。君子是孔子所肯定的一种人格。君子和小人的根本区别在于他们的价值取向不同。君子所追求的是德与义，而小人则以利来取舍。

关于天命思想。在孔子看来，天命还是具有主宰性和必然性的。他认为，人们的使命和政治主张能否实现，完全是由命运决定的。对待鬼神，孔子主张"敬鬼神而远之"，对于鬼神的存在问题他也采取一种两可的态度，即不议论鬼神，却又不否定鬼神的存在。

关于中庸思想方法。中庸指既不过分，也不走极端，不偏不倚，过犹不及，凡事掌握好分寸，恰到好处。在孔子看来，过和不及都是不好的，人的思想和行为最好的状态是中道——"执其两端而用乎中"。孔子所说的中庸并不是在两端取一个中间值，而是有很大的灵活性。

2）孟子。孟子（公元前385年—公元前304年），名轲，战国中期邹（今山东邹县）人。孟子是战国中期儒家的代表。相传他是鲁国贵族孟孙氏的后代，少年时代受到母亲的严格管教，（"孟母三迁"、"孟母断织"的故事千古流传），后拜子思的门人为师。孟子一生对孔子非常崇敬，自觉以学习和传播孔子所创建的儒学为己任。孟子继承并发扬了孔子的思想，成为仅次于孔子的一代儒家宗师，有"亚圣"之称，与孔子并称为"孔孟"。孟子著有《孟子》一书。

孟子主张性善论，这也是孟子学说的基础。而人性之所以是善的，是因为人生来就具有"善端"，即"恻隐之心"、"羞恶之心"、"辞让之心"、"是非之心"，又称"四端"。

孟子继承和发展了孔子的德治思想，发展为仁政学说，成为其政治思想的核心。一方面他严格区分了统治者与被统治者的阶级地位，认为"劳心者治人，劳力者治于人"，并且模仿周制拟定了一套从天子到庶人的等级制度；另一方面，又把统治者和被统治者的关系比作父母对子女的关系，主张统治者应该像父母一样关心人民的疾苦，人民应该像对待父母一样去亲近、服侍统治者。孟子认为，这是一种最理想的政治，如果统治者实行仁政，可以得到人民的衷心拥护；反之，如果统治者不顾人民死活，推行虐政，将会失去民心，被人民推翻。孟子根据战国时期的经验，总结各国治乱兴亡的规律，孟子看到了人民的力量，提出了"民贵君轻"的民本主义思想。"民为贵，社稷次之，君为轻"。

3）荀子。荀子（约公元前298年—公元前238年），名况，字卿，赵国人。后世因避西汉宣帝刘询讳，又因"荀"与"孙"二字古音相通，故又称其为孙卿。荀子是战国末叶著名思想家、文学家、政治家，儒家代表人物之一，他与孔子、孟子一起，被称为是先秦儒学最重要的三个人物，时人尊称"荀卿"，所著《荀子》是研究其哲学思想的主要材料。

在自然观方面，他反对信仰天命鬼神，肯定自然规律是不以人的意志转移的，并提出人定胜天的思想。在人性问题上，与孟子不同，他提出"性恶论"，主张人性有恶，否认天赋的道德观念，强调后天环境和教育对人的影响。在政治思想上，他坚持儒家的礼治原则，同时重视人的物质需求，主张发展经济和礼治法治相结合。在认识论上，他承认人的思维能反映现实，但有轻视感官作用的倾向。

2. 道家哲学

道家是指先秦诸子百家中的一个学派。道家学派由先秦思想家老子所开创，并在庄子那里得到了继承和发展。不过，后来的道教奉老子为教祖，尊称老子为太上老君，并将他的《道德经》作为主要经典之一。因此，一般也把道教归入道家之列。

1）老子。老子也称老聃，姓李名耳，字伯阳，春秋时期楚国人，生卒年份不详，东周典藏史官，思想家，道家学派创始人。其主要思想体现在《道德经》中。老子是中国思辨哲学的开山鼻祖。

老子探讨了宇宙自然的本源和规律——以道为终极本源的宇宙论。老子首次把道抽离出来，作为一个哲学范畴予以系统化的论证，形成第一个比较完整、系统的宇宙论。他认为"道"是万物的本源，道生万物。这里的道是天道。"道"是凌驾于天的世间万物的本原，是一个高度抽象的、概括的、普遍的、无所不包的最高哲学概念。

《道德经》蕴含丰富的辩证法思想。老子比较系统地揭示出事物的存在是相互依存而不孤立的矛盾统一体，他指出："有无相生，难易相成，长短相形，高下相盈，音声相和，前后相随。"老子提出"反者道之动"，即事物无不向它的对立面转化，所以他说："祸兮福之所倚，福兮祸之所伏。"老子还提出"弱者道之用"。他认为柔弱胜刚强，就像水，看似柔弱，却无坚不摧。

老子还提出了"道法自然"的人生哲学与政治诉求。人民苦难的直接根源就是当时统治者的"有为"。他主张自然无为、柔弱不争、致虚守静。无为意思是不妄为，不包含任何人为的成分。遵守"自然"的法则，因道而动、循道而行。在此基础上，老子提出了小国寡民的社会理想。老子对儒家所倡导的仁义礼智持批评态度，他认为儒家所倡导的仁义礼智是社会混乱的根本原因。老子认为最理想的社会和政治是无为而治、小国寡民，"邻国相望，鸡犬之声相闻，民至老死不相往来"。

老子是中国哲学史上第一位探讨宇宙起源的哲学家。老子博大精深的思想体系对中国的哲学、伦理学和中国人的思维方式、道德人格都产生了深远的影响。

2）庄子。庄子（约公元前369年—公元前286年），名周，字子休，战国时期宋国蒙人，著名的思想家、哲学家、文学家，道家学派的代表人物，老子哲学思想的继承者和发展者，先秦庄子学派的创始人。他的学说涵盖着当时社会生活的方方面面，但根本精神还是归依于老子的哲学。后世将他与老子并称为"老庄"，他们的哲学为"老庄哲学"，《庄子》是研究其哲学思想的主要材料。

庄子的哲学主要接受并发展了老子的思想，主张"天道无为"的思想。他认为"道"是超越时空的无限本体，它生于天地万物之中，而又无所不包、无所不在，表现在一切事物之中；然而它又是自然无为的，在本质上是虚无的。

庄子在人生观上以出世为最高追求。他一生主要隐居著述，过着贫困生活，但始终蔑视功名利禄，拒绝出仕为官。在庄子以前的隐士基本上是隐居山林，即形体上的隐，如伯夷、叔齐等。庄子则是一种心隐，即生活于社会中而超脱于社会。庄子以相对主义的观点来解释人生。他否定一切事物的本质区别，极力否定现实，主张安时处顺、逍遥自得，倒向了相对主义和宿命论。庄子以"庄周梦蝶"的故事来说明人生的虚幻性，庄子以一种怀疑一切的态度，把现实事物怀疑为梦幻事物，同时又把梦幻事物怀疑为现实事物，藉以达到混淆现实与梦境之界限，抹杀其区别，进而否定人生真实性的目的。庄子还在《庄子·内篇·齐物论》中嘲笑那些以严肃认真的态度看待人生的人。总之，在庄子看来，万事万物都是相对的，人的认识标准是无法衡量的。庄子主张"无为"，放弃一切妄为；又认为一切事物都是相对的,因此他否定知识。他说:"吾生也有涯,而知也无涯。以有涯随无涯,殆已;已而为知者,殆而已矣。"这是一种典型的不可知论。

庄子代表了传统中国知识分子的自由精神,主张无条件的精神自由。他在《逍遥游》表达了"独与天地精神向往来"的出世追求。庄子追求绝对的自由人生,把名誉、功业和肉体一并抛弃,无思无虑无情无欲、无知无识,与万物浑然一体,得到最完满的自由和幸福。

3. 墨家哲学

墨家的创始人是墨子。墨子(约公元前 480 年－公元前 373 年),名翟,又称墨翟,是我国春秋时期著名的思想家、教育家、军事家。墨学在当时影响很大,与儒家并称"显学"。墨子一生的活动主要在两方面,一是广收弟子,积极宣传自己的学说,继承者相夫氏、相里氏、邓陵氏三派,史称为后期墨家。二是不遗余力地反对兼并战争。墨家学派最明显的一个特点是组织纪律性特别强,最高领袖被称为"巨子",墨家的成员都称为"墨者",切实实行"墨家之法"。

墨子主张兼爱与非攻。所谓兼爱,指的是视人如视己,不分亲疏远近、贫富贵贱,同等程度地爱一切人。这是他整个思想体系的核心,也是墨家区别于其他各家的标志。墨子还主张非攻,他反对兼并战争,但他不是简单的和平主义者。他讲非攻,但不是非战;他反对攻但却讲究守,主张备战。

在经济生活领域里,墨子有三项主张,即节用、节葬和非乐。三者中,"节用"为本,节葬和非乐是节用的两个方面,墨子还制定了一系列的"节用之法"。尚贤与尚同是墨子在政治方面的主张,反映了他独特的治国理念。在选拔人才方面,墨子主张尚贤,即把一个人是否有能力作为选才的标准,而不注重其出身。尚同是指一切有关善恶、是非的意见都必须统一,服从于上级。

墨子的哲学建树,以认识论和逻辑学最为突出,尤其是他的三表法。墨子的三表法是墨子的方法论原则。他认为判断一种言论是否正确的标准一共有三个,即本之、原之、用之。所谓"本之",就是根据前人的经验教训。所谓"原之",就是"诉诸百姓耳目之实",也就是说从普通百姓的感觉经验中寻求理论的根据。所谓"用之"是将言论应用于实际政治的"百姓耳目之实",看其是否符合国家、百姓的利益,符合者即为真,不符合即为假。"三表法"是相当完备彻底的经验主义的方法论系统。

4. 阴阳家哲学

阴阳家,是战国时主要学派之一。阴阳家出现在春秋战国时期,以阴阳五行学说作为立派基础,并将天象、地物和人事统一起来,形成了"天人合一"的最高哲学,故名阴阳家,又称"阴阳五行家"或"五行家"。《汉书·艺文志》将其列为"九流"之一。阴阳家的"阴阳"和"五行"等思想在战国时期与道家、方仙道思想合并形成黄帝学派,在汉朝时融合老子的学说形成黄老道,后逐渐演变成现在的道教。在现在的黄历或是农书、农民历里,我们还可以看到阴阳家的思想对中国文化的影响。

在古代,山的南面,面向阳光的为"阳";山的背面,背向阳光的为阴。用"阴阳"或者"五行"来解释自然现象乃至社会现象的做法,可以追溯到殷商西周之际,然而把两者整合起来建构为宇宙论,却经历了一个漫长过程。具有哲学意义的阴阳,是指古人对宇宙万物两种相反相成的性质的一种抽象,也是宇宙对立统一及思维法则的哲学范畴。中国贤哲拈出"阴阳"二字,来表示万物两两对应、相反相成的对立统一,即《老子》所谓"万物负阴而抱阳"、《易经》所谓"一阴一阳谓之道"。《易经》便是讲"阴阳"变化的数理和哲理。"五行"最早见于《尚书·洪范》:"五行:一曰水,二曰火,三曰木,四曰金,五曰土。"

5. 法家哲学

战国时期,生产关系和社会结构都发生着巨大的变化。各国的变法运动正是适应这种变化而开展起来的。法家学派既指这一自发运动的实践者,同时也指主张依法治国的理论倡导者。法家先驱是管仲、子产。战国中期法家代表人物有商鞅、慎到、申不害。法家思想的集大成者为韩非子。

商鞅重"法",主张用法作为富国强兵的工具;申不害重"术",推崇循名责实,以各种秘密的手段驾驭群臣,达到统治的目的;而慎到重"势",主张君尊臣卑,上下有别,令行禁止。韩非子将这三人的学说融合在一起,又参考了儒、道的主张,从而提出了一套完整的"法、术、势"的理论。

所谓"法"是由官府用文字公布出来,以赏罚为基本原则的律令,是官员驾驭百姓的基本依据;"术"是由人君操纵驾驭臣下的基本手段;"势"是君主的权力与威势。韩非子认为法、术、势三者不可偏废。韩非子的这套以法为本,法术势相结合的统治理论,其基础是他的"皆挟自为心"的人性论。韩非子受荀子的影响,信奉性恶论。与他的老师不同的是,他不指望通过教育劝人向善,而是主张从现实主义出发,以法治国。他认为自利、自为是人的本性。

(二) 两汉经学

汉代初年,统治者一度选取了道家学说作为统治思想。汉初几十年间,黄老之学受到当时朝廷的尊崇。黄老之学的经典是《黄帝书》和《老子》。汉文帝、窦后以及汉景帝,都尊崇黄老之术。到了汉武帝时期,开始摒弃黄老之学,采纳董仲舒的建议,罢黜百家,独尊儒术,儒学开始成为官方的意识形态和统治思想,"经"的地位大大提高了。训解和阐述六经及儒家经典的学问,称为"经学",是学术文化领域中压倒一切的学问,成为汉以后历代的官学。"六经"是指《诗》、《书》、《礼》、《易》、《春秋》、《乐经》六部儒家经典的简称。对经典的解释就形成了经学,包括古文经学和今文经学。

1. 董仲舒的思想

董仲舒(公元前179年—公元前104年),西汉时期著名的唯心主义哲学家和今文经学大师。汉景帝时任博士,讲授《公羊春秋》。公元前134年,汉武帝下诏征求治国方略。儒生董仲舒在著名的《举贤良对策》中系统地提出了"天人感应"、"大一统"学说和"罢黜百家,独尊儒术"的主张,用儒家思想统一天下。汉武帝采纳了董仲舒的建议,儒学开始成为官方哲学,并延续至今成为中国主流哲学。

"天"在董仲舒哲学体系中是最高的哲学概念,主要指神灵之天,是有意志、知觉,能主宰人世命运的人格神,不仅创造了万物,也创造了人,由此提出了天人感应学说。董仲舒把道德属性赋予天，使其神秘化、伦理化。因此，他认为天是有意志的，和人一样"有喜怒之气，哀乐之心"。天生万物是有目的的。天意要大一统的，汉王朝的皇帝是受命于天来进行统治的，所以叫天子。各封国的王侯又受命于皇帝，大臣受命于国君。在家庭关系上，儿子受命于父亲，妻子受命于丈夫，这一层层的统治关系，都是按照天的意志办的。

董仲舒利用阴阳五行学说来体现天的意志，用阴阳的流转，与四时相配合，推论出东南西北中的方位和金木水火土五行的关系。而且突出土居中央，为五行之主的地位，认为五行是天道的表现，并进而把这种阳尊阴卑的理论用于社会，从此而推论出"三纲五常"的道德哲学。这里所说的三纲是"君为臣纲，父为子纲，夫为妻纲"。董仲舒说："王道之三纲，可求于天"，"道之大原出于天"，"天不变，道亦不变"，从而为这种伦理秩序披上了神学的色彩。

在人性论上，董仲舒异于孟子的性善论，也不同于荀子的性恶论，而是主张性三品说。董仲舒把人性分为上、中、下三等，即圣人之性、中民之性和斗筲之性。圣人之性是天生的善，斗筲之性是天生的恶，都是不可改变的，因此，也可以不叫作性。只有中民之性，可以经过教化成为善性，可以叫作性。他认为人性虽包含了善的素质，但不经过教化还不能成为善。要达到性善，必须经过圣王的教育，而担当教育者的责任的就是封建统治者。圣王的任务就是奉天命教化百姓，使百姓成为善良的人。

2. 王充的思想

王充（公元27年—公元104年），字仲任，会稽上虞人，是东汉时期杰出的思想家，也是古代著名的唯物主义思想家。王充擅长辩论，并且具有批判精神。在东汉前期谶纬神学猖獗的年代里，他以"重效验"、"疾虚妄"的求实精神，对"天人感应"、谶纬神学等迷信思想进行了尖锐的揭露和抨击。在哲学上，他提出了以"天道无为自然"为基本特征的一系列唯物主义的观点，对后世产生了很大的影响。王充一生著述虽然很多，但最终流传于世的只有30卷共30余万字。王充的《论衡》一书是一部富有战斗性的唯物主义无神论著作。

（三）魏晋玄学

到了魏晋时期，玄学取代了两汉经学思潮的思想主流。玄学是指魏晋时期兴起的以老庄思想为骨架，糅合儒家思想学说以代替烦琐的两汉经学的一种哲学思潮。"玄"这一概念，最早见于《老子》："玄之又玄，众妙之门。"玄是探索万物根源、本体等层次的观念，玄就是总天地万物的一般规律"道"，它体现了万物无穷奥妙的变化作用。玄学即研究幽深玄远问题的学说。魏晋人注重《老子》、《庄子》和《易经》，称之为"三玄"。魏晋玄学的主要代表人物有何晏、王弼、裴頠、阮籍、嵇康、向秀、郭象等。魏晋玄学的产生有其深刻的社会背景和思想文化背景。简言之，它是在汉代儒学衰落的基础上，为弥补儒学之不足而产生的，是由汉代道家思想、黄老之学演变发展而来的，是汉末魏初的"清谈"直接演化的产物，故通常也称之为"魏晋玄学"。

1. 王弼的思想

王弼（公元226年—公元249年），字辅嗣，魏国山阳（今河南焦作）人，三国魏玄学家。曾任尚书郎，少年即享高名，好谈儒道，辞才逸辩，与何晏、夏侯玄等同开玄学清谈之风。著作有《周易注》、《周易略例》、《老子注》、《老子指略》。

在王弼看来，任何具体的东西（有），都不能作为另外一个具体东西的本体，更不能是整个宇宙的本体。万有的本体只能是无形无象的"无"。王弼所讲的"无"并不是空无，而是宇宙万物的本体，"万物皆由道而生"。他"贵无"而"贱有"，并从本末、体用、动静、一多等关系上来论证"以无为本"，所以他的思想主张叫作"贵无论"。

2. 裴頠的思想

裴頠（公元267年—公元300年），字逸民，西晋时闻喜人。其父裴秀是西晋王朝的开国功臣之一，他本人做过国子祭酒、尚书仆射等官，后死于"八王之乱"。政治上他主张举贤任能，选拔优秀的寒门知识分子做官，反对只重门第、不问才德的社会风习。他对一班清谈家"口谈浮虚，不遵礼法"的习气很是不满，他的主要著作是《崇有论》。

与何晏、王弼"崇无"思想相对立的是裴頠的"崇有"思想。裴頠的《崇有论》一书，"文辞精富，为世名论"，对玄学进行了系统的批判。他认为崇尚虚无、强调"无为"是没有什么益处的。他认为万有的整体是最根本的"道"，万有不是由"无"产生的，而是"自生"的。离开万有就没有独立自存的道，道和万有的关系是全体和部分的关系。他还认为万物生化有其规律。从"崇有论"出发，他重视现实存在的事物，不满轻视事功的放达风气，力图论证封建等级制的合理性。

3. 郭象的思想

郭象（公元252年—公元312年），字子玄，河南洛阳人。西晋名士，玄学家。官至黄门侍郎、太傅主簿。好老庄，善清谈，形成"独化论"学说，郭象的主要著作是《庄子注》。

郭象"独化论"的中心理论是，天地间一切事物都是独自生成变化的，独化于玄冥之境，万物没有一个统一的根源或共同的本原。他以此论证封建社会的等级制度的合理性，认为社会中有各种各样的事，人生来就有各种各样的能力。有哪样能力的人就做哪一种事业，这样的安排既出乎自然，也合乎人的本性。

（四）隋唐道教与佛教哲学

隋唐时期是我国封建社会的鼎盛时期，这一时期统治阶级虽以儒学为正统，但又大力提倡佛、道二教。道教、佛教广为流行，尤其以心性问题为核心的佛教更达到了其鼎盛阶段，从而形成了儒、道、佛三教鼎立和相互抗衡的思想文化格局。以儒治国，以道治身，以佛治心，三者相互对立，相互批判又相互吸收，对中国文化产生了深远的影响。

1. 隋唐道教哲学

道教是中国土生土长的宗教。距今已有1800余年的历史。道教正式创立于东汉末年，开始主要在受苦受难的民众中流行，其创立的标志是太平道（东汉张角创立）和五斗米道（东汉张道陵创立）的出现。太平道发动了东汉末年的黄巾军大起义。黄巾起义失败后，太平道遭到镇压，但道教作为一种宗教，在江南江北广大地区仍然继续流传，在上层社会中也拥有不少信徒。它的教义与中华本土文化紧密相连，深深扎根于中华沃土之中，具有鲜明的中国特色，并对中华文化的各个层面产生了深远影响。

两晋南北朝时期，随着炼丹术的盛行和相关理论的深化，道教获得了很大发展。同时道教也吸取了当时风行的玄学，丰富了自己的理论。经过葛洪、寇谦之、陆修静、陶洪景等人努力和改革，道教逐渐完备并盛行起来，逐渐成为与佛教并列的中国正统宗教之一。隋朝时隋文帝杨坚已经非常重视道教。到了唐代，唐高祖李渊认老子李耳为祖先，道教被视为国教，道教和道教经典在唐代也受到了前所未有的重视。唐朝时大批知识分子精英加入了道教的行列，丰富发展了道教理论。

在文化传统上，道教承传了华夏古代的传统礼乐文明；在这一理论上，道教直接吸收并发展了春秋战国时期老子、庄子的道家思想；在实践上，道教继承了先秦时期术士的修炼经验和成果。因以"道"为最高信仰，认为"道"是化生宇宙万物的本原，故名道教。道教徒尊称创立者之一张道陵为天师，因而又叫"天师道"，后又分化为许多派别。道教奉老子为教祖，尊称他为"太上老君"，并以《道德经》（即《老子》）、《正一经》和《太平洞经》为主要经典，奉三清为最高的神，追求修炼成为神仙。

2. 隋唐佛教哲学

据中国文献记载，佛教于公元一世纪时传入中国，相传公元67年（东汉明帝永平十年），开始有汉译本佛经的出现。佛教传入中国后，与中国的传统文化发生碰撞，双方经过一段时间的磨合，至东晋以后，佛教开始融入中华文化之中，逐渐形成儒、释、道三家合流的局面。到隋唐时期，发展成具有中国文化特征的中国佛教（或称汉化佛教），并且形成八大宗派：天台宗、三论宗、法相宗（唯识宗）、律宗、华严宗、净土宗、禅宗、密宗。其中，禅宗是中国佛教诸宗派中影响最大、流传最广的一派。由于它以禅来概括其全部教理和修行实践，故名。传说其创始人为菩提达摩，下传慧可、僧璨、道信，至五祖弘忍下分为南宗慧能，北宗神秀，时称"南能北秀"。六祖慧能以心净自悟为立论的哲学基础，独创见性成佛的顿悟说。

3. 隋唐儒佛之争

唐代始终存在儒佛之争。佛教为了维护自己的神学体系，曾编造了一个由历代祖师一脉相承的传授体系，称为"法统"。唐代中期，韩愈为了对抗佛教，著《原道》，提出了儒家道统说，谓尧、舜、禹、汤、文、武、周公、孔、孟依次相传，孟子之后，道统中断，结果使佛老学说统治了人们的头脑。韩愈以继承孟子自居，认为自己的历史使命就是恢复和发扬儒家的"道统"。所谓"道"，即仁义道德。韩愈认为，只有儒家"道统"才是正统，是封建社会唯一合法的思想。他批判佛老的"清净寂灭"之道，反对佛老"子焉而不父其父，臣焉而不君其君"，主要锋芒指向佛教，把"先王之教"同"夷狄之教"对立起来，以激发民族的意识与感情。他不能容忍"举夷狄之法，而加之先王之教之上"。韩愈在佛老盛行的时期举起复兴儒学的旗帜，对于以后思想的发展有重要影响。

（五）宋明理学

所谓宋明理学（或称道学），亦称义理之学，是宋元明时期（包括元及清）占主导地位的儒家思想学说的通称。"理学"一词，早在宋代就被用来概括当时的儒学。宋代，儒家大量吸收了佛、道两教思想，确立起来以"理"或"天理"为核心的观念体系，被称为"理学"。广义的理学，泛指以讨论天道问题为中心的整个哲学思潮，包括各种不同的学派；狭义的理学，专指程颢、程颐、朱熹为代表的，以"理"为最高范畴的学说，称为"程朱理学"。程朱理学在封建社会后期长期占据主导地位，成为封建统治者的主流思想。理学是北宋政治、社会、经济发展的理论表现，是中国古代哲学长期发展的结果，是批判佛、道学说的产物。

1. 程朱理学

1）程颢、程颐（合称"二程"）。程颢（1032—1085年）与其弟程颐（1033—1107年）同为宋代"理学"的主要奠基者，世称"二程"。"二程"以理学家周敦颐为师，他们的思想发展和其他理学家一样，受到佛、道学说的一定影响，再加到儒学。因"二程"兄弟长期讲学于洛阳，故世称其学说学为"洛学"。"二程"学说的出现，标志着宋代"理学"思想体系的正式形成。"二程"的学说后来为朱熹所继承和发展，世称程朱理学。"二程"在哲学上建立了以"天理"为核心的唯心主义理学体系。他们把"理"或"天理"视作哲学的最高范畴，认为理无所不在，不生不灭，不仅是世界的本原，也是社会生活的最高准则，主张先理而后物。他们认为阳阴二气和五行只是"理"或"天理"创生万物的材料。而且人类社会的等级制度及与之相适应的社会道德规范，也都是"天理"在人间社会的具体表现形态。在人性论上，二程主张"去人欲，存天理"，并深入阐释了这一观点使之更加系统化。在认识论上，二程提出"格物致知"的认识论。

2）朱熹。朱熹（1130—1200年）为宋明理学的集大成者，南宋著名的思想家和教育家。他在历代儒者中的地位及实际影响仅次于孔子和孟子。朱熹的著作堪称浩瀚，是中国历史上著作最多的思想家之一。朱熹继承和发展了"二程"的理学思想，广泛吸收了周敦颐、张载、邵雍等北宋理学家的思想养分，建构起了一套规模庞杂而又缜密精致的理学思想体系。

在宇宙观上，朱熹认为，宇宙万物都是由"理"和"气"两方面构成的，气是构成一切事物的材料，理是事物的本质和规律；在现实世界中，理、气不能分离，但从本原上说，理先于气而存在，这是客观唯心主义的观点。在人性论上，他提出了"道心"、"人心"的范畴，认为道心即"天理"，恶的人心就是"人欲"，所以他主张"存天理，灭人欲"。在认识论上，他用《大学》中"致知格物"的命题，探讨认识论的有关问题。在知行观上，朱熹提出了"知先行后"的观点。

2. 陆王心学

心学又称"良知之学"，是理学的一个流派。心学，作为儒学的一门学派，最早可推溯自孟子，南宋的陆九渊创立了心学，与朱熹的理学分庭抗礼。至明朝，王阳明首度提出"心学"两字，发展了陆九渊的学说，成为中国哲学史上的著名的"陆王学派"，对近代中国理学产生深远影响。它与程朱理学不同的是，陆王心学主张以人"心"为宇宙的本体（程朱理学以"道"或"理"为宇宙的本体），这一体系强调自心，主张修身养性，返身而诚。所以心学是一种主观唯心主义哲学。

3. 张王气学

1）张载。张载（1020—1077年）北宋著名哲学家，字子厚，大梁（今河南开封）人，徙家凤翔郿县（今陕西眉县）横渠镇，所以又称横渠先生，气学的创立者。张载和他的弟子多是关中人，当时张载一派的学说被人称为"关学"。其学术思想在中国思想文化发展史上占有重要地位，对以后的思想界产生了较大的影响。张载最为人所熟悉的是他的那句名言："为天地立心，为生民立命，为往圣继绝学，为万世开太平。"

张载认为，宇宙的本原是气。张载的思想充满了辩证法的思想。他认为宇宙是一个无始无终的过程，在这个过程中充满浮与沉、升与降、动与静等矛盾的对立运动。他还把事物的矛盾变化概括为"两与一"的关系。张载还提出变化的两种形式的学说。他认为，变化有两种形式，一种是显著的变化，一种是逐渐的变化，他把前者专称为变，后者专称为化。

2）王廷相。王廷相（1474—1544年），字子衡，河南仪封人，中国明代哲学家、教育家。进士出身，做过几任地方官，在京畿、四川、山东总领过学校职务，最高做过兵部尚书。他富有正义感，不畏权势，敢于批评时政，曾两次受宦官的迫害。他的主要著作有《慎言》、《雅述》和《王氏家藏集》等。

王廷相学术上宗张载"气一元"论，提出理在气中的元气本体论思想。他对程朱理学末流的空疏学风的批判和对济世实用之学的提倡，开启了明清之际理学批判思潮和实学思潮的先河。其"理在事中"的道体观、人性在教育中改造与发展的人性论、反对守静空谈学风与倡导"身体"、"实践"的重行的观点，在明清之际都得以继承并发挥，成为思想解放的精神武器。

（六）明清实学和乾嘉朴学

1. 明清实学思潮

中国实学研究有广义、狭义之分，广义之实学是指自先秦以来注重现实、经世致用的学问；而狭义之实学则是指发轫于北宋中叶、昌盛于明末清初，针对明末理学及王学末流所造成的种种积弊进行理性反思和深层批判的基础上形成的一股社会变革思潮。

中国从明朝正德年间至清代鸦片战争前夕，随着封建社会后期社会总危机的暴发和资本主义萌芽的产生，从宋明理学中分化出一股新的社会进步思潮。当时的人们自称为"实学"，我们把它叫作"明清实学思潮"。明清实学如同宋明理学一样，是儒学发展到明清时期出现的一种新的儒学形态。明清实学的主要代表人物有李贽、黄宗羲、顾炎武、王夫之、颜元、戴震、龚自珍、魏源等。明清实学的基本特征是"崇实黜虚"。所谓"崇实黜虚"，就是摒弃宋明理学的空谈心性，而在一切社会领域和文化领域提倡一个"实"字，重振儒家的经世致用的学风。王夫之作为明清之际思想家的杰出代表，担当起了总结中国古代哲学的使命。

王夫之（1619—1692年），明末清初杰出的启蒙思想家、哲学家，与方以智、顾炎武、黄宗羲同称"明末四大学者"。因晚年隐居衡阳石船山，后人称为王船山。王夫之著书极多，后人编为《船山遗书》。王夫之继承和发展了张载的气学和前人的朴素辩证法思想。

在宇宙观上，王夫之坚持并发挥了张载的气化论宇宙观。他认为，整个宇宙除了"气"，别无他物。他还力图超越具体事物的观念，对气的根本属性进行更高的抽象的哲学概括，他用"实有"这一概念来表述其客观实在性。王夫之提出"太虚本动"，认为物质世界时刻都处于自我运动之中，肯定了运动的绝对性。同时他也承认相对静止，并提出了动静互涵的辩证关系。他还进一步阐述了"变化日新"的观点，认识到了矛盾的对立关系。

在认识论上，王夫之属于唯物主义认识论。他提出了主观认识由客观对象的引发而产生，客观是第一性的，主观是客观的副本，从而坚持了反映论的基本原则。在社会历史观上，王夫之认为历史的固有规律与历史的必然趋势是相互统一的。他说的"势"，是历史发展的必然趋势和现实过程;"理",是体现于历史现实过程中的规律性。

2. 乾嘉朴学

面对汉人的反抗,清王朝强化了专制统治,在文化上实行高压控制,大兴文字狱。于是,乾嘉之世,早期启蒙思潮由主流而潜伏,专事训诂考据的经学大盛。学者们继承古文经学的训诂方法而加以条理发明,训解阐述,著作如林,形成所谓"朴学",又称"汉学"或者考据学。他们又被称为乾嘉学派。朴学注重资料的收集和证据的罗列,主张"无信不征",以汉儒经说为宗,从语言文字训诂入手,主要从事审订文献、辨别真伪、校勘谬误、注疏和诠释文字、典章制度以及考证地理沿革等等,但少有理论的阐述及发挥,也不注重文采,因而被称作"朴学"。朴学影响力一直延续至当代,在保存和传递古代文化遗产方面具有积极的意义与重要的价值。

根据各学派治学目的、取向、宗旨、对象等又可将清代朴学分为以惠栋为代表的"吴派"、以戴震为代表的"徽派"(又称"皖派")、由清初黄宗羲开创的"浙东学派",以及稍后的"扬州学派"等小的学派分支。其中,以戴震为代表的徽派的出现,是清代朴学发展的高峰。

戴震是徽州朴学的集大成者。戴震(1724—1777 年),字东原,安徽休宁人。他出身小商人家庭,自己早年也曾从事于负贩,经常靠教书维持生活。他也曾中乡举,但未考中进士。乾隆时修《四库全书》,特召为纂修官,校订天文、算学、地理书籍。他对于天文、算学、地理等自然科学都有研究,同时更针对着当时占统治地位的官方哲学提出了自己的学说。他的著作很多,后人编为《戴氏遗书》,其中主要哲学著作是《原善》、《孟子字义疏证》。他的《孟子字义疏证》一书,在批判程朱理学方面有着振聋发聩的意义。

第三节 西 方 哲 学

以古希腊哲学为起点的西方哲学,是哲学作为一门学科得以正式诞生的基本形态和主要来源。与包括中国哲学在内的东方哲学、阿拉伯哲学以及希伯来——犹太哲学等不同,西方哲学传统强调理性和批判,重视逻辑的推理和经验的证实。

西方哲学起源于公元前 6 世纪的古希腊哲学,至今走过了两千多年的漫长历程,经历了无数次重大危机和洗礼,诞生了许多在人类思想史上名垂不朽的伟大哲学家,留下了许多曾经和正在改变人类生活和命运的思想观念和理论体系。对于西方哲学发展的分段划界,不同的哲学家有不同的看法,由此形成了不同版本的西方哲学史。但从历史逻辑角度看,西方哲学的演变大致可以按照自然时间的顺序分为古代哲学(即包括从公元前 6 世纪到公元 5 世纪的古希腊哲学和罗马哲学以及基督教初期的哲学)、中世纪哲学(即从公元 5 世纪的教父哲学到 15 世纪的文艺复兴时期的哲学)、近代哲学(即从 15 世纪中叶到 19 世纪中叶,包括欧洲大陆的唯理论和英国的经验论、18 世纪的法国哲学以及德国古典哲学)和现当代哲学(即从 19 世纪下半叶到 21 世纪的当代哲学)。

从西方哲学发展的理论逻辑角度看,西方哲学也经历了几次重大转变。根据当代哲学家们较为普遍接受的看法(主要以英美哲学家为代表),西方哲学在研究重点上曾经历了三次重大转变,即古代哲学以本体论为对象、近代哲学以认识论为对象、现代哲学以语言哲学为对象。

西方哲学形成和保持的科学理性与批判精神等传统,不仅对于造就文明产生了深远的影响,而且为奠定哲学学科这一人类共有思想文化园地的基础作出了决定性的贡献。

一、西方哲学的历史逻辑

(一)作为西方文明开端的古希腊哲学

早期希腊哲学发生在公元前 6 世纪初至公元前 5 世纪中后叶希腊古典文明的前期,是全部希腊哲学的基础。它是在希腊城邦奴隶制基本确立并趋向成熟的历史背景中产生与发展的,经历了约一个半世纪的演进,包含着非常丰富的理论内容,使希腊古典文明的基本文化精神一开始就渗透了一种浓烈的科学理性精神,并显示了一种人文精神的曙光。

闲暇与求知是希腊哲学产生的必要的社会条件与动因。希腊经历了公元前 8 世纪至公元前 7 世纪的殖民运动,到公元前 6 世纪至公元前 5 世纪中叶,希腊城邦制度已基本确立,并在希波战争的胜利中得到巩固。奴隶制商品经济的发展也为已从社会自由民中分化出来的文化人士探求无功利性的哲学提供了"闲暇"的保证;而对海阔天空、日月星辰、浩瀚宇宙的自然奥秘的惊诧与探究,使一种超越了实用技术的科学思想产生出来,它促使孕育于希腊神话与宗教中的哲学思想脱胎而出,独立形成一种与科学思想融为一体又涵括全部知识的自由的学问。

早期希腊哲学的一个显著特征是哲学与科学思想融为一体,而哲学与科学思想的起源紧密关联,几乎是同步的。通常将早期希腊哲学称为早期希腊的自然科学,突出了早期希腊哲学和自然科学思想水乳交融,以及重在对自然界事物的本性的哲学探究的特征。它从神话传说中,首先注意物理世界的起源与本性,集中于对宇宙本原的研究。在此时期,最早的米利都学派,以及后来的毕泰戈拉学派、赫拉克利特学派、爱利亚学派和原子论者,一般被称为自然哲学家或宇宙论者。

最初的自然哲学家和以前的宗教家不同,他们很重视自然科学的研究,但他们毕竟处于哲学思想发展的幼年时期,他们的思想不能不打上宗教神话的烙印。他们把人和自然看成浑然一体的东西,不分主体与客体,因此,他们有些人主张"物活论"。"物活论"以为万物都是活的、有生命的,如泰利士认为一切都充满神灵,阿拉克西美尼认为气是世界的有生气的原则。

米利都学派的泰利士以物质性的"水"、阿拉克西曼德以"无定形"、阿拉克西美尼以"气"为本原,乃是从质料和性质方面研究多样性事物的统一性。毕泰戈拉学派的创始人毕泰戈拉以"数"为本原,从形式和量的方面研究多样性事物的统一性。他们的思想中都暗含着一个如何用不变的东西来解释变的东西的问题。当然,他们都没有深究这个变与不变的关系问题。赫拉克利特学派和爱利亚学派从两个正好对立的方面发挥和发展了自己对这个问题的看法。赫拉克利特强调变的方面,认为只有变才是真实的,没有永久不变的东西。他以"火"为万物的本原,就是因为在他看来"火"具有最鲜明的运动变化的性质。他关于对立统一和斗争的思想使他成为西方哲学史上的辩证法的一个重要奠基人。相反,爱利亚学派的创始人巴门尼德则强调不变的方面,认为存在的东西既不能产生也不能消灭,因为那将意味着它产生于无或变成无,而无在本性是不存在的。世界上只有"存在"(有),没有"不存在"(无),只有"一"才是真实的,"多"不过是幻象,因而只有不变才是真实的,变不过是幻象。巴门尼德明确提出了思维与存在两个范畴,对以后哲学的发展具有重大意义。

公元前5世纪,古希腊哲学的兴趣由研究自然转移到研究人,智者的主要代表普罗泰戈拉、高尔吉亚就是这样。在他们看来,自然哲学时期的各派学说都失之独断,他们一般不相信有真正的存在和客观的真理。普罗泰戈拉有句名言:"人是万物的尺度。"他认为一切都同样的真,是非善恶都是相对于人的感觉而言的,他的思想是相对主义的。高尔吉亚认为一切都同样的假,他的思想是怀疑论。苏格拉底和智者一样,也是研究人的哲学家,他同样轻视对自然的研究,同样反对未经批评的独断,但他与智者相反,主张有客观真理,主张认识是可能的。在他看来,真理不在个人,而在人类一般;不在感觉,而在思维。他认为真正的知识就是从具体的道德行为中寻求道德的普遍定义,而寻求定义的方法就是论辩诘难。他的论辩诘难的方法是辩证法的最早来源。

公元前4世纪,古希腊哲学进入系统化时期,代表人物为柏拉图和亚里士多德。他们总结了以前各派的哲学思想,创立了自己的哲学系统。柏拉图的"理念论"是典型的客观唯心主义。柏拉图认为"理念在感官事物之外"。"普遍在个别之外",这使他在本体论上初步具有分裂思维与存在、主体与客体、普遍与个别的思想成分。

亚里士多德的思想主要来源于柏拉图的客观唯心主义,因此,他重视理念(他称之为"形式"),但他又注重经验事实。亚里士多德把这两个方面结合为一,创立了庞大的哲学体系。他认为理念或他所说的"形式"不能离开感官事物而独存,普遍不能离开个别而独存。亚里士多德要在理念和感官事物、普遍与个别之间建立起联系,而这种联系的关键在他看来就是有目的的发展,发展就是由潜能到现实。亚里士多德的这个思想使辩证法特别是一与多的辩证关系在西方哲学史上第一次得到了系统化。

亚里士多德死后约八百年的期间,希腊文化逐渐与罗马文化相结合,纯粹的希腊哲学渐成过去。这八百年的前期,主要哲学流派有伊壁鸠鲁学派、斯多葛学派和以皮浪为代表的怀疑论。除伊壁鸠鲁继承和发展了德谟克利特的原子唯物主义外,他们都集中于伦理问题的讨论。这个时期中他们对于某些具体科学的兴趣也出自伦理行为的需要。伊壁鸠鲁学派和斯多葛学派的伦理思想以小苏格拉底派为其前驱,怀疑论则源于智者的思想。三派关于伦理问题的争论产生西塞罗的折中主义。大约从公元前100年起,罗马哲学的兴趣由伦理转向了宗教,新毕泰戈拉派和新柏拉图派都是带有浓厚宗教色彩的哲学派系,而以奥古斯丁为代表的"教父学"则更是一种十足的宗教哲学。

古希腊哲学是西方哲学史的诞生地,西方哲学史上各式各样的思想学说都可以在古希腊哲学中找到自己的起源和萌芽。随着西方哲学史的发展,古希腊哲学所阐发的各种思想又都有了新的发展和新的特点。

(二)中世纪哲学

在中世纪的封建社会时期,天主教会是最大的封建统治者,教会支配了中世纪的世俗权力和精神生活。哲学成了神学的婢女,它不过是使信仰有可能得到理性解释的工具。中世纪的科学也和哲学一样屈服于宗教的支配之下。中世纪人们所注意的重心不是世俗生活而是脱离世俗的天国。中世纪的主要哲学问题是神与人、天国与世俗的关系问题。

中世纪哲学主要是古希腊罗马哲学特别是柏拉图哲学、亚里士多德哲学和新柏拉图主义同基督教合流的产物，而在各个发展阶段中，这些成分所占的比重又各不相同。

以奥古斯丁（353—430年）为代表的教父哲学在时间上属于古代，但就其思想意识形态来说，则属于中世纪，它是基督教哲学的最初形态。奥古斯丁运用新柏拉图主义论证基督教教义，确立了基督教哲学。他最先提出"信仰第一，然后理解"的原则，为中世纪经院哲学奠定了基础。奥古斯丁以后的中世纪哲学分为三个时期。

5—1世纪初是中世纪哲学的早期。这时，人们对于古代哲学除亚里士多德的逻辑学片断和新柏拉图主义外，所知甚少。在这个时期的哲学中，新柏拉图主义比基督教的成分更占优势，主要代表人物有波爱修和爱留根纳。

11—14世纪初是中世纪哲学的第二期，即经院哲学的全盛期。在此期间，基督教势力强大，同时，亚里士多德的哲学和著作经阿拉伯哲学家的媒介在西欧广泛传播。这样，经院哲学就成了基督教思想占主导地位的哲学，而且不仅有了柏拉图哲学和新柏拉图主义的因素，还添加了亚里士多德哲学的因素，这后一种因素的影响在这一时期中逐步增长。经院哲学的特征是奉基督教教义为无上权威，但要用理性去加以解释，解释的方法又极其烦琐抽象。

经院哲学集中于唯名论与实在论之争，这是由古希腊哲学中柏拉图与亚里士多德关于重普遍概念与重个别事物的思想分歧发展而来的。实在论以安瑟尔谟（1033—1109年）为代表，此派受柏拉图理念论的影响，主张只有普遍是实在的，普遍先于个别而独存；唯名论以罗瑟林（1050—1112年）为代表，此学派受亚里士多德以个别事物为第一实体的思想影响，主张只有个别的东西有实在性，个别先于普遍，普遍不过是名称。实在论适合于所谓普遍的教会实在而个别的教会是从属的，基督教的普遍教义实在而个别人的信仰是从属的，原罪实在而个别人的罪恶是从属的，天堂实在而世俗是影子，圣餐仪式中的面包和酒是基督教的肉和血而非象征性等说教。唯名论则反是。因此，正统的教会人士都崇奉实在论而轻视唯名论。12—13世纪，唯名论已不盛行，与唯名论有联系的亚里士多德哲学也几乎成了异端，正统派的权威是实在论者、柏拉图主义者和新柏拉图主义者。

不过，由于新柏拉图主义者的泛神论思想与正统的基督教教义相抵触，教会早已视之为异端，加上到了13世纪，亚里士多德的著作大量从阿拉伯文以至希腊原文译成拉丁文，亚里士多德哲学的影响大为增长，教会逐渐转而利用亚里士多德哲学中与教义相合的方面。于是被基督教教义改造过的亚里士多德哲学成了官方哲学。托马斯·阿奎那是这种官方哲学的最高权威。他明确主张哲学服务于神学，反对阿拉伯先进哲学家提出的"二重真理"说；托马斯·阿奎那他区分理性和信仰，但又力图调和二者；托马斯·阿奎那他认为启示高于理性，哲学是以理性解释上帝，不能与宗教信仰相矛盾。关于普遍与个别的问题，托马斯·阿奎那采取温和的实在论的立场。

14世纪初—15世纪中叶是中世纪哲学的末期。由于罗马教会的衰微、自然科学的发展，加之亚里士多德哲学中重经验事实的本来面目逐步被认识，人们厌弃教会曲解了亚里士多德，于是正统的经院哲学日趋没落，哲学愈益脱离神学。在这个时期以前，12世纪的阿拉伯著名哲学家伊本·鲁士德已提出了反对正统经院哲学的思想。他崇敬亚里士多德，甚至具有比亚里士多德更多的唯物主义思想，他提倡"二重真理"说，否认真主干预世界，主张自然事物受因果必然性支配。13世纪，伊本·鲁士德的学说盛行，形成了所谓"阿维洛伊主义"的思潮，其最有影响力的代表人物是在巴黎大学任教的西格尔。此外，在这个时期中，唯名论和渊源于新柏拉图主义的神秘主义异端思想也重新盛行,个人自由的思想抬头。这个时期的唯名论代表人物是罗吉尔·培根、邓斯·司各脱、威廉·奥康,神秘主义的代表人物是艾克哈特。

由于资本主义生产方式的形成以及自然科学的新发现和新发明,也由于中世纪哲学内部的原因(如经院哲学脱离实际的烦琐的推演方法,理性与信仰之逐渐分离,唯名论之重视个别,神秘主义之主张个人直接与上帝相通等),经院哲学便日趋崩溃,西方哲学史由中世纪哲学转入了近代哲学。

(三)近代哲学

近代哲学亦分为三个时期。

1. 15—16世纪"文艺复兴"时期的第一期

15—16世纪"文艺复兴"时期是由中世纪到近代的过渡期,是一个自我觉醒的时代,人们的思想从空幻的彼岸世界回到了现实的此岸,从清净的僧院走到了纷扰的尘世,从而发现了自然,也发现了人自身。追求知识,渴望个人自由,要求个性解放,反对教会的桎梏,要求发挥人的主体性,这就是当时人们的一般精神面貌。自然和人成了当时思想界所研究的中心课题,就是在这一研究的过程中,形成了人文主义和自然哲学两股互相联系而又有一定区别的思潮。

人文主义主张以人为中心,一切为了人的利益,是以资产阶级人道主义为核心的反封建、反神学的新文化运动,表现为对古代文化和各种哲学流派的研究和利用。人文主义的主要代表有柏拉图派的普莱索、贝沙里杨、费奇诺和亚里士多德派的彭波那齐等。

自然哲学的代表人物主要有库萨的尼古拉、特勒肖和布鲁诺。这些自然哲学家在15世纪下半叶开始兴起的近代自然科学的基础上,用自己的唯物主义反对经院哲学的唯心主义,用经验观察的科学方法反对经院哲学的推演方法,用辩证的思想反对经院哲学的形而上学方法。不过,近代自然科学的发展毕竟还刚刚开始,对自然的研究往往与魔术、炼金术、占星术纠缠在一起,新科学尚未完全获得独立的地位。因此,与这种自然科学状况相适应的自然哲学,还有不少想象和虚构的成分。

值得注意的是,自然哲学家尼古拉和布鲁诺从认识论的角度探讨了如何把握对立统一的途径问题。尼古拉从当时自然科学的材料出发,在近代哲学史上第一次提出了对立面一致的原理。他把多样性的统一归结为对立面的统一,认为只有对立的统一才是最高的真理。他还明确主张,要把握对立面的一致,需要经过相辅相成的三个阶段,即"感性"、"知性"和"理性"。

2. 17—18世纪末是近代哲学的第二期

这个时期,资本主义进一步发展,自然科学出现了分门别类的研究,现实世界成了可以由人类把握的对象或客体,哲学的兴趣集中于主体与客体的关系特别是二者的统一上,主体性原则成了近代哲学的主导原则。真正的近代哲学是从17世纪开始的。自"文艺复兴"和宗教改革以后,近代自然科学日益脱离神学而繁荣昌盛。公元1600年前后的一百年间,出现了哥白尼、开普勒、伽利略等许多科学上的伟人,17世纪是近代自然科学取得辉煌成就的世纪。

这时，科学的标准不再像过渡时期那样往往是古代的柏拉图、亚里士多德或基督教的教义，而是自然本身；科学的方法也不再像过渡时期那样掺杂很多神秘的巫术，而是以观察和实验为基础的归纳法和数学的演绎法。与此相适应，在哲学上，从前被认为是由神灵统治的世界，现在则被认为是由因果必然性支配的世界。机械的宇宙观一时占了统治的地位，这种情况一直延续到18世纪下半叶的康德时代。

近代科学的方法肇始于伽利略，他同时也为近代哲学提供了研究的方法。伽利略的方法的特点是，以观察和实验为基础，进行归纳和数学的演绎。他与同时期的法兰西斯·培根都很重视归纳法，但培根轻视演绎法，而伽利略则归纳法与演绎法同时并举。归纳法与数学演绎法两种科学方法上的分歧，在哲学认识论上表现为经验论与唯理论之争。经验论认为哲学的研究方法只是以实验、观察为基础的归纳法，知识只限于感官经验中的东西。经验论者都轻视或否认超经验的玄学问题。唯理论则依据数学演绎法，认为思维独立于感官经验，思维可以把握超经验的东西。唯理论者注重玄学问题的研究。经验论者和唯理论者从两个相反的角度去求得思维与存在、主体与客体的统一。经验论者重感觉中个别的东西，重多样性，其思想源于中世纪的唯名论；唯理论者重思想中普遍的概念，重统一性，其思想源于中世纪的实在论。经验论的代表人物是培根、霍布士、洛克、巴克莱和休谟，唯理论的代表人物是笛卡儿、斯宾诺莎、莱布尼茨和沃尔夫。

17—18世纪的经验论与唯理论的争论包含了唯物主义与唯心主义、无神论与宗教的斗争，但只是到18世纪的法国哲学，才出现公开的唯物主义与无神论，如拉美特利公然宣布唯物主义是唯一的真理，狄德罗至死还拒绝承认有上帝。法国哲学不是一些纯粹理论性的东西，而是同政治伦理思想紧密结合在一起的，这也是它的特点之一。18世纪法国哲学的主要代表人物有伏尔泰、孟德斯鸠、卢梭和百科全书派的唯物主义哲学家拉美特利、爱尔维修、狄德罗、霍尔巴赫。百科全书派的唯物主义是当时法国哲学的最高成就，其思想来源一是笛卡儿的唯物主义思想成分，一是洛克的唯物主义的经验论。

3. 从18世纪末的康德哲学起，近代哲学进入第三期

18世纪末法国大革命时代的历史辩证法和18世纪末到19世纪上半叶自然科学在各方面的成就，促使西方近代哲学发展到了自己的最高阶段。上一个时期中盛行的伽利略的数学方法和牛顿的形而上学方法被代之以发展、进化的观点。这个时期的德国唯心主义哲学家们在不同程度上，以不同方式，运用辩证法总结了前人的思想特别是唯理论与经验论之争，创立了以康德、费希特、谢林、黑格尔为代表的德国古典唯心主义。他们看到，自文艺复兴以后，人权固然从神权束缚中解放了出来，但17世纪和18世纪机械论的宇宙观，又把人的精神和主体性束缚于自然界因果必然性的支配之下，个人的自由意志被抹杀了，存在与思维、主体与客体仍没有得到统一。康德、费希特、谢林、黑格尔置身学院，在抽象的哲学范围内，站在唯心主义立场上，起而再一次为维护人类精神的能动性、独立自主性、主体性而斗争。他们给哲学规定的任务是，在思维第一性的基础上，力求使存在与思维、主体与客体统一起来。他们一致认为，世界的本质是精神性的，精神、自我、主体在他们的哲学中都占中心地位，所不同者只是这种精神性的东西被把握的程度如何，以及如何加以规定和说明。他们都承认哲学所追求的最高真理是多样性的统一或对立面的统一，统一性更根本，所不同者只是这种最高统一体能否由思想认识来把握，以及对这种统一体作何理解。他们都认为唯理论与经验

论各有片面性，企图在肯定思想概念更根本的基础上把感性认识和理性认识结合起来，所不同者只是结合的方式与程度如何。

（四）现当代哲学

从19世纪中叶起，西方哲学进入了现当代哲学的发展时期。19世纪中叶，欧洲资本主义进一步发展，大工业生产更加促进了自然科学和物质文明的巨大发展。面对社会上新的矛盾和自然科学上新的发现，人们迫切需要新的理论解释和新的哲学概括。到了19世纪40年代，德国古典哲学已失去光辉，黑格尔学派也已经解体。但是黑格尔以后的各种哲学派别都同黑格尔哲学乃至整个德国古典哲学有着千丝万缕的关系。马克思和恩格斯批判吸取了黑格尔辩证法的合理思想和费尔巴哈的唯物论基本思想，在以往哲学成果的基础上创立了辩证唯物论和历史唯物论。在马克思主义哲学形成和发展的同时，西方资本主义国家也逐渐产生了其他各种哲学派别，它们或则发展了黑格尔哲学，或则批判甚至反对黑格尔哲学（我们把这些流派姑称为"现当代西方哲学"）。19世纪40年代到19世纪末出现了唯意志论、生命哲学、实证主义、马赫主义、新康德主义、新黑格尔主义等哲学流派。19世纪末到第二次世界大战期间，西方流行的主要哲学流派有新实在论、实用主义、人格主义、逻辑原子论、逻辑实证主义、现象学和存在主义。第二次世界大战以后，英美国家流行的主要是分析哲学的各支派，如逻辑实证主义、逻辑实用主义、历史社会学派、日常语言哲学，以及科学哲学等；而在欧洲大陆国家流行的主要有现象学、存在主义、新托马斯主义、解释学、结构主义、后现代主义等。

西方现当代哲学虽然派别林立，但大体上可分为科学主义和人文主义两大思潮。科学主义关注科学，用科学方法和科学精神研究哲学，甚至把科学作为专门研究对象，主要有实证主义、马赫主义、分析哲学、科学哲学等流派；人文主义思潮关注人的问题，主要有唯意志论、生命哲学、现象学、存在主义、解释学等流派。

一直到20世纪70年代，分析哲学几乎统治了英美哲学界近半个世纪，但在欧洲大陆却相对来讲没有什么大的影响，形而上学的和思辨的传统在那里仍然有强大的影响力。20世纪50年代和60年代，人们对形而上的和思辨的哲学兴趣，特别是对现象学的兴趣逐渐威胁着英美的分析哲学。欧洲大陆哲学主要是现象学和存在主义以及后现代主义，但它们之间的区分并不很严格，往往是重叠的。

二、西方哲学的理论逻辑

西方哲学在其演进历程的每个时期或每个重要时代里都经历了一次转变。西方哲学共经历了三次大转向：古代实践哲学的兴起、近代知识学的繁盛和现代语言哲学的出场。它们实质上就是哲学对其对象或范围的三次深入的自我开掘，就是哲学的中心区域和重点论题的三次转移。这三次大转向给予我们的有关哲学对象的启示主要有：①哲学对象不是一成不变的，而是随着哲学的演进而变迁的；②哲学必须每隔一段时间便开辟和开发新领域，只有如此才能不断地向前发展。

（一）古代哲学的存在论思考

西方古代哲学的主要内容是关于形而上学的思考，因此，关注本体论问题或存在论问题是古代哲学的主要特征。所谓本体论哲学，是指由古希腊哲学家柏拉图、亚里士多德确立起来，并贯穿于整个传统西方哲学的最主要的哲学形态。它以"实体"为核心，通过一系列抽象范畴的逻辑演绎所形成的用以解释存在何以在的"纯粹原理体系"超验性和实体性是其基本特征。

西方哲学家把古代哲学的主要特征归结为对"本体论"或"存在论"的研究，这揭示了西方哲学发展初期非常自然的思维生长点。在古希腊人眼中，整个自然是浑然一体、变动不居的难以把握的对象。哲学家们最初的思路是，试图通过对某种或某些具体事物的认识来把握纷繁复杂的万物，这样的事物是具体的、可观察的。虽然也有哲学以抽象的哲学概念作为万物的始基，但所有被看作始基的东西都是有形的或实体性的。在古代哲学家看来，作为始基的东西不可能是无形的、虚无缥缈的，否则这个世界就是不可靠的、不真实的。所以，在古希腊哲学中，"实体"的观念具有重要地位，并最终形成了西方哲学史上一种强大的"实体化"传统，哲学家们也总是力图从一切事物现象中寻找某种被称为隐藏在背后的实体。

在对人的理解上，整个本体论哲学都是通过将人的生存分裂为物性方面的肉体和精神性方面的灵魂的方式展开的，实际上也就是用一般物的规定性来抽象地看待人。古希腊哲学脱胎于原始的宗教神话。原始宗教神话是人的主体生命活动的一种特殊形式，是原始人类被迫选择的一种生存方式，即原始人类试图认识自然、控制自然，以求得生存和自我保护的一种手段。宗教神话是早期人类为了生存而寻找到的一种理性根据，即哲学上的"始基"。原始宗教神话是早期人类社会历史发展的意识反映。创世神话和人类起源神话是原始神话中最普遍的主题，宗教神话也是人们寻求精神慰藉的产物。"通过宗教神话来肯定和阐释人的生存的有限性，这确实显示了人类文化的某种智慧。"我们不难看到，迄今为止，宗教神学仍然是人们特别是西方人理解生活的一种基本方式。

以苏格拉底哲学为界，希腊罗马哲学发生了一次巨大的转向。这次转向可以在智者派最重要代表人物普罗泰戈拉那里找到其萌芽，他所提出的"人是万物的尺度"之命题预示着希腊哲学开始意识到人本身和属人事物在哲学范围中的重要性。不过，正如苏格拉底所说，智者派哲学家们关注的主要还是自然或宇宙中的问题而非人生和社会中的问题。真正开始全面系统地"认识你自己"的第一位哲人是苏格拉底，他所实现的转向是西方哲学的第一次大转向。这次大转向可以被称为从以形上学（存在论或本体论）和自然哲学（狭义宇宙论）为中心向伦理学、政治哲学与形上学、自然哲学并重转变，简称伦理学转向。考虑到形上学和自然哲学属于亚里士多德所谓的理论哲学，而伦理学和政治哲学属于他所谓的实践哲学，这次转向也可以被称为从以理论哲学为中心向理论哲学与实践哲学并重转变。前苏格拉底哲学显然是以形上学和自然哲学为中心的。在前苏格拉底各家各派那里，绝大部分思想属于形上学和自然哲学，最著名的观念或学说也属于形上学和自然哲学。他们中仅有小部分人零散地思考过若干伦理问题和政治哲学问题，其他人则似乎从未曾把实践哲学问题纳入其哲学探究中（至少从其现存著作残篇来看如此）。

苏格拉底的哲学兴趣与以往希腊哲学家们的不同据其弟子记述，他对形上学和自然哲学方面的问题缺乏兴趣，他关注的是伦理学和政治哲学方面的问题。用他本人的话语来说，他关注的不是"天上的事物"而是"人间的事物"。他还对同时代的智者派哲学家们把主要精力放在"天上的事物"上表示不满。他所说的"天上的事物"是指宇宙的本原是什么，它是单一的还是复多的、是运动的还是静止的，天体形成的原因是什么，以及它们的运行是否遵循规律、遵循什么规律等有关自然或宇宙的问题。而他所说的"人间的事物"是指做什么事是虔敬的或不虔敬的、适当的或不当的、合理的或不合理的、正义的或不义的,什么是勇敢和怯懦、坚毅和脆弱,什么是国家和政府,英明的统治者应具什么品格,优秀的政治家应有什么风度等有关人生和政治的问题。在苏格拉底的哲学思想中,形上学和自然哲学方面没有任何观念和学说值得注意,因为其值得注意的观念和学说几乎全都属于伦理学和政治哲学。亚里士多德在追溯希腊哲学史时谈到了苏格拉底的这一特点:"苏格拉底忙于探讨伦理,而不关心整个自然,在寻求普遍的伦理真理时,他开始借助定义明确思想。"据色诺芬记述,苏格拉底之所以对形上学和自然哲学方面的问题不感兴趣,主要是因为他认为这类问题既不切实际又纷争无定。

自苏格拉底以来,实践哲学尤其是伦理学在希腊罗马哲学中取得了与理论哲学同等重要的地位,在某些哲学家那里甚至占有超出理论哲学的至上地位。这个时期哲学家们所关注的主要伦理论题有德性、幸福、德福关系、正义、人生态度、人生理想等。他们大都认为:人应当重视德性的修养;道德修养的目的是人性的完善和人生的幸福;真正的幸福不是感官享乐而是精神愉悦;道德与幸福是一致的;正义要求每个人得其所应得;人应当节制欲望和控制激情;人在世上应当追求高尚的人生境界。在他们的伦理思想中,我们可以发现朴素的人道主义、内涵不同的温和个体主义、程度不等的节制主义、样式不一的精神至上主义等普遍倾向。这些哲学家所关注的主要政治哲学论题有国家的起源、本质、目的、功能,政体的类型及其理想,阶级或阶层的划分及其间关系,政治家的素质和品格等。他们大都认为:国家是民众出于某一或某些意图而结成的;国家以保护民众的共同利益为己任;政体可以分为君主制、贵族制和民主制三类(其中每一类都有其变种);国家成员可以被分为多个阶级或阶层;不同阶级或阶层的人享有不同的政治权利乃至拥有不同的人格地位;政治家应当是明智的和公正的。在他们的政治哲学思想中,我们可以发现目的不同的民本主义、强度不等的等级观念、立场不一的精英意识等共同特征。

西方哲学在希腊文明中期发生第一次大转向的原因是复杂多样的。这次大转向的现实基础是希腊人的社会实践活动已发展到较高程度;其理论基础是早期希腊诗人和哲人们对道德问题和政治问题的探究已积累了较长时间;其社会动力是文明趋近成熟的希腊人希望有系统的哲学理论指导其社会实践;其学术动力是发展到较高水平的哲学必然向哲学家们提出深入系统地认识人本身(人生事务)的要求。

(二)近代哲学的认识论形态

在古希腊哲学发展的后期,人们已经有了自我意识的萌芽。随着理性思维的深入,人们得以对本质和现象、感性和理性进行区分,从而使内含于古希腊早期哲学中的原则得到了理性的提升和彰显。这不仅最终使哲学作为专门的学科确定下来,而且在思维与存在的必然关联中,使人对自己的认识逐渐深化,萌发了以人的理性反思为理论旨趣的主体性哲学倾向。正是在这样一个理论前提下,近代哲学开始了认识论转向。

发端于15世纪意大利的文艺复兴运动开启了哲学家们对人和自然的重新的发现。随着对中世纪经院哲学的厌恶和对古希腊罗马哲学的重新阐述,哲学家的目光从神圣的上帝转向了万物之灵长的人类,从枯燥的存在证明转向了和谐能动的自然。这种哲学视野的转变最终导致了西方近代哲学研究方向的重大变化,简而言之,就是从存在论转向了认识论。

随着资本主义萌芽的发展，作为新兴资产阶级意识形态的人道主义开始产生和成长起来，这首先表现在欧洲文艺复兴时期的人文主义运动中。"人的发现"和"自然的发现"是文艺复兴运动的两大贡献，在亚里士多德从自然中、从动物中发现人之后，文艺复兴运动的先驱们从依据人所塑造的上帝（即在宗教神学）中发现了"人"。人文主义者采取宗教还原方法，使宗教现实化、世俗化，以恢复人的价值、尊严和权利；而宗教改革则采取泛神圣化的方法，使现实中的一切都升华为神圣的（意味着人和上帝都具有神圣性），把人从上帝的奴役下解放出来，从而无须依靠教会便可直接聆听上帝的训导并自我布道。人文主义思想的核心是用人性反对神性，用人权反对神权。他们反对中世纪神学抬高神贬低人的观点，肯定人的价值，强调人的可贵，大胆热烈地追求人的现实生活的幸福和快乐；反对中世纪的蒙昧主义，推崇人的经验和理性，提倡认识自然、造福人生，主张人全面自由的发展；强调人的尊严和价值在于人本身，提倡个性解放，宣扬人的自由意志，要求提高人的独立地位。可见，文艺复兴是人类历史上第一次思想解放运动，它的最突出的成果就是"人的发现"。此时期的哲学家们把人抬高到宇宙的中心地位，人重新成为文化特别是哲学注意的中心。思想家们把哲学作为关于人和生活智慧的科学来研究，力求从现世实际生活条件来理解人，把人的自由和尊严牢牢建立在尘世生活的基础之上，将人的主体性思想抬高到一切思想原则之上，唤醒了人们的积极进取精神、创造精神和科学实验精神。"自我意识终于冲破了中世纪的思想牢笼，挺身要求在超感性的世界和直接的自然界发现和认识自己，从而成为现实的自我意识。"

随着资本主义生产方式的发展，近代的主体性意识愈益强烈，出现了以培根、洛克、霍布斯为代表的英国经验论和以笛卡儿为代表的大陆唯理论两大哲学派系。他们对人类认识运动的发展、人类对自身认识的深化以及对人的主体本质的全面把握，作出了各自的独特贡献。崇尚科学和崇尚理性，是17世纪哲学的两大主题。

以培根和笛卡儿的哲学为界，西方近代哲学发生了一次巨大的转向，也是西方哲学的第二次大转向，即从以形上学为中心向知识学超出形上学的转变，简称为知识学转向。这次转向比第一次转向更受哲学史家们青睐。

培根和笛卡儿以前的西方哲学无疑是以形上学为中心的，伦理学、自然哲学、政治哲学和宗教哲学亦在其中占有不同程度的重要位置，但知识学在其中的地位是非常低微的。尽管不少哲学家或哲学派别或多或少思考过一些知识学问题，也就这些论题阐发了一批在西方哲学史中值得注意的观念或学说，但是近代以前没有一部真正的知识学专著，没有一个完整的知识学体系。知识学甚至没有被近代以前的哲学家们视为哲学的一个重要组成部分，因此他们几乎都是顺带论及知识学问题的。在某些哲学家或哲学派别（如伊壁鸠鲁学派、斯多亚学派）那里，知识学甚至没有独立的地位，而隶属于逻辑学。

作为近代哲学的创始人，培根和笛卡儿的哲学兴趣与中世纪神学哲学家们的明显不同。他们重点关注的不再是神学哲学中那些广泛被探讨和被争论的问题，而是本己哲学问题，特别是知识学问题。

培根是近代唯物主义经验论的第一个代表，他把经验当作统一思维与存在的关键；他是近代哲学史上第一个提出思维的主体（人）应该主动干预自然，使之服务于人类的哲学家，为近代哲学中统一思维与存在、主体与客体的要求和思想趋势打下了一定的基础。培根对以往的哲学体系都不满意，认为它们不是独断诡辩的就是狭隘经验的或是宗教迷信的，他还称它们为剧场假相①，培根以发明一种不同于亚里士多德的演绎逻辑的"新工具"（即科学归纳法）以促成学术的复兴为自己的毕生使命。在他的全部哲学理论中，知识学方面的思想占大部分，其著名哲学学说大多属于知识学。

笛卡儿是近代唯理论的第一个代表。像培根一样，笛卡儿对以往的哲学理论特别是神学哲学理论也抱有深刻的怀疑。在开始建构他自己的哲学体系之前，他要运用普遍怀疑法对以往的一切观念和学说进行审查和清理，以便为哲学找到一个稳当的地基。他曾自述："我要小心谨慎地避免一切轻率判断和先入之见，除非那些清晰明白地呈现在我心中、使我明确认识到从而不容我怀疑的东西，我决不认定任何东西是真实的。""但我如此普遍地怀疑，不同于不信一切的绝对怀疑论者为怀疑而怀疑，我的目的是挖掉沙子和浮土，找出岩石和硬地，清除一切虚妄的成见定论，为建构新哲学体系确立坚实可靠的基础。"

笛卡儿排斥一切外在权威，把人的思维当作哲学的开端。他的"天赋观念"说就是主张单凭思维中的普遍性概念即可把握最高真理；他的怀疑一切的主张，就是清除成见，完全运用思维以达到客观真理。笛卡儿的这些思想实际上是把人的理性认识当作统一存在与思维的关键。

他所找到的哲学的逻辑起点就是"我疑我思故我在"。他还曾自述："我发现，'我思故我在'这条真理是如此确实可靠，以致怀疑派的一切最狂妄的假设都不能使之动摇，所以我愿意毫不犹豫地接受它为我所寻求的那种哲学的第一原理。""我可以设想我自己没有形体，可以设想没有我所处的世界和场所，却不可以设想我不存在，恰恰相反，正是依据我想怀疑其他事物的实在性这一点，可以十分明显地和确定地推论出我存在，另一方面，只要我停止思考，尽管我想象过的其他一切事物都是真实的，我也没有理由相信我存在过。"这与神学哲学以上帝为绝对无疑的逻辑起点是截然不同的。尽管知识学思想在他的全部哲学理论中所占比重不是很大，但其著名哲学学说中多半属于知识学。

培根和笛卡儿被哲学史家们公认为近代西方哲学的开创者，前者是英国经验主义哲学的开创者，后者是大陆理性主义哲学的开创者。近代以前的西方哲学中虽然不乏知识学思想，在某些哲学家或哲学派别（如智者派、皮浪派）那里，知识学思想甚至占有主导地位，但总体看来，知识学在当时尚未成为一个重要的哲学分支。而自培根和笛卡儿开始，知识学在大多数近代哲学家的理论体系中占有重要地位，甚至占据唯一主导地位，尽管他们中有些可能称其他哲学分支（如形上学或伦理学）为最重要的哲学部门。近代西方哲学中的两大派系——经验主义和理性主义——就是以知识学中关于知识的根源、限度和标准的两种思潮来命名的。知识学在近代的兴盛既可以通过哲学家们的主要著作得到佐证，也可以通过他们的特色学说得到印证。在大多数近代哲学家的代表作中，都有知识学专著或主要属于知识学的著作。另一些近代哲学家虽然没有知识学专著，但在各自的哲学著作中都曾专辟章节考察过某些知识学论题。在近代西方哲学中，许多特色学说属于知识学或与知识学密切相关。

近代哲学家们所关注的主要知识学论题有：认识的根源，认识的范围或限度，认识的类别或层次，认识真理性的标准，认识能力，认识方式，认识过程，认识规律，各种认知要素

---

① 剧场假相是由各式各样的哲学教条及一些错误的论证法则移植到人心中的，一切公认的哲学体系都只不过是舞台戏剧，表演着人们依照虚构布景的样式创造出来的世界，这样的戏剧不仅包括古代的和时兴的各种哲学体系，而且包括以后还会出现的基于同类脚本和同样的造作方式排演出来的更多的哲学体系。

（感觉、理智、直觉）之间的关系，各类认识（感性的、理性的、直觉的认识）之间的关系等。他们大体可分为两派：经验主义和理性主义。经验主义者一般认为：感觉经验是一切知识的根源，未曾在感觉中出现过的东西不可能在理智中出现；天赋观念并不存在，任何认识只有在经过了经验（含实验所得经验）验证之后才能被当作真理。理性主义者一般认为：人类知识中有相当多的一部分来自天赋观念，这类知识完全不依赖于感觉经验；来自感觉经验的知识是偶然的、不可靠的、非普遍必然的；一个观念只要清晰自明而无须由经验证实就可以被判定为真理。但是，这两股知识学思潮并非冰炭不容，它们其实达成了若干共识。不论经验主义者还是理性主义者，他们大多高度肯定人类的认识主体性，也承认人类认识能力的有限性；他们大多相信直觉知识是最普遍最可靠的知识，也是最高级的知识。

作为德国古典哲学先驱的康德，首先面临的问题是认识论的问题，他继承和发展了西方哲学史上关于认识过程的三分法，用"感性""知性""理性"三环节构成了他的整个认识论的体系。康德的全部理论都是建立在对历史上诸多流派观点的反思和综合基础之上的，而他通过这种反思和综合所获得的最大的理论成就就是从理论上揭示了人类心灵久已蕴涵并企求解答的哲理。他推翻了以往的形而上学体系，发动了一场哥白尼式的革命，第一次鲜明地提出了人的主体性问题，开一代批判之雄风。他著名的"三大批判"回答了"人是什么""人能知道什么""人应该做什么"及"人应该希望什么"等四个问题，伸张了人的理性权威，论证了人的主体作用，削弱了神的力量，确立了人在自然和社会生活中的主宰地位。换句话说，人作为理性存在物，理性驱使他必然追寻自然的存在与人自身的存在，即存在的意义、价值和取向。

康德认为，人是感性存在者和理性存在者的统一。作为感性存在者，人受自然必然性的支配，也不比动物更优越。人高于动物的地方在于人还是理性存在物，人的本质在于其理性。由于人有理性，是唯一能够规定自己的目的，能够对自然做出自主判断的存在，因而人是自然的最高目的。自然，内蕴于人的善良意志，同时也是自由的，而它要以摆脱了一切经验因素的理性规则为指导。服从规则与自由并不矛盾，因为善良意志所服从的是运用自身的力量、为了自身的目的而制定的规则。善良意志自己立法、自己守法，这就是道德自律。"人是目的"和"意志自律"这两条道德律令在一定意义上体现了人的主体性思想。康德把人的主体能动性突出出来，并加以较为详细的论证和发挥，具有振聋发聩的划时代意义，对后世的影响是深刻的、广泛的。

黑格尔继承和发展了前人特别是费希特、谢林的正反合的思想，把"绝对精神"这一最高统一体展开为逻辑、自然、精神三大阶段，也就是从思维到存在、从主体到客体又到二者统一的过程，从而完成了唯心主义的思维与存在、主体与客体同一说。

黑格尔恢复了辩证法这一最高的思维形式，他赋予历史一种普遍联系的辩证发展观，并从理论上彻底摧毁了以往那种形而上学的历史哲学。基于其客观唯心主义的哲学立场，黑格尔将世界历史界定为"绝对精神"自我认识的完成，而把人看作"绝对精神"的"外化"和完成自我意识的承担者，因而人就被黑格尔确定为社会历史的具体的直接的出发点。黑格尔的社会历史观就是以上述关于人的论述为其基本出发点的，从普遍联系的观点出发，把人看成具有一定社会关系的人。

传统哲学在黑格尔那里发展到了登峰造极的地步，此后，整个西方哲学就开始了意在终结思辨哲学的理论反动，追求向人学的转向。最先对传统哲学提出挑战的是唯物论者费尔巴哈。费尔巴哈作为德国古典哲学的最后一位杰出的代表，他完成了资产阶级对宗教神学的批判，直截了当地恢复了唯物主义的权威，他自称自己的哲学是人本学。顾名思义，人本学就是以自然和人为本位、为中心的哲学。这种哲学不同于传统哲学之处在于，它更接近现实事物，更接近人及其现实生活世界。他驳斥了康德割裂思维与存在、主体与客体的二元论思想和不可知论，批判了黑格尔的唯心论的思维与存在同一说；他以灵魂与肉体相统一的人为出发点，建立了"人本学"唯物论。他旗帜鲜明地提出人和自然是哲学唯一的、最高的对象，用其人本主义来批判宗教神学和思辨哲学，力图冲破原有的理论局限，把人们的注意力从黑格尔等唯心论者所喧嚷的抽象自我、抽象主体转移到有血有肉的人和现实世界，开创一条全新的致思理路，将对世界的那种抽象的、思辨的本原界定还原为一种现实的批判。他的人本主义哲学主张是对近代欧洲人道主义传统的理论总结，为哲学的进一步发展开拓了一个全新的理论视野。然而，费尔巴哈并没有真正超越旧哲学的思辨传统，无法为自己的哲学找到现实的感性的基础，更谈不上开辟一条新唯物主义的理论之路。

西方哲学的第二次大转向是在多种原因的共同作用下发生的。这次大转向的现实基础是文艺复兴运动所造成的自然科学自16世纪中叶以来的勃兴；其理论基础是以往哲学中零散的知识学研究和文艺复兴运动兴起以来经验心理学的发展；其社会动力是认识主体性逐渐觉醒的民众要求对一切所谓知识和真理全面进行理性的审查和清理；而其学术动力是哲学发展到更高程度后必然向哲学家们提出进一步深入、系统地认识人自身（人类认知）的要求。

（三）语言哲学的出场

以罗素和维特根斯坦的哲学为界，现代哲学发生了一次巨大的转向，这就是西方哲学的第三次大转向，即从以形上学和知识学为中心向语言哲学、科学哲学与形上学、知识学分庭抗礼转变，简称为语言学转向。由于语言哲学在以往西方哲学中几乎无迹可寻，因此这次转向显得特别突出，比前两次更加引人注目，以致一提起西方哲学的转向，人们首先想到的甚至唯一想到的就是语言学转向。尽管第三次转向主要发生在英美哲学中，但欧陆哲学家中也有些人对语言问题颇为重视，如现象学创始人和最重要代表人物胡塞尔、存在主义创始人和主要代表之一海德格尔、解释学最重要代表人物伽达默尔等。

在20世纪以前，西方哲学中没有语言哲学。不过，要在现代以前的哲学家们的著作中找到一些语言哲学观念或学说是可能的。另外，逻辑学中关于概念和命题的部分研究大体上也可以归入语言哲学。

黑格尔去世之后，各种改造传统哲学的方案不时显现，它们的共通之处就是试图使哲学科学化。孔德的实证主义是较早的一个方案。19世纪末，在科学突飞猛进的凯歌中，哲学面临着空前巨大的危机，更多的哲学家潜心构思解决方案。摩尔于1869年发表《驳斥唯心主义》一文，显示了年轻一代英国哲学家欲与传统哲学决裂以摆脱哲学危机的共同信念。罗素当然也在此行列中，据他自述，他在剑桥大学求学时被灌输的是康德和黑格尔的哲学，但后来他与摩尔等一道弃绝了这两种哲学，而在1899—1900年间采用了逻辑原子主义和数理逻辑中的皮亚诺技术。这一转变被他视为其漫长哲学生涯中主要的分界。1912年，一位原本学机械制造和航空工程的奥地利青年来到剑桥大学拜罗素为师，他就是维特根斯坦。在持续三年的师生讨论中，一个宏大的改造传统哲学、摆脱哲学危机的方案——分析哲学计划基本酝酿成熟了。1918年，罗素的《逻辑原子主义哲学》出版，他承认其中很多观念来自他以前的学生维特斯施坦或受到过这位亦徒亦友的天才青年的影响。在该书中，罗素抱怨传统哲学（特别是传统形上学）充斥着归咎于不良哲学语法的错误，关于实在或现实的一切见解全都是在符号论上稀里糊涂的产物。他认为，要创立逻辑上完美的理想哲学语言，就必须重建一套精确的哲学语法，而这样的哲学语法只能来自对组成世界的事实的严密逻辑分析。他称最简单的事实为原子事实，称复杂的事实（主要由原子事实构成）为分子事实，称表达原子事实和分子事实的命题分别为原子命题和分子命题。他倾向于主张，一切哲学观念或学说都应当通过原子命题及其真值函项来表述，这样，哲学就可能避免含混不清而变得清晰明确。

1921年，维特根斯坦写于第一次世界大战前线的、其本身也充满火药味的《逻辑哲学论》出版。在该书中，他断言以往哲学（特别是形上学、伦理学、美学）中大多数问题和命题都是毫无意义的问题和命题，因为它们属于不可思考者和不可言说者之列，且出于对语言逻辑的不解或无知。他认为，哲学首先应为思想的表述在语言中划出一条界线，以区分可思考者与不可思考者（亦即可言说者与不可言说者）；哲学的目的就是通过语言分析使思想的逻辑变得明晰，因此可以说哲学就是语言批判。他也倾向于主张，以表达原子事实的基本命题及其真值函项来表述一切哲学观念或学说。

罗素和维特根斯坦被公认为分析哲学运动的发起者。尽管他们在其哲学著作中没有做过多少语言分析工作，但是他们的呼吁得到了逻辑实证主义（形式语言学派或理想语言学派）、日常语言学派等派别的分析哲学家们的热烈响应，而正是这种响应使得语言哲学迅速在现代哲学中崛起。

现代以前的西方哲学中虽然不乏语言哲学方面的思想，但语言哲学作为一个哲学分支出场是现代的事情。在现代哲学中，不能说形上学和知识学等老资历的哲学分支彻底衰落了，但至少可以说它们不像在古典哲学中那样风光了。而语言哲学及随之而来的科学哲学虽然并非独领风骚，但至少抢了形上学和知识学的风头，因而比起诸后者来更加夺目耀眼。语言哲学作为一个派别就是分析哲学，或者说分析哲学在学科上主要属于语言哲学。分析哲学主要包括逻辑实证主义（也称逻辑经验主义，含维也纳学派、柏林学派和华沙学派）和日常语言分析（含剑桥学派和牛津学派）等派别。现代哲学家们关注的主要语言哲学论题有：语言的本质、原则、类型、要素、结构、功能，语言与思维、逻辑的关系，语言符号与对象、解释者的关系，命题的意义及其与真理的关系，元语言与对象语言的关系，言语行为，私人语言等。现代语言哲学家们几乎都对传统哲学深为不满，因为它缺乏"科学性"，即其语言含糊不清、歧义迭出。他们（或许奎因、威斯顿、斯特劳森等例外）认为，传统哲学中的问题和命题大多是无意义的伪问题和伪命题，因而传统哲学（特别是传统形上学）应当被拒斥。他们的共同意图是通过语言分析为哲学创立一门严格、清晰、精确的工作语言。但是，在实际研究过程中，他们几乎都卷入了对普通语言学问题的哲学的或非哲学的探讨和论争中。这样，理想的哲学语言至今未被创建起来，而哲学却被推入一种新烦琐哲学的尴尬境地。时至今日，哲学界不得不重新思索这样一些问题：哲学能否科学化（实质上是数学化）？哲学科学化之后是否还是真正的哲学？非精确性和可争论性是否恰恰是哲学的魅力之源？

西方哲学的第三次大转向同样是多种原因交互作用的产物。这次大转向的现实基础是，对传统文化（包括哲学）的批判性反思和创造性变革在19世纪末20世纪初成为西方社会的普遍思潮；其理论基础是19世纪晚期以来普通语言学的兴起和数理逻辑的成熟；其社会动力是自然科学的挑战使哲学面临严重的危机；其学术动力是哲学发展到盛期过后必然向哲学家们提出再进一步深入系统地认识人自身（人类语言）的要求。

（四）西方哲学三次转向的启示

西方哲学的三次大转向实质上就是哲学对其对象或范围的三次深入的自我开掘，就是哲学的中心区域和重点论题的三次转移，是其哲学理论逻辑使然。

哲学的可能范围是整个世界，因而是无限的，但是它所能占据的范围受时代状况的制约，因而又是有限的。哲学的对象是非常丰富多样的，但它在每个时代所能发掘出来的新对象只有一两类。西方哲学的三次大转向能够给予我们一些重要的和有益的启示，其中与哲学的对象或范围密切相关的有以下三条：

1）哲学的对象或范围不是一成不变的，而是随着哲学的演进而变迁。有些人之所以对哲学究竟研究什么感到困惑不解和无所适从，是因为哲学的对象或范围在其历史演进过程中变化多端，而他们却相信哲学有一成不变的、始终确定的对象或范围。在某种特定的哲学观中，哲学的对象或范围当然是确定的，可是问题在于，不同的哲学家或哲学派别形成了不尽相同的甚至大相径庭的哲学观。而他们的哲学观之所以不同，内在原因是他们对哲学本身的兴趣和看法不同，外在原因是不同时代里学科之间的关系和社会对哲学的需求不同。

2）哲学必须每隔一段时间便开辟和开发新领域，才能不断地向前发展。学术探究犹如采矿，当人们在一个矿场开采得太久时，他们必定要开发新矿场，同理，当学者们在一个领域中探究得太久时，他们必定要开辟新的探究领域。作为思想的采矿者，哲学家们更应当勤于和敏于发现新矿场。开辟和开发新领域，是西方哲学家们创新意识的一个重要表征。而西方哲学的发展在一定程度上要归功于这样一种创新意识，因为新领域较之旧领域可以为新发现提供更多的机会。对比中国传统哲学与西方古典哲学在开辟和开发新领域方面的不同态度及其所导致的显著差距，这一启示将会更加令人难以忘怀。

3）哲学总是可以在人身上大做文章和做大文章。尽管把哲学等于人学（或说思辨人学）是不当的，但是，哲学无疑是以人为中心的。这其实是不言而喻的道理，因为哲学是人的哲学，而不是物的哲学或神的哲学。西方哲学的三次大转向，都是在人身上做文章，即分别就人的行为、人的知识、人的语言做文章。三个时期的西方哲学家们的成功经验值得今人深思和借鉴。由于人作为哲学资源已经被开发了两千多年，因此留给当代哲学研究者们的处女资源区域在哪里，这的确是一个颇费心思的问题。脑筋灵泛的人马上想到了去各个既有区域的交叉地带走一走、看一看，他们确实踩到了一些好点，如自然与人生之间的生态伦理学、科学与社会之间的科学社会学等。当然，肯定还有一些未被涉足的交叉点。但更重要的是，要在人身上发现独立的新区域而非交叉的新地带。

现当代西方哲学不再像近代哲学那样一心关注自然、关注外部的物理世界以及人对世界的认识，而是（特别是20世纪中叶以来）专心致志于语言问题、符号意义问题和交往问题。语言问题不只是英美分析哲学的专业，欧洲大陆哲学也从另外的角度关心语言问题。

现当代哲学家不再像传统哲学家那样崇奉确定的、普遍有效的准则或规范，认为一切都可以发生变化，甚至逻辑规则也可以有不同的约定。科学的趋向和形而上学的趋向两者各自有着不同的追求，现象学与分析哲学可以相互对立甚至彼此相轻，多元主义和分歧在哲学界占统治地位。现代西方哲学相对划分为科学主义和人本主义两大主流，这两大流派虽然对立，但却都是以反省理性、批判理性为使命的。

与此相联系的是，现当代哲学，无论英美分析哲学还是欧洲大陆的人文主义思潮的哲学，都从不同角度批判传统哲学那种崇尚超感性的抽象概念王国的旧形而上学，强调现实生活和人与人之间的交往。人的问题仍然是当代哲人以不同的方式关注和思考的主题，并激发和推进着整个当代西方哲学的演进。生存论哲学是现代哲学的主题，它是以人为研究对象，是对人的现实生存及其意义的强烈关注与理论追求，它反对用抽象的、非历史的方法理解人，要求立足于现实生活世界，通过人们现实的历史与社会关系直接切入现实生活世界及人生存的内在矛盾，具体阐释人生存的意义及其实现过程，关注人的现存状态并追求一个符合人的旨趣的生活样态。

三、西方哲学的主要传统

作为人类思维活动的一种主要理论形态，西方哲学与其他哲学相比，具有较为明显的个性特征，这使得西方哲学比较突出地与其他哲学区分开来，也使得西方哲学最终确立了自己在整个人类思想史中不可替代的地位。特征是静止分析的结果，而传统才是流动过程中的产物。西方哲学的特征主要是通过它的传统演变呈现出来的。在西方哲学的历史演变过程中，可以看出哲学在西方所形成的几个主要传统有思辨的形而上学（包括怀疑论思想）、理性的科学方法（以及逻各斯主义）、宗教式的人文关怀、强烈的社会意识和批判精神、理性的实践智慧和实践理性。

（一）思辨的形而上学

形而上学思辨不仅是西方古代哲学的核心内容，也是整个西方哲学的主要内容。海德格尔把形而上学看作"对存在意义的追求"，由此确立了它在西方哲学中的核心地位。德里达把形而上学称作"白色的神话"，认为它是西方哲学传统中最为根本的部分。卡尔纳普则把形而上学看作传统哲学中一切混乱的根源，提出"通过语言的逻辑分析清除形而上学"的口号。尽管不同哲学家对"形而上学"有各自不同的理解，但作为一个哲学术语，哲学家们还是普遍认为，它是指"对实在的最基本的成分或特征的研究，或者对我们在叙述实在时使用的最基本概念的研究"。前一种研究通常被称作"本体论"或"存在论"，而后一种则是现代形而上学的主要内容。

从历史上看，"形而上学"一词最初被用于称呼亚里士多德的哲学。亚里士多德本人则把自己的哲学称作"第一哲学"或"智慧"，认为它是关于终极原因和原则的科学；有时他也称之为关于"是其所是"的科学，有时也称作讨论一类特殊存在的神学。中世纪哲学家把形而上学的这些不同方面分别称作"一般形而上学"和"特殊形而上学"（或"具体形而上学"）。17世纪的德国哲学家沃尔夫把形而上学分成四个部分，即本体论（关于是或存在的一般理论）、理性神学（关于上帝）、理性心理学（关于灵魂）和理性宇宙论（关于世界）。

在理性主义传统中，形而上学被看作由纯理性所操作的对超越感官知觉的内在实在性质的研究，如柏拉图、笛卡儿、斯宾诺莎、莱布尼兹和黑格尔等人。康德则把一切以纯理性来描述超越人类理智的超验实在的努力都归作思辨的形而上学，他的批判哲学也被称作"形而上学"，因为它研究经验的可能性和科学设定的条件。斯特劳森区分了"修正的形而上学"和"描述的形而上学"，认为传统思辨的形而上学属于"修正的形而上学"，因为它们试图通过理性或直观去寻找那超越日常思维方式的事物，希望构造一种更好的概念结构；而与之相对的

"描述的形而上学"则是讨论我们据以思考和讨论世界的概念框架,通过考察我们谈论世界的方式来揭示呈现于我们理智中的世界。由此看来,逻辑经验主义和其他反形而上学的哲学也是一种形而上学,因为它们在讨论人类语言和思想的概念结构。在马克思主义哲学中,"形而上学"是指一种片面、静止和孤立地看待事物的思维方式,这与黑格尔意义上的"辩证法"相对立。在当代西方哲学中,"形而上学"通常意味着关于实在的研究或理论。形而上学的核心问题被看作是"实在"是什么,以及什么是实在的。这当然包括许多相关的问题,诸如实在是一种"事物"吗?它是一还是多?如果它是一,它如何与我们周围的许多事物相关联?终极实在是可以为五官所把握的吗?它是超自然的还是先验的?等等。应当提到的是,形而上学有时又被用在狭义上,只是讨论先验的实在,即超越了物理世界的实在,无法通过感官所把握。因而,超自然主义者就是第一种意义上的形而上学者,他们提出了关于实在的问题,他们也在狭义上研究形而上学,但是他们相信超自然的或先验的实在,譬如上帝。另一方面,唯物主义者也是第一种意义上的形而上学者,他们也提出了实在的问题,但他们不相信狭义上的形而上学,因为他们否定除了物质之外还有实在的东西。尽管不同的哲学家对形而上学的内容有不同的理解,但按照一般理解,"形而上学"至少应当包括现象与实在、本体论、实体、殊相与共相、空间与时间、身体与心灵、个人同一,以及自由意志和上帝存在等问题。而在这些问题中,现象与实在、本体论、实体、殊相与共相等问题密切相关,共同构成了形而上学的核心。因此,也有哲学家把形而上学的历史看作各种关于本体论的基本理论的历史,因为形而上学就是要探究实在的终极性质。西方哲学中的形而上学传统不仅表现在它所研究的共同领域,更重要的是它的思辨精神。哲学上的思辨不同于一般意义上的思考和辩论,它主要是指思想者对所思之物的反思和批判,是思想者的一种概念化、抽象化的自我反省。西方哲学的思辨精神主要来自对形而上学问题的思考。可以说,正是出于对实在的终极性质问题以及与此相关的其他重要问题的思考,才形成了哲学家们关于哲学性质及其他哲学问题的各种理论观点。在这种意义上,哲学的思辨就是哲学本身,哲学家们对形而上学问题的探究构成了西方哲学的主线。从哲学发展过程中可以看出,西方哲学开始于古代哲人对世界和自我性质的惊异:世界是什么?世界是一还是多?大千世界现象的背后是什么?我是谁?我为什么与他人不同?我的身体和心灵是什么关系?正是对这些问题的思索和解答,形成了古代哲学中的各种世界观。随着科学日益摆脱纯粹的理论构想,走向具体的实验活动,哲学也逐渐形成了自己的特殊研究领域,具有了与科学和神学不同的理论特征:对世界和自我性质的反思;把概念、判断、推理作为自己的唯一研究方式;突出分析论证。在某种意义上说,西方哲学与科学、宗教的一个重要区别就在于它的思辨:科学不讲思辨,因为它需要对理论的证明或证据;宗教不需要思辨,因为它要求信仰和服从;只有哲学才需要思辨,因为它"一无所有"。也就是说,哲学没有自己的特殊领地或要捍卫的基本信条,它的任务就是要反思世界,反思自我,并通过这种反思得到我们从科学和宗教中无法得到的认识,而这样的认识将有助于我们更好地理解我们所生活的世界和我们自己,进一步说,为了我们更好地生活。所以,反思和思辨就成为西方哲学的特有标志,"为思而思"或"为知识而求知"或"为真理而求真理"就是西方哲学的主要精神。因为不存在任何功利,不讲任何用处,所以西方哲学历来被认为是"闲暇时的学问",也就是说,人们只有满足了物质需求后才会谈论和研究哲学。在西方哲学家看来,也只有这样,哲学才能保持其思维的纯粹性。

在西方哲学传统中,思辨往往被当作一种重要的研究方法。然而,在对形而上学问题的探究中，思辨已不再单纯是一种方法，而是哲学研究的内容和灵魂。或者说，形而上学既是哲学研究的主要领域，也是哲学思辨的主要结果。当然，我们也可以看到所谓"分析的形而上学"，在那里，"分析的"和"思辨的"这些词是被用作描述形而上学的工具。无论如何，"思辨"或"思辨的"这些词，在西方哲学中首先都意味着一种反思、一种批判。在思辨的意义上，"反思"就是"批判"，批判就意味着能够经得住考察和反思。从哲学本性上说，批判正是西方哲学所能做的重要工作，而这里的"批判"就是经过理性的考察和反思。苏格拉底最早提出："未经省察的人生没有价值。"柏拉图则提出："哲学就是心灵与自我的缄默对话。"亚里士多德说道："怀疑而后能学问，审辩而后能解惑。"这些说法为西方哲学的后来发展奠定了思辨与批判的基础，所以我们才会看到哲学上的怀疑论始终是西方哲学中的重要倾向或态度。在西方哲学传统中，怀疑论首先被看作一种哲学态度，是对包括哲学家在内的所有人所做出的知识断言的可靠性进行质疑。哲学怀疑论者一直致力于探究不同领域的公认的人类成就，以便判断人们是否已经获得了或是否有能力获得任何知识。怀疑论者把他们的质疑加以系统化，然后提炼成旨在引起怀疑的若干论证。自古希腊以来，由怀疑论者提出的论证以及对这些论证的运用，一方面塑造了西方主要哲学家讨论的问题，另一方面又迫使他们对这些问题做出回答。在西方哲学史上，围绕外在世界和事物的性质与人类的认知能力问题，形成了怀疑论与独断论（或称反怀疑论）的长期对立，而正是在这种对立中，西方哲学获得了不断创新发展的新鲜活力。

（二）理性的科学方法

众所周知，哲学与科学在西方是一对孪生儿，它们共同诞生于两千多年前的古希腊。虽然科学在后来的发展中逐渐脱离了哲学的影子，成为一种独立的理论体系和研究方式，但它仍然对哲学具有重要作用和广泛影响。这种作用和影响主要是通过两个方面来实现的：一方面，科学的迅猛发展使得哲学家把科学作为哲学研究的典范或模型，希冀按照科学的模式建构哲学体系或规范；另一方面，更重要的是，科学的理性分析、客观观察、中立立场等直接促成了哲学的理性特征，正是在这种意义上，哲学家们也把"哲学"称作或理解为一种科学。

具体来说，西方哲学中的科学方法主要表现为以下几种方式：第一，以理性作为判断真理的标准，强调科学的客观性和普适性；第二，运用数学和逻辑的分析方法，力图澄清哲学概念和哲学命题的意义；第三，严格区分科学假设和经验观察，强调理论术语在科学研究中的先决地位；第四，引入科学的证实思想，承认哲学的可错性和可批判；等等。所有这些都表明哲学本身可以作为一门科学。当然，这里涉及对"科学"概念的理解。按照西方人的通常理解，"科学"概念首先是指各门学科，包括像物理学、化学、天文学、地理学、生物学等自然科学，也包括数学、逻辑学这样的形式科学或抽象科学，以及像植物学和矿物学这样的描述科学。这些科学学科包罗万象，许多都交叉重叠。其次，"科学"概念还用作指整个知识系统，包括由科学家提出的假设、理论和规律等。这样的知识主要是理论上的，是与实践的技术和技艺相对而言的。再次，更多的人是把"科学"理解成获取客观可证实的知识的方法，如文献记录等。根据这些理解，"科学"通常包括这样一些前提或公理：因果性、预期的齐一性、客观性、经验性、简单性、分离性、控制性、可量度性等。从这些理解中可以看出，公众心目中的"科学"概念其实就是获取知识的方式、手段以及结果。迄今为止，人们仍然认为，"科学知识是已证明了的知识。科学理论是严格地从用观察和实验得来的经验事实中推导出来的。科学是以我们能看到、听到、触到的东西为基础的。个人的意见或爱好和思辨的想象在科学中没有地位。科学是客观的。科学知识是可靠的知识，因为它们是在客观上被证明了的知识。"

西方哲学传统中的科学方法不是简单地把自然科学的研究方法运用到哲学问题，而是强调哲学研究中的理性精神。自古希腊以来，哲学家们就把自己所从事的工作看作一门理性的事业，其主要标志是对常识性认识以及科学知识的分析、考察和批判，这就包括运用自己的理性建立符合人类思维规律的逻辑规则和定理，强调思维活动的有序性和可表达性，关注理论的目的与效果之间的合理性，等等。在西方哲学中，"理性"这个词非常重要，"理性的"、"理性主义的"和"理性主义"这些词经常被用在更为专门的意义上。但我们这里用在较为普遍的宽松的意义上：它们与理性和具有理性能力有关。例如，一个合理的论证就是有意义的、一致的、恰当构成的论证。一个理性主义者就是一个能够给出合理论证、研究和评价的人。而理性主义则是把理性作为最高权威的哲学立场。但在所有这些理解中，都不能忽略批判的活动。要成为理性的事业，哲学就必须努力根除我们在日常生活中所接受的未加批判的无知、偏见、迷信和盲从及其他非理性的行为。它对我们的观念提出了挑战，用证据和论证分析它们、检验它们。它迫使我们一致地和可靠地表达我们的观念。

苏格拉底被看作是这种哲学活动的象征，他代表了哲学的理性和批判精神。苏格拉底不断地向自己发问，同时请求他人给他一个清楚的回答。他的方法就是促使人们重新考虑原来认为清楚知道的东西，特别是一些通常接受的观念或术语的意义，直到最后能够得到一个清楚的答案。在苏格拉底那里，一切哲学思想都需要理性和批判。但是，对是否一切都可以是合理的，每个命题、观念、信念等都必须展现在批判反思之下这样的问题，不同的哲学家会给出不同的回答。对于那些持否定意见的哲学家来说，这种理性的和批判的事业仍然存在一些限度。如果是这样，这对哲学本身来说就成了一个重要的问题，必须不断地反思。许多哲学家事实上已经认识到，实在和我们对实在的经验实际上要远远超过哲学本身：并非一切都是可以从理智上加以把握的；并非一切都可以还原为一个论证；并非一切具有原创性的思想都可以用语言来表达。因而，有哲学家认为应当强调无理性的作用，即使是一个并非不可避免的作用。这里必须指出，在西方哲学家那里，"无理性"和"非理性"是完全不同的：非理性的东西是无法比作一般的经验或理性本身的，而无理性的东西则只是不同于或更高于经验或理性。如果我们相信无理性的知识，那么它会采用什么形式呢？哲学家们对这样的问题当然不会意见一致，例如直觉陈述的意义，就是无法用对真理的直接理解去把握它，又如把神秘的体验看作超验的或者是与终极实在达到了统一。但许多人至少会同意，存在不可避免地出现的终极预设（也称基本假定、信念断定）是我们的其他一切观念的基础，但它们本身却是无法证明的。这种观点被称作"基础主义"。对这种观点的最通常的捍卫是认为，从纯粹逻辑的观点出发，并非一切都可以得到论证，论证绝不存在终点。亚里士多德早就指出，每个论证最终都依赖于某些无法证明的东西。这就表明，理性本身也是有限度的：一方面，理性无法解决一切关于概念和命题的理解问题；另一方面，理性本身也可能是无法证明的，正如维特根斯坦所说，"有着牢固基础的信念，它的基础却是没有基础的信念"，这样的信念就是所谓的理性本身。正是对理性的这种复杂认识，构成了西方哲学传统中的理性精神。

虽然西方哲学家们对什么是"理性"并没有一个统一的定义或理解，但他们都清楚，理性首先是一种逻辑和次序，是一种讲求合理性的方法，是与人的理智密不可分的东西，也是从目的到结果的有序、有效过程。这些也就是西方哲学家全力以求并视为思想核心的"逻各斯"。"逻各斯"是希腊文 logos 的音译，这个词在古希腊哲学中有着各种不同的含义，但柏拉图和亚里士多德主要把它看作灵魂中的理性部分和一种表述事物本质特性的说明。这个意义后来得到发挥，脱离了这个词原本的含义，即言谈、尺度等，演变成了理性能力的代名词。不过，这个词原本的意义在亚里士多德建立的逻辑体系中得到了保留，并在后来的发展中形成了一种研究纯粹形式的有效推理的学问。按照通常的西方哲学词典定义，"逻各斯"应当是用于支配宇宙的理性或规律的基本原则，该词的基本意义是所言之事，由此引申出其他重要意义，如思想、原因、论证、原理、公式等。在西方哲学中，宽泛意义上的"逻各斯"通常就是指"理性"或"理智"，但强调的是人类运用自己的理性能力制定出的一切规则或原则等。这样，"逻各斯"就被看作人类运用理性能力的标志，也被看作人类强调自己心灵作用的结果。

然而，自 20 世纪初以来，西方哲学的这样一种强大传统却遭到了前所未有的挑战。这个挑战不是来自外部的攻击，而是来自哲学内部的质疑和瓦解。尼采在提出"上帝死了"的口号时，把攻击的目标就指向一切权威，包括理性的权威。海德格尔把整个西方哲学的发展史叫作"存在的遗忘史"，认为传统形而上学的任务只是挖掘了存在者的意义，但却遗忘了"存在"本身的意义，究其原因，就是把"逻各斯"的真正意义遮蔽了起来，凸显了这个词在"言谈"方面的作用，使其成为整个西方思想体系中的核心部分。紧随海德格尔之后，德里达更为明确地把西方哲学中的这个传统称作"逻各斯中心主义"。根据他的理解，传统哲学中的理性或逻各斯被作为判定一切真理的主要和唯一标准，哲学家们自然地把理性或逻各斯当作真理和意义的核心，竭力试图建立一个关于各种对立概念的等级次序，以维护意义的稳定性和理性的有效性。但德里达则对这个传统提出了挑战，他的做法是要解构这种被看作真理和意义核心的逻各斯主义，代之以显示"不在场"的"痕迹"。在德里达看来，重要的是要取消一切等级差别，取消一切关于书写和声音的对立，甚至取消所谓"现象"与"本质"的区分。这样，逻各斯就不在理性中占据核心地位，甚至理性本身也失去了在真理探究中原有的重要地位和价值，一切都变成没有主体、没有核心、没有次序、没有先定的规律、没有必须完成的工作，一切都变得自在随意，变得无所顾忌，变得因人而异。这种对逻各斯和理性的传统地位的挑战，伴随着其他反传统的思想，逐渐形成了 20 世纪 60 年代后出现于欧洲大陆并很快流行于英美及世界各地的"后现代主义"思潮。尽管如此，理性精神作为西方哲学的一个重要特征和理论基础，仍然发挥着重要作用，特别体现在当代科学哲学、语言哲学、心灵哲学以及其他哲学分支的研究中。

（三）宗教式的人文关怀

从哲学与社会科学在研究动机和效果上的差别中我们可以看出，严格地说，哲学不属于社会科学的范畴，它应当属于我们通常理解的"人文科学"。但对于什么是"人文科学"，不同的哲学家以及其他学科的研究者都会有不同的解释。然而，无论解释如何不同，有一点是可以成为共识的，那就是，人文科学至少应当是以研究具有普遍特征的人类本性为对象的一门学科。换言之，把关心人、研究人作为最终目的而不是手段，这应当是哲学区别于其他社会科学的重要特征，也是人文科学区别于社会科学的主要特征。

苏格拉底的"认识你自己"开始了西方哲学的目光转向人类自身的过程。在两千多年的西方哲学史上，对人类活动以及人类心灵的研究始终是哲学家们重点关心的问题。但这种研究与对自然界的研究不同，它是对人类自身的反思，是把人类活动和心灵作为自己的研究对象，试图超越研究者自身的限度，对人类的活动和心灵做出客观的描述和分析。从方法论上看，这种研究具有科学研究的特征，但在基本精神上却是完全试图超越科学的规定，达到共有的客观领域。在这种意义上，这种研究具有宗教式的虔诚和无功利的特征。

在西方哲学传统中，宗教式的人文关怀体现为对人类命运的强烈关注，对人类精神世界的忘我探索，对人类社会及人类活动的不断描述。这些都构成了西方哲学的重要内容。当然，不同的哲学传统中都存在着对人类命运的关怀，但西方哲学传统给予了这种关怀以彻底性，即把人类放到上帝面前接受拷问，用超越客观世界的思辨活动把握世界的本质和人类的命运。

从西方哲学的发展过程看，哲学与宗教之间从来没有被明确地划分开过。早期希腊哲学的诞生就是在神话形式的宗教（即最初宗教形式）中汲取营养；中世纪哲学在充当神学奴婢的过程中逐渐形成了感性认识和理性认识的分野，并最终催生了近代的启蒙思想；而近代科学地位的逐步上升迫使哲学与宗教之间出现了更为紧密的联系——虽然采取的是不同于中世纪的方式。

罗素指出："科学的成功一向主要由于实际功用，所以自来便有人打算把科学的这一面和理论的一面割裂开，从而使科学越来越成为技术，越来越不成其为关于世界本性的学说。"正是由于这个缘故，科学在逐渐离开哲学的同时，哲学却在宗教那里找到了知音。当然，哲学与宗教在近代哲学之后能够更为紧密地联系在一起，还有其深刻的思想根源，它主要表现在以下两个方面：

一方面，哲学与宗教都是对世界和人类自身存在之意义的终极探索，都是"关于世界本性的学说"，两者具有共同的追求目标。但同时两者亦采用了不同的思想方式和论证方法：宗教被看作一种关于信仰的理论，因而对宗教信仰的讨论是以接受或承认其内容为前提的，任何对某种宗教信仰的论证都是为了更充分地说明这种信仰的正确性，任何不同于或违背了某种宗教信仰的理论观点都被看作异端邪说而遭到罢黜；哲学则是一种概念的思辨和分析活动，关心的是思想观念的形成和发展，因而一切哲学研究都是为了获得能够得到普遍意义的真观念，这是一种纯粹概念推演的产物，与研究者的信仰无关，所以也是最具有客观性和普遍性的观念。在这种意义上，哲学研究最讲究的是分析和论证，要求以理服人，并且提倡对以往观念以及现有观念的怀疑和批判。自从笛卡儿提出普遍怀疑的思想后，哲学家们似乎都以怀疑为己任，但对怀疑的基础却缄默讳言。直到康德才抓住了问题所在，明确提出要考察和批判人类的理性能力，明确限定了纯粹理性的界限，明确表明在张扬理性的同时要为信仰留下地盘。在西方哲学史上，康德首次明确了哲学与宗教之间的内在逻辑关系，以信仰的名义限制了理性活动的范围，并根据纯粹理性的逻辑为信仰开辟了道路。这虽然被黑格尔和马克思视为给宗教披上了"温情的面纱"而遭到批评，但又的确开启了现代宗教哲学的先河，为宗教哲学的学科地位奠定了有力的基础。

另一方面，在与科学的关系中，哲学与宗教构成了一个共同的阵营。在西方哲学史上，哲学与科学的关系被看作一个母体与其产物之间的关系：科学在哲学中诞生，而哲学自身则随着科学的进步而逐渐后退，为科学让出自己原来的地盘。对此，恩格斯有过精彩的论述。他认为，科学的每一次进步都意味着哲学领地的缩小，而当科学得到最大的发展时，哲学所能占有的领地只有辩证法和逻辑学。尼采也表达过类似的观点，他认为科学的每次胜利都是哲学的失败。但正如罗素指出的那样，科学的进步往往是以实际的功用为前提和标准的，当科学能够在实践中解决哲学中无法解决或根本不想去解决的问题时，科学在技术上的成功也就意味着它丧失了某个更为重要的东西，即世界向人类显示出来的意义。科学的客观性和价值无涉立场，在为人类带来巨大物质财富的同时，也可能为人类带来巨大的灾难。相反，哲学在关涉价值问题上就可以为科学本身的发展把握方向。因此，在西方哲学中，哲学与科学的关系并非一个简单的母子关系，而是交叉互动的合作关系，它们各自拥有不同的关注对象和研究方法，属于不同的学科领域。在学科意义上，哲学更接近于宗教而不是科学，因为哲学和宗教都属于人文学科。宗教与科学的关系一直是西方思想史上的一个重要话题，通常认为二者在过去的两千多年中经历了无数次此消彼长的过程。但随着科学在近代突飞猛进的发展，宗教逐渐失去了能够与科学相抗衡的力量，无论是在内容上还是在形式上都转化为与人类现实生活密切相关的信仰观念，而这是由近代启蒙运动带来的重要结果。根据当代美国宗教哲学家利文斯通的说法，17～18世纪的时代特征就是一种挣脱神学控制的文化，"启蒙运动就标志着国家和社会从教权桎梏下得到解脱，标志着以世俗性为主要特征的文化正在兴起。现代社会政治生活的理论和规范，不再出自圣经启示或教会权威，而凭借自然理性和社会经验独立地得出。启蒙运动以及18世纪以来现代文化的一个基本特点，就是西方文明与教会权威和神学教条日益分道扬镳。"构成整个运动基础的是对人类自身力量的一种更为强烈的意识和信念，是对人类现实生活的赞美、关切和希望。由此，人类从宗教那里得到的启示力量就转化为了理性赋予人类的人文关怀，而这种理性的人文关怀正是哲学的作用所在。经过近代宗教改革的洗礼，现代宗教思想已经演变成为人类世俗生活的一种选择，宗教的超越和神圣演变成为人类自身能力的一种方式。由于理性在这个转变过程中起到了关键作用，因而哲学和宗教共同关心着一个重要问题，这就是人类理性能力的运用和限度。近代以来的哲学家们大多对理性的作用给予了很高的评价，认为理性活动规定了人类的本质特征，甚至有哲学家毫无限制地运用理性，导致了怀疑论和相对主义的产生。康德把对理性能力的考察放到了哲学的核心地位，认为哲学形而上学的工作就是要为人类的一切理性活动设定界限，由此才能真正发挥理性的作用，避免出现二律背反的情况。正是在限制了理性能力作用的前提下，康德为信仰留下了地盘。必须指出，在西方哲学史上，无论是强调超越或先验的观念论者，还是首先肯定世界存在的唯物论者，他们都把人类存在本身作为哲学研究的最终目的。虽然直到18世纪康德才提出"人是目的，不是手段"这一口号，但一切从人的需要出发以及以人类的存在本身作为哲学探讨的核心，是从古希腊哲学开始就一直存在的传统。尽管哲学家们对人类本性的理解各有不同，关注人类自身的方式也各有千秋，但他们始终把人类的存在及其意义作为哲学所要解决的最后问题，一切哲学讨论最终也都要回答这样的问题。而被称作解决人类"终极关怀"的宗教研究，也只有在解决人类自身问题的哲学研究范围内才能获得真正的现实意义。

　　作为西方哲学中的一种主要传统，宗教式的人文关怀体现了哲学研究与其他科学研究之区别的重要特征。抛开自然科学不谈，社会科学和一般人文科学都会把对人类自身的研究作为自己的首要任务。但这样的科学研究往往关注的是人类存在的某个方面，例如，社会科学研究主要把人理解为类的存在物，强调从社会存在出发去研究人所具有的不同的社会特征；而人文科学中的历史学则侧重研究人类存在的演变过程，特别关注具体时代和人物的相互关系。文学是被看作与哲学具有许多相同之处的一门人文学科，在哲学史上甚至有不少的哲学家同时也是文学家，他们以文学创作的方式表达着自己的哲学思想。然而，哲学与文学的重要区别在于,文学关注的是人类存在的感性意义,强调以形象的文字语言表达人类内心的感受和情感;而哲学则以概念的方式抽象地考察人类理性能力的各种表现形式,试图由此说明世界对人类展现出来的意义以及人类自身存在的根据所在。在这种意义上,追问人类存在的根据(即人类生命的意义)就成为哲学研究的首要任务。

(四)社会意识和批判精神

应当说,西方哲学从诞生之日起,就与人类社会的生存问题密切相关。显然,没有人类社会的存在,哲学也就没有用武之地,更是无从产生。哲学是伴随着人类成长和发展起来的,人类社会本身不仅为哲学的发展提供了充分的资源,而且直接造就了哲学本身。然而,哲学对社会的回报却是残酷的:在与社会的互动作用中,哲学不是作为社会的同路人或朋友出现在社会之中的,更不是作为社会的领路人或导师——虽然柏拉图早在《国家篇》中就希冀哲学家能够成为一国之王。在现实社会中,哲学家在公共领域中的形象与其说是通常理解的"智者"或"灵魂工程师",不如说是社会的"牛虻"或"叛逆者"。我们从古希腊时代的苏格拉底、柏拉图,近代的笛卡儿、霍布斯、斯宾诺莎以及更多当代哲学家那里就可以得到这样的印象。

的确,对社会的深切关注和对时代的审慎思考,一直是西方哲学发展的主线之一。没有一个西方哲学家不在自己的哲学思考中直接或间接地关涉到当时的社会问题和时代提出的挑战。虽然哲学家们提出的理论观点对具体的社会问题不一定会带来直接的解答,但哲学家们都清楚地意识到,对哲学问题的分析和解答必定有助于理解和阐述相关的社会问题和社会现象。这种社会意识在西方哲学中主要是通过这样几种方式表达的。其一,直接将自己的哲学观念运用到具体的社会生活中,试图通过向人们传达自己的哲学理念而改变社会面貌。例如,苏格拉底以自己的"无知"概念劝说雅典人要有自知之明;亚里士多德通过教授亚历山大大帝而对希腊化的罗马帝国产生了影响。近代哲学中也不乏这样的哲学家,如休谟是以自己的社会地位和游历各国的方式传递着经验主义的基本信条,费希特、谢林及黑格尔等人则是通过大学的教学活动和在社会生活中的影响力传播着德国唯心论的思想。现代哲学中直接身体力行的哲学家更是有目共睹,如杜威、罗素、萨特、皮亚杰、弗洛伊德,等等。其二,通过阐述自己的哲学理念的普遍意义,对社会生活和人类行为产生了重要影响,如亚里士多德的形而上学和伦理学思想、笛卡儿的怀疑论思想和建立普遍理性原则的理想、卢梭的自然主义伦理学、洛克和霍布斯的国家学说、休谟的人性论思想、巴克莱的感觉经验主义观念、康德的绝对道德律令、尼采的道德谱系思想、海德格尔对存在意义的追问,以及当代的罗尔斯、泰勒、麦金太尔、桑德尔,等等。其三,以批判社会为己任,根据对社会问题和现象的理论分析提出整套的或单个的理论观点,试图通过分析批判来解决这些社会问题,并建立自己的哲学理想,如古代的怀疑论者、近代的政治哲学家,以及现代的以法兰克福学派为代表的西方马克思主义思潮等。其四,直接站在社会的反面,强调自己的思想与社会主流格格不入。苏格拉底正是由于对社会的反叛而被当时的民主体制下的议会判定死罪;维特根斯坦则宣称自己的著作是为后代所写,反对西方的主流文化,等等。当然,西方哲学家的这种社会意识的产生并不完全出自他们个人的禀性,更重要的是来自哲学的本性。因为在他们看来,在与社会的关系上,哲学与其他社会科学不同:其他社会科学如社会学、法学、经济学以及政治学等,虽然它们也是以某个具体社会及其成员为研究对象,但它们的研究目的是为现存社会的某个方面给出论证以便支持或肯定这个方面；而哲学的目的却是为了找出这个社会存在的问题或考虑如何解决这个社会所提出的一些普遍的问题。

从研究的动机和效果上看，社会科学家是具体社会生活的参与者或策划者，也是这个社会的辩护者，而哲学家则是社会生活的观察者或评论者，也是这个社会的批判者。所以，有的西方哲学家把自己的工作性质称作"批评家"、"牛虻"或"掘墓人"，也有的称作"教师"、"律师"或"医生"，因为在他们看来，哲学的工作也像这些职业一样，都是为了解惑释疑、治病救人。进一步说，哲学家对社会的批判并不完全是针对某个具体的社会现实，他们提出的许多理论观点和解决问题的方法，对整个人类社会具有相当的普遍意义。作为哲学的主要功能之一，批判精神始终是西方哲学家们牢记在心的传统，哲学本身就被哲学家们看作一种本质上的批判活动。这种批判活动通常分为两个部分：一个部分是怀疑，另一个部分是反思。怀疑就是对现有观念和理论的不满，是哲学批判活动的开端。苏格拉底把爱智慧的活动展现为一种不断追问的过程，即问题总是从怀疑现有的答案开始的。在《普罗泰戈拉篇》中，柏拉图向我们描绘了苏格拉底询问普罗泰戈拉关于德性定义的过程。在那里，苏格拉底以雄辩的口才推翻了当时流行的观点，同时也使自己退回到"无知"的境地。柏拉图继承了苏格拉底的辩证法，但他没有停止不前，而是努力提出了自己在形而上学、认识论、伦理学以及美学等方面的重要思想，为后代留下了宝贵的思想财富。亚里士多德秉承其师柏拉图，但他对柏拉图的思想更多的是批评而不是接受。他的名言"吾爱吾师，但更爱真理"充分反映了他的怀疑精神和批判意识。近代哲学的开创者之一笛卡儿更是以一种普遍怀疑的态度敲开了哲学思考的大门，他的怀疑精神后来为休谟所继承，引发了关于人类经验知识基础的重大问题，即被称作"休谟问题"的归纳有效性问题。正是休谟的怀疑论打破了康德的独断论迷梦，使他举起了批判纯粹理性的大旗，对人类的理性能力做出了全面深入的考察，提出了"先天综合判断如何可能"的问题，为人类理性能力设定了界限。现代英美哲学的兴起又是与罗素、摩尔等人反叛黑格尔哲学有着密切关系，这些哲学家对德国古典唯心主义的批判直接导致了新实在论以及后来的逻辑原子主义、逻辑实证主义的诞生。在现代欧洲大陆哲学中，没有哪一个哲学家不是在怀疑和批判前人思想的基础上形成了自己的理论观点，这些批判本身也构成了现代欧洲大陆哲学的重要内容，如胡塞尔对布伦塔诺思想的批判、海德格尔对胡塞尔思想的怀疑和批判，以及伽达默尔对海德格尔思想的推进，等等。

历史表明，几乎所有的哲学家都把怀疑和批判作为自己从事哲学研究的起点。事实上，正是对前人哲学的批判，才带来了新的哲学观念，由此推进了哲学的发展。值得注意的是，哲学上的每次变革都开始于对"哲学是什么"这样一个最简单而又最基本的问题的重新发问，是对哲学性质和基本问题的重新思考。然而，这似乎给人留下了"哲学毫无进步"的印象，因为哲学上的每次变革似乎都是一次重新开始，这与科学的发展相比会显得没有任何实质上的进步。其实这完全是对哲学的一种误解。对哲学学科而言，哲学家们对哲学性质的每次重新发问和思考，都是哲学自身的深化，这些思考不仅是对以往哲学观念的批判，更是对后人的哲学思考具有重要的奠基作用。或者说，没有前人的哲学观念，也就没有后人对这些观念的批判，因而就没有新的哲学观念的产生。在这种意义上，哲学上的进步和发展不是科学上的和经验上的"累加式"，而是形而上学上的和逻辑上的"推演式"，是一种"螺旋式"的上升过程。由于怀疑和批判构成了哲学思考的起点，因此，哲学的发展就表现为一个不断否定的过程。当然，哲学上的怀疑和批判不仅仅表现在哲学家们对前人哲学的态度上，更重要的是，它们是哲学家们思考一切问题的出发点。与通常意义上的怀疑不同，哲学上的怀疑不是就事论事，对某个具体事情提出疑问，而是一种追问基础式的怀疑，是对一切事情的基础或根据提出疑问；与通常意义上的批判不同，哲学上的批判是对人类理性能力的全面考察，是以审视的态度对待一切事物。这就使哲学上的怀疑和批判具有了形而上学的性质，或者说，正是由于有了这种怀疑和批判，我们才能把哲学称作形而上学。

哲学批判活动的另一个方面是反思。怀疑是哲学思考的开端，而反思则是哲学思考的形式，也是哲学思考的重要特征。在西方哲学史上，"反思"概念直到黑格尔哲学那里才得到真正确立，但反思的方式却始终是哲学家们从事哲学研究的主要途径，它构成了哲学学科的重要特征。历史地看，不同的西方哲学家对反思的内容和形式有着不同的理解。在古希腊，哲学家们把普通人对大千世界的惊异转化为抽象的本质追问，以本源性的"一"去解释变动不居的"多"，由此开始了独特的哲学思考方式。这时的反思内容就是我们从经验中获得的感觉材料，反思的形式则是亚里士多德的逻辑学。这种哲学反思到中世纪达到了顶峰，以三段论的方式追问本质的过程演变成了对上帝存在的证明。启蒙运动的发端不仅是对中世纪宗教神学的反叛，更是对人类本性的全面思考。铭刻在希腊德尔斐神庙上的名句"认识你自己"，已成为近代哲学家开启哲学反思的重要口号。无论是笛卡尔对第一哲学的沉思，还是巴克莱对存在本身的经验论解释，都是把认识主体的作用放到了哲学反思的首位，也就是说，都是根据主体的意识或经验活动去决定世界的存在本身。这时的反思内容是主体的意识，反思的形式则是近代心理学。然而，在德国古典哲学中，笛卡儿以来的哲学反思则受到了挑战：反思不再限于呈现于心灵中的东西，而是要超越主体的意识，揭露被给予的东西背后的本质。因而，在黑格尔看来，反思不是思维本身，而是对思维的思维，即把思想本身作为反思的内容。这时的反思内容就应当是概念，而反思的形式则是辩证法。不过，黑格尔区分了反思和思辨，认为反思只是局部的，只提供关于对立面的知识；而思辨则是整体的，提供的是本源性的知识，能够揭示对立面的统一。当然，在哲学的批判活动中，怀疑和反思之间并没有前后相继的关系，在不同的哲学家的哲学思考中，怀疑本身就可能包含着反思，反思也可能意味着怀疑。从本性上说，哲学就是一种批判活动，这种批判就是以概念思维的方式对批判对象的理性考察，以理性的标准审视批判对象的前提和基础。显然，这种批判的一个重要条件，是要哲学家与批判对象之间保持一种距离，以便不同的哲学家对相同的批判对象能够得到客观、公正的批判结果。换言之，哲学的批判不可能是个人的，而只能是社会的。正是基于这种认识，哲学的批判活动始终是与社会的实践活动密切相关的。

（五）实践智慧和实践理性

自古希腊哲学以来，哲学家们就把人类的理性活动区分为两个部分，即理论理性和实践理性。理论理性关注的是作为整体的理性本身，讨论的是人类的理性特征；而实践理性关注的则是这种理性的不同应用，讨论的是人类理性与理性之外的其他人类特征（这样的特征主要包括欲望、意志和自由）之间的关系。历史地看，西方哲学家对这两种理性的认识有一个发展过程：亚里士多德最早提出关于实践智慧的思想，康德则把这种实践智慧发挥为对实践理性的批判，而现代伦理学家在试图恢复亚里士多德传统的同时，又提出以德性为核心重建现代道德价值体系的诸多构想。在《尼各马科伦理学》中，亚里士多德提出，人的知识和活动都是由灵魂支配的，而灵魂具有5种理性能力，即技艺（techne）、知识（episteme）、实践智慧或明智（phronesis）、智慧（sophia）、努斯或理智（nous）。后两者是贯穿人的认知活动全过程的最高理性，而实践智慧作为人的理性的组成部分，也受最高理性努斯的指导。

从广义上说，实践智慧包括了目的、意向、思想、感觉、判断等；从狭义上说，它主要是指人们在实践活动中体现出的智慧，以及处理实际事务时的深思熟虑。亚里士多德把实践智慧解释为理性和欲望的和谐结合。他认为，欲望引起了实践，人们由于欲望而在实践的目的上有所选择。但欲望不是实践的唯一目的，只有努斯及其发动的理性活动才是实践的重要原因。由于理性在实践的目的和选择这两个环节上的渗入，才使得实践活动具有了实践智慧。根据亚里士多德的论述，实践智慧具有四个特征：第一，拥有实践智慧的人善于考虑对自己是好的、有益的事情，主要是能够深思熟虑对整个生活有益的事情；第二，实践智慧和思辨知识不同，它不去考虑那些不变的、必然的和可以证明的东西，只思索那些在生活中经常变动的事情，考虑如何处置它们才能对自己有益；第三，实践智慧本质上是人追求对他自身好的（善的、有益的）和坏的（恶的、无益的）合理性的一种品质和行为能力；第四，实践智慧不只是关于普遍的，它必须能够认识特殊的。因为实践总是和特殊的事情相关，是有关行动的，这种特殊事情的知识和行为的普遍知识相结合，经验和理性的结合，需要融入直观理性的能力，也就是既能把握普遍原理又能洞察个别行为事实的最高理性努斯。只有这样才能实现实践智慧的最大功能，才能够深思熟虑对人有益的事情。

总之，实践智慧在实际生活中的最大作用就是它能明察生活事务，做出明智的判断；最终，实践智慧能够使人在实践中成为正义、高尚和善良的人，给人带来幸福。当然，亚里士多德也明确指出，理智德性和伦理德性并不是截然分离的。努斯支配着理智和实践智慧，因而高于实践智慧。由实践智慧体现出来的伦理德性必须在理智德性的指导下才能获得，由努斯支配的理智德性则是对存在者整体的思辨或沉思，这是最符合最高的善和人的最高目的的最高幸福。亚里士多德把合乎伦理德性的活动看作次等的幸福，因为它们在许多方面都与身体、情感有关，因此就表现为人的混合品性，远没有努斯那样更为体现人的纯净本性。只有经过理性的思辨活动，人们才能得到超越了伦理德性的实践智慧，才能达到具有理智德性的努斯。亚里士多德的德性理论最终构成了具有独立学科意义的伦理学，并为他的政治哲学奠定了伦理基础。康德对实践理性的批判具有划时代的意义。他的实践理性概念就是亚里士多德的实践智慧，但又比实践智慧本身多出了理性作用的成分。他首次明确区分了理论理性与实践理性，认为实践理性作为理性的应用就有了不同的领域，即自然的领域和自由的领域。由于作为统一理性能力的理论理性无法使实践理性本身超越各自的领域而应用于另一个领域，因此对实践理性的批判就成为对纯粹理性批判的重要组成部分。他指出，纯粹理性的理论能力是认识能力，而纯粹理性的实践能力则是欲望能力。对作为理性存在者的人来说，认识能力没有级别之分，但欲望能力却存在着高低不同，而意志决定的根据究竟出自低级的欲望还是出自高级的欲望，这正是道德的分界所在。低级的欲望是动物性的能力，那里就没有道德的根据；只有高级的欲望才是纯粹理性，它提供了道德的可能性和根据。在低级的欲望中，意志决定的根据只是欲望能力的质料，它们是当下在此的对象，是外在的具体对象；而在高级的欲望中，意志决定的根据则是一种作为形式的普遍原则，是出自纯粹意志自身的东西。由此，康德把实践的原则分为质料和形式，由于纯粹的实践理性属于高级的欲望能力，它的原则就是形式的。康德对实践理性的批判完全改变了亚里士多德关于实践智慧的观点，使实践智慧走向了逐渐远离具体的欲望和意志而更为抽象的形式道路。亚里士多德认为，实践智慧是由于理性的渗入而成为人们行为的向导,但实践智慧本身却只能给人带来次一级的幸福,因为它总是与个人的具体欲望和意志有关。然而,在康德看来,真正的或纯粹的实践理性应当是超越了具体欲望和意志的高级能力,是一种对欲望和意志的形式诉求。康德意义上的实践具有三种因素:实践准则(即意志决定根据)、意志决定与行为、实践的目的。虽然实践总是与某种目的联系在一起的,但任何行为的意志决定(亦即实践活动),都是出自意志决定的根据,这样的根据显然不可能是仅仅观照某些具体的意志决定,它应当是决定着一切意志活动。在这种意义上,它也被称作纯粹意志,也就是道德法则和自由。在《实践理性批判》中,康德给出了一条实践理性的道德法则,即"你意志的准则始终能够同时用作普遍立法的原则"。这是一条典型的"绝对律令"或"定言命令",它是无条件的,因而是先天的,并且使意志绝对客观地被决定。由于这个法则的先天性和独立性,因此它也就是先验意义上的自由,而"一个只有准则的单纯立法形式能够用作其法则的意志,是自由意志"。由此可见,自由意志就是纯粹理性的实践能力,而实践理性的道德法则就是这种能力的先天形式。康德正是依据纯粹理性在实践领域即自由领域中的应用,引发了他在实践理性中的"哥白尼式革命"。

现代西方哲学家在反思近代启蒙运动以来的实践理性传统时认识到,近代思想家在反对中世纪带来的基督教道德传统的同时,却以两种不同的方式摈弃了亚里士多德的德性传统。一种是把实践理性绝对化的思维方式,过分强调了人类理性能力本身对实践的作用,削弱了亚里士多德的德性理论中关于深思熟虑的论述,这主要表现为康德对纯粹理性的批判;另一种是把事实与价值、理性与情感、道德与传统截然隔离的倾向,或者是抹杀了个人与社群的统一性,前者表现为伦理学中的情感主义,后者表现为政治哲学中的个体主义。在现代西方哲学家看来,这两种反亚里士多德德性传统的倾向为现代社会带来的危害,就是导致道德相对主义和怀疑主义的盛行。为了克服这种危害,一些哲学家大力提倡在现代社会恢复亚里士多德的德性传统,由此形成了与情感主义和个体主义相对的社群主义,其主要代表人物就是美国哲学家麦金太尔和加拿大哲学家查尔斯·泰勒。社群主义者强调,道德应当植根于社会生活,传统的道德理论与现代性并不形成对立,相反,在现代社会实践的推动下,传统道德会得到继承和更新。他们共同指出,克服当代道德危机的根本出路在于吸取亚里士多德道德传统的精华,根据当代社会实践的合理性,重建以人为目的、以理性为指导、以社群价值为优先、融汇传统与现实的道德哲学。这就是麦金太尔等人建立的德性理论。根据这种德性理论,德性是人类实践中培养的内在的善,它为社会共同体提供了道德基础;个人实现德性和社会生活趋于善是动态的统一体;个人实践和德性修养融汇在社会传统的演进之中。只有以社群价值优先的共同的善为原则、以"公共利益"为核心价值,我们才能建立一个符合正义原则的社会体制,才能真正体现个人价值与社群价值的统一。从西方哲学的实践智慧和实践理性的传统中可以看出,西方哲学家们的理论思考从来没有脱离人,没有脱离人的社会实践活动,相反,他们的理论出发点总是在观照人的本性,即人的理性能力、意志能力以及人的欲望和自由。在这个传统之内,近代与现代的重要区别在于,近代哲学家更多地把人理解为理性的存在个体,试图通过对个体的理性能力的分析,说明整个社会以及人类的本性;但现代哲学家则更加关注理性个体所生活的社会和历史过程,强调以社会的共同价值标准判断个体的德性特征。把这两者结合起来,我们就可以很好地理解西方哲学中的实践智慧和实践理性的传统。

第四节 马克思主义哲学

马克思恩格斯在继承人类文明成果的基础上，创立了一种全新的世界观方法论学说。马克思哲学以彻底的唯物主义立场和实践批判的思维方式为起点，实现了人类思想史和哲学史上的一次重大变革，马克思主义具有不同于东、西方固有哲学传统的世界性质和独特地位。当代各国马克思主义者力求继承和发展马克思主义，开成了"一源多流"的发展态势，其中既有列宁主义哲学和斯大林模式的哲学，也有西方马克思主义哲学，更有马克思主义中国化的哲学新形态。

马克思主义是一个宏大的哲学社会科学学说体系。作为其理论基础和灵魂的哲学，最初是马克思和恩格斯在继承人类文明的精神成果，特别是批判地继承西方哲学传统的基础上创立的一种新型哲学。这一哲学不仅实现了人类思想史和哲学史上的一次伟大变革，而且通过其指导下的社会革命改变着世界的面貌和历史进程。因此，这个以马克思的名字命名的学说虽然诞生于西方，却以其世界性的形象和影响形成了一种既不完全属于西方也不简单属于东方的独立传统。在我国，马克思主义哲学更具有东、西方传统相结合的意义。

一、马克思主义哲学的历史逻辑

（一）马克思的哲学变革

马克思哲学是马克思主义哲学的原创形态，是对西方哲学传统的重大变革。马克思实现哲学变革的理论成果是，以"实践唯物主义"观点和思维方式的发现为基础，创立了以唯物史观为标志的新的世界观方法论体系。这一变革的现实表现和延伸，是对资本主义的批判研究和科学社会主义学说的建立。马克思以其伟大人格，在他去世百多年后的世纪之交，被西方多家媒体评为"千年思想家"和"有史以来最伟大的哲学家。"

马克思在哲学上的变革，源自他对西方哲学传统的批判继承。他充分汲取了该时代哲学的最高成果——德国古典哲学的思想营养，全身心地投入社会政治实践，在理论与实践的碰撞中，冷静观察、深刻总结，反思清算，终于创立了以人类实践为立足点和视角的新的唯物主义哲学，为他一生的理论创造奠定了坚实的世界观方法论基础。

马克思从小崇尚理性和思想自由，在中学时期他的几篇作文就已表现出了他的哲学素养。大学时期青年马克思开始真正投身于哲学。1836 年，马克思进入柏林大学法律系，入学之初他曾热衷于文学特别是诗歌创作。柏林大学是德国古典哲学集大成者黑格尔执教之处，这里汇集并培养了当时德国顶尖的哲学人才。马克思进入柏林大学时黑格尔刚刚去世 5 年。马克思作为学生参加了青年黑格尔派的"博士俱乐部"活动，这使他转向为一个热爱哲学、关注现实的理性主义者，并很快成为该俱乐部最活跃、最重要的成员之一。经历了各种相互对立的前沿哲学理念的洗礼，包括马克思对黑格尔思想的深层吸收，使马克思受到了西方哲学传统精华的滋养，为他后来洞察社会、研究学术奠定了深厚的哲学功底。正因为如此，马克思大学毕业时的博士论文选题是哲学而不是法学，毕业后他想选择的职业是去大学做哲学教师而不是律师。

1841年马克思大学毕业，青年黑格尔派领袖人物布鲁诺·鲍威尔本来要推荐马克思去波恩大学做哲学教师，但由于当时普鲁士政局变化，1840年上台的新国王压制思想进步，迫害青年黑格尔派等进步力量，迫使鲍威尔等人离开了大学讲坛，马克思的这一就业打算也就无从实现。马克思和一些进步分子转向以出版物为阵地，这就是他《莱茵报》时期的实践。由于办报而更多地参与了社会实践，进而产生了更多的疑问和苦恼，使马克思对西方哲学传统由以吸收为主转向以批判为主，从而肇始了他对西方哲学传统的变革。

　　马克思退回书房做的工作，是对自己先前信奉的黑格尔法哲学思想进行批判。在这时期马克思受到费尔巴哈唯物主义的影响，使他的思想方法发生了重大的变化，主要是从重视对社会"副本"的研究，转变到重视对社会"正本"的研究，从哲学领域转向经济领域。此阶段马克思研究的典型成果是《<黑格尔法哲学批判>导言》和《1844年经济学哲学手稿》。

　　《1844年经济学哲学手稿》（以下简称《手稿》），是马克思以哲学头脑进入经济领域研究社会问题的第一部重要著作。在《手稿》中，马克思阐发的一个基本思想是对"异化劳动"的批判。后世的一些马克思主义研究者认为这是马克思思想诞生的真正秘密。马克思批判地继承了德国古典哲学的思辨成果，把它运用于对当时资本主义社会的批判。

　　在进行艰苦卓绝的理论研究并取得重大突破的同时，马克思还有另一个重要收获，就是他结识了自己的卓越战友——弗里德里希·恩格斯。正是他们终生不渝的真诚合作，共同创建了马克思主义学说体系。

　　关于马克思的成就，恩格斯曾总结说，马克思一生做出了"使自己的名字永垂于科学史册的许多重要发现"，其中最重要的是唯物主义历史观和剩余价值学说。唯物主义历史观（也称历史唯物主义）标志着"正像达尔文发现有机界的发展规律一样，马克思发现了人类历史的发展规律"；剩余价值学说则表明，马克思"发现了现代资本主义生产方式和它所产生的社会的特殊的运动规律"。在人类历史的发展规律与资本主义的特殊规律之间，有着统一的内在逻辑和现实意义。"两大发现"是一个理论与现实相结合的完整过程和有机整体。

　　恩格斯说："一生中能有这样两个发现，该是很够了。即使只能做出一个这样的发现，也已经是幸福的了。但是马克思在他所研究的每一个领域，甚至在数学领域，都有独到的发现，这样的领域是很多的，而且其中任何一个领域他都不是浅尝辄止。"这就是说，马克思的成就并非来自偶然和幸运。应该说，除了来自时代特有的历史机遇、个人天赋等具体条件以外，马克思的成就更同他超乎寻常的勤奋钻研，特别是他对一切都不浅尝辄止的批判精神，并找到了一种全新的视角和思维方式有关。其中最具有历史意义的是，马克思发现并确立了一种新的哲学、一种新的世界观方法论，成为他的全部伟大发现的科学基础和理论精髓。

1. 马克思哲学的创立

　　马克思在把研究的重点转向经济学时，哲学不是被抛弃，而是作为其思想的灵魂和方法论基础渗透到新的对象和研究中，在实际应用中不断地予以检验和发展。这最终导致了一种全新的哲学形态，即以"实践的唯物主义"为基础，以历史唯物主义为标志的新世界观方法论的诞生。新世界观的纲领便是《关于费尔巴哈的提纲》。

　　马克思在艰苦条件下进行深入的经济研究和社会批判的同时，一直没有停止从哲学层面上进行批判和总结。这一最高智慧层面上的努力终于有了成果：1845年春天，他在自己的笔记本上写下了著名的《关于费尔巴哈的提纲》（以下简称《提纲》）；接着从这一年的秋天开始，他就与恩格斯合作写出了两卷本的《德意志意识形态》（以下简称《形态》）。

《提纲》的宝贵之处在于，它是马克思本人表述他的新世界观方法论体系的第一篇历史记录和理论雏形，是体现马克思哲学精神实质和理论面貌的纲领性文件。马克思此后的哲学思想和著作，在一定意义上都可以看作对《提纲》内容的展开、验证、深化和发展。可以说，《提纲》是马克思在哲学上实现伟大变革的一篇未曾发表的宣言，它可以成为马克思全部哲学思想的一个基础、一个起点、一把钥匙。

总之，《提纲》作为"包含着新世界观的天才萌芽的第一个文件"，确立了全新世界观方法论体系的根基。它批判地继承了当时以黑格尔哲学的费尔巴哈哲学为代表的西方哲学最高成就，综合各家所长，特别是在重新深刻理解人和社会的存在、活动及其本质基础上，创造性地形成了自己"把感性理解为实践的唯物主义"的哲学理念和方法，并高度自觉地把它与对社会实践及历史的研究紧密结合在一起，为认识世界、改造世界提供了新的理论视野和思想工具。

2. 马克思哲学成果的标志：唯物史观

在《提纲》中确立的方向和道路，通过马克思毕生的努力得到了贯彻和体现。特别是以社会主体——人为本，立足实践，融世界观与历史观，存在论、认识论与方法论为一体的致思方向，使马克思在关于人类社会的研究中取得了划时代的成果，这就是包含于《德意志意识形态》、《哲学的贫困》、《政治经济学批判》、《共产党宣言》、《资本论》等著作之中，被恩格斯称作"两大发现"之一的唯物主义历史观（简称唯物史观）理论体系。马克思的思想也正是由此从一位学者的头脑走向了世界，成为人类改造社会、追求解放的一面旗帜。

唯物史观是马克思哲学的最大成果和主要标志。作为关于人类社会本质及规律的一套全新观点，唯物史观以其对人和社会生活的彻底唯物主义理解，颠覆了传统的唯心史观，"在整个世界历史观上实现了变革"。

3. 人类解放的思想宝库

马克思在中学毕业时曾表示："如果我们选择了最能为人类而工作的职业，那么，重担就不能把我们压倒，因为这是为大家作出的牺牲；……我们的幸福将属于千百万人。"他用自己毕生的努力实践着这个志向，把"为人类而工作"落实为对人类解放之路的探索。这一主题贯穿于他的全部理论和全部著作之中，其中《资本论》和《共产党宣言》是最著名的代表。

《资本论》是马克思在哲学、经济学和全部研究领域，在社会科学理论和科学方法等方面毕生研究成果的集大成之作。《资本论》共分三卷，分别以"资本的生产过程"、"资本的流通过程"和"资本主义生产的总过程"为题，对资本主义社会的经济形态从细胞到组织、从组织到运行、从生成到演变、从部分到整体进行了深入透彻的研究。马克思以人类社会迄今最发达的形态——资本主义，特别是当时英国的工业化社会为对象，运用他创立的唯物史观及其方法，通过揭开资本的秘密而揭示了资本主义的特殊规律，并进一步揭示了人类社会发展的一般规律，从而展现出一幅人类社会发展内在逻辑的全景图。

科学社会主义是马克思的哲学与资本主义时代的社会发展相结合的理论产物，它体现了马克思哲学以探讨社会发展规律为己任，以"改变世界"并"推动世界革命化"，最终实现人类的解放为目的的实践取向和价值诉求。在从事长期艰苦理论研究工作的同时，马克思还担负着指导风起云涌的欧洲工人运动的责任。他和恩格斯就"共产主义者同盟"之邀共同起草的《共产党宣言》，集中阐述了他们创立的科学社会主义学说，阐明了马克思主义的政治主张和实践纲领，从此成为世界共产主义运动的理论旗帜。

（二）马克思主义哲学的历史发展

马克思逝世以后，恩格斯为继续推进马克思主义和国际共产主义事业不懈地奋斗，在理论和实践上作出了许多创造性的贡献。随着世界形势的发展变化，各国一代又一代马克思主义者在实践中坚持和发展马克思主义哲学，使它对现代世界历史产生了极为巨大的影响，马克思主义哲学本身也在曲折的前进过程中不断获得新的发展面貌。

1. 恩格斯的理论贡献

恩格斯是马克思一生最亲密、最伟大的战友，他既支持并参与了马克思哲学创立的过程，也是发现并阐发马克思哲学伟大意义的第一人。这一事实使恩格斯成为最权威的马克思主义作家之一。马克思的许多成果中都有恩格斯的辛勤劳动，《马克思恩格斯全集》从来都是合璧出版的理论宝库。恩格斯是第一位系统阐发马克思哲学思想的理论家。恩格斯不仅在马克思逝世后整理出版了马克思的巨著《资本论》第二、三卷和其他著作，而且他本人先后撰写的《反杜林论》和《路德维希·费尔巴哈和德国古典哲学的终结》等著作，也成为马克思主义哲学的经典之作。

在与马克思共同创建马克思主义学说的过程中，恩格斯除了从各方面积极协助马克思外，还有意承担了一些具体科学领域的研究任务，包括一些自然科学、部门经济学和军事学等，并取得了重要成果，发表了《自然辩证法》、《家族、私有制和国家的起源》等著作。这些成果极大地丰富了马克思主义的理论宝库。恩格斯开创的唯物主义哲学与自然科学结盟的传统，对于马克思主义哲学形态的发展产生了巨大的影响。其中特别是关于科学实证精神与唯物主义原则一致性的思想，对辩证法作为普遍合理思维方式的意见，和对唯物史观的科学性的把握等，构成了恩格斯对马克思主义哲学独具特色的理论贡献。

2. 苏联的马克思列宁主义哲学

19世纪末和20世纪初，世界资本主义发展到帝国主义阶段，帝国主义之间的争斗导致世界大战的爆发。伴随两次世界大战而发生的世界范围内的社会主义革命，改变了世界的格局。马克思主义在世界范围内的传播和实践为人类文明发展写下了新的历史篇章。而在苏联和东欧国家进行的社会主义实践，则为马克思主义哲学的发展和反思留下了宝贵的历史经验。19世纪后半叶，马克思的学说传到了俄国，以著名哲学家普列汉诺夫为代表的一批革命的思想家开始探索马克思主义与俄国革命相结合的进程。列宁是在这一历史进程中涌现出来的无产阶级革命领袖和马克思主义理论家。

列宁对马克思主义哲学的探索和运用，不仅体现在他的《唯物主义和经验批判主义》、《国家与革命》、《哲学笔记》等哲学作品中，更体现在他关于时代特征，以及关于社会主义革命和建设的规律、战略和策略等重大现实问题的论述中。列宁对马克思主义的创新、发展的贡献主要表现在以下两个层面上。

1) 在理论层面。列宁科学地剖析了帝国主义的经济基础、深刻矛盾和危机，提出了社会主义革命可能在一国或几国首先取得胜利的论断。

2）在实践层面。领导俄国人民取得了十月社会主义革命的胜利，使科学社会主义由理论变为现实，从而开创了世界历史的新纪元。列宁逝世后，斯大林坚定地推行列宁主义，同时也赋予列宁主义以自己的解释和发展。斯大林在1926—1936年主要是捍卫列宁关于一国能够建设社会主义的理论，由此为苏联的存在和发展作了历史合法性论证。斯大林对马克思主义哲学的基本理论作了系统而独具特色的概括。但随着苏联在政治上对斯大林个人崇拜的加剧，思想理论领域的专制和"一言堂"现象也必然发展起来。此后很长一段时期，苏联哲学界研究的主要内容，都是对斯大林体系的学习和宣传。在当时的氛围里，偏激、极端的意识形态倾向日益主宰了理论研究，学术争论被越来越多地"上纲上线"，乃至变成了"大批判"和政治声讨。许多与教科书无关或有不同见解的领域，一律遭到禁止。由于基础理论的研究在限制下趋于萎缩，马克思主义本身的生命力必然地受到了严重的伤害。在这种情况下，要想产生能够引导苏联走出恶性循环的重大理论创新成果，显然是很难的。苏联国家和社会后期出现的发展和思想混乱，应该说与此有必然的内在联系。

马克思主义走向世界性的实践，在东、西方国家不同的社会和文化条件下，形成了不同的思想风格，产生了不同的理论流派。其中既有一些东欧社会主义国家及其执政党内不同于苏联斯大林模式的哲学走向，也有在资本主义世界产生了巨大影响的"西方马克思主义"哲学兴起，更有"马克思主义中国化"的开辟，等等。这种多样化的探索及其取得的成绩，继续保持并充分显示了马克思主义哲学的生命力和当代价值。

二、马克思主义哲学的理论逻辑

马克思在《关于费尔巴哈的提纲》中公开宣布，自己哲学的历史使命不仅在于认识世界、理解世界，关键在于改造世界。通过唯物史观的创立和政治经济学的研究，揭示了社会发展的内在历史规律和资本主义剥削的秘密，论证了资本主义社会只是人类社会发展过程中的一个暂时现象，资本主义的必然灭亡和社会主义的必然胜利是不以人们的意志为转移的客观规律，从而为无产阶级争取自身权益和自由解放指出了现实的道路。因此，马克思主义哲学不但率先实现了现代哲学的人学转向，而且还为科学形态的人学建立奠定了实践唯物主义的基础。

（一）马克思主义是完备而严密的科学理论体系

马克思主义哲学是马克思主义的世界观和方法论，是整个马克思主义的基础部分，是构成整个马克思主义理论体系的基础，并贯穿和体现于马克思主义的全部学说和实践活动之中。马克思主义政治经济学，即马克思主义的经济学说，是马克思主义的主要内容，是马克思主义理论最深刻最全面最详细的证明和运用。科学社会主义，又称科学共产主义，是马克思主义思想体系的核心。正是在这个意义上，马克思主义创始人在讲到科学社会主义时，除了指它是马克思主义的一个重要组成部分，还常常从广义上把它与整个马克思主义当作同义语来使用。在马克思的理想中，共产主义社会就是他的人学理论对人类发展应然目标的设定。总之，马克思的唯物史观和政治经济学不但为其人学思想的展开提供了现实的基础，而且为其进行科学的论证开辟了广阔的理论论域。人的全面自由充分发展是马克思主义人学的理论归宿，它体现了马克思主义人学对人的终极关怀。人的发展包括人的全面发展、自由发展和充分发展三个方面。人的全面发展是就人的发展范围而言的,它与人的片面发展、部分人的发展相对立,是指每一个现实的个人摆脱各种内在的和外在的限制,在社会关系、实践能力、整体素质、自由个性等诸方面所获得的普遍提高和协调发展。人的自由发展是就人的发展的自主性而言的,作为主体的自觉、自为、自主地发展,即马克思所说的"个人的独立的和自由的发展","不受阻碍的发展"等。人的充分发展是就人的发展的程度而言的,是指人在一定的社会历史条件下的全面、自由的高度发展,是一个从不自由到比较自由再到更自由的发展过程,如马克思反复强调的"一切天赋得到充分发展"、"体力和智力获得充分的自由的发展和运用"等。通过以上分析我们不难看出,马克思关于人的自由全面充分发展的理论是一个完整的思想体系。其中,个人的社会特征的充分和谐的发展起着决定作用,离开它,有关人的类特性和个性的理论阐述就会流于抽象和空泛。人的个性的发展是人的发展状况的历史载体,通过对它的考察,可以洞察和分析出个人的社会关系和类特性的历史发展状况,因此,个性发展提供了衡量人的发展状况的价值尺度。人的类特性的充分发展则是人的发展的人类学根据,是人的全面发展的前提和根基。总之,马克思关于人的全面发展的思想实质,从内容上讲,是为了确立人在世界中的应有的价值和主体地位,求得人类社会发展和个人发展的和谐一致,达到自由的生存;而从理论上讲,则是实现人道主义和历史唯物主义的有机统一。马克思通过系统的论述,明确地将人的全面、自由而充分的发展确定为新唯物主义的价值取向和终极目标,体现了马克思主义人学对人的终极关怀。以实践为基础的科学性和革命性的高度统一是马克思主义的根本特征。解放思想、实事求是、与时俱进,既是马克思主义的精髓和灵魂,又是马克思主义所独具的理论实质。

(二)马克思主义哲学的创立在哲学史上的伟大变革

马克思、恩格斯批判地继承了几千年来人类思想和文化发展中的一切优秀成果,尤其是批判地吸收了德国古典哲学黑格尔(本体论上是绝对精神的客观唯心主义,辩证法思想是其哲学体系的合理内核)及费尔巴哈(本体论上是唯物主义的基本内核,陷入唯心史观的泥潭)的合理成分,创立了唯物史观和剩余价值学说,在此基础上把社会主义由空想变成科学。

德国古典哲学的发展,为马克思主义哲学奠定了哲学理论基础。德国古典哲学的两个代表人物是黑格尔和费尔巴哈。黑格尔是继康德之后在西方哲学史上具有顶峰意义的一位哲学家,他在本体论上讲述了绝对精神,用马克思主义的基本理论来看就是客观唯心主义。但他把自然、社会都理解为运动发展的,企图揭示其规律,这具有辩证法意义。黑格尔辩证法思想是其哲学体系的合理内核。费尔巴哈在黑格尔之后,对黑格尔建立的庞大唯心主义体系进行了批判,建立了唯物主义。唯物主义是费尔巴哈的基本内核,但在进入社会领域,他就陷入唯心主义。所以费尔巴哈的唯物主义是不彻底的唯物主义。马克思在二者的基础上通过理论创新,通过革命实践合理地吸收了黑格尔的辩证法合理内核以及费尔巴哈的唯物主义基本内核,创立辩证唯物主义这样一个哲学世界观和方法论。马克思主义哲学的创立是哲学史上的伟大变革,变革的关键在于:在科学的实践观基础上,实现了唯物主义与辩证法、唯物辩证的自然观与唯物辩证的历史观的高度统一,形成了辩证唯物主义和历史唯物主义的理论体系。马克思主义哲学是彻底的、实践的唯物主义哲学,它达到了唯物主义和辩证法的内在统一,是科学的彻底的唯物主义和科学的彻底的辩证法。

1)从世界观角度,马克思主义哲学是无产阶级科学的世界观和方法论。从世界观的角度,也就是从它的阶级属性上看。马克思主义哲学是无产阶级理论化、系统化了的科学的世界观和方法论，有自己鲜明的阶级立场，是为无产阶级服务的。

2）从研究对象角度，马克思主义哲学是关于自然、社会、思维发展一般规律的科学，是对其知识的正确概括和总结，是辩证唯物主义和历史唯物主义（内容视角）。马克思主义哲学以科学实践观为基础，正确解决了人与自然、人与社会，以及人与其自身在内的人与世界的关系，从而实现了唯物论与辩证法相结合，唯物辩证的自然观和社会历史观相结合，形成了辩证唯物主义和历史唯物主义的理论体系。

哲学是关于自然、社会、思维一般规律的概括和总结。但这种概括有可能是错误的，是唯心的。而马克思主义哲学关于自然、社会、思维一般规律的概括和总结，是正确的结论。马克思主义哲学有辩证唯物主义和历史唯物主义这两大理论板块，即它不仅在自然观上是唯物的，在历史观中也是唯物的。

3）从本质特征角度，马克思主义哲学是在实践基础上科学性与革命性的统一。马克思主义哲学的最显著特点是实践性和阶级性。马克思主义哲学，是在实践基础上的科学性和革命性的统一。马克思主义基本特征也是这个，因为马克思主义的特征就是通过马克思主义哲学来呈现出来的。其三个本质特征是实践性、科学性、革命性（阶级性），其显著特征是实践性和阶级性，其中最显著特征是实践性。

（三）马克思主义哲学原理的逻辑框架

马克思主义哲学由两个部分构成：辩证唯物主义和历史唯物主义。辩证唯物主义包括辩证的唯物论、唯物的辩证法、唯物主义的认识论（或者简单称唯物论、辩证法、认识论）三个部分；这都是在世界整体领域中探讨的，因为哲学是关于自然、社会、思维的一般规律的概括总结。唯物论回答了世界是什么的问题；辩证法回答了世界怎么样的问题；认识论回答了人类认识的本质及其发展规律的问题。其实这就是哲学的三个发问：第一个，哲学一定要问世界是什么。苏格拉底、柏拉图、亚里士多德都是在哲学的本体上进行探讨研究。第二个，不管我们观的是什么，我们都要站在本体论的立场上来看世界是怎样存在和发展着的。这就是辩证法的问题。第三个，我们人类怎样去认知世界，去诠释世界，去理解认识发展规律。这是认识论问题。历史观回到人类社会本质及其发展规律、社会与人的关系，也就是回答社会领域之间的关系。所以哲学是关于自然、社会两个基本领域，再加上我们说的思维领域这样三大领域中规律的概括或总结。

1. 辩证的唯物论

"唯物论"是整个马克思主义哲学的理论基础和逻辑起点，它作为彻底的唯物主义，首先要回答世界的统一性问题，也就是世界是物质的还是精神的。为此，要正确处理好物质和意识的关系。从逻辑上，首先要了解物质以及物质存在的基本形式——运动和时空，从而形成物质观、运动观、时空观；其次，进一步把握意识，从而形成意识观；最后，正确处理物质和意识的关系，坚持辩证唯物主义的观点，不仅物质决定意识，而且意识对物质具有能动作用，从而形成实践观。马克思主义哲学唯物论中的三观：物质观、意识观、实践观。

就整个体系来讲，物质观主要是通过物质的概念，来表达马克思主义鲜明的本体论的立场和观点。物质观首先谈物质的概念，再谈物质观是什么，最后探讨不仅自然界是物质的而且整个世界都是物质的，即马克思主义物质观是彻底的唯物论。世界是物质的，物质是怎样存在着呢？所以要讲物质的存在方式即运动，运动是物质存在方式和根本属性，而运动又是怎样存在着的呢？这就要讲到时空观。意识观是马克思主义在物质决定意识的前提下，对意识的基本立场、基本观点做了辩证唯物论根本性的表述。在意识观里首先掌握意识的概念，然后看意识自身的能动性。意识能动性的基本前提就是物质决定意识，意识才发挥它的能动性。物质与意识的关系决定了物质观和意识观，二者本身是联系在一起。实践观仍然从基本概念着手即实践是什么，然后看实践的构成、组成和基本特征及实践的基本形式，主要理解整个马克思主义对实践总的立场、根本观点，研究实践本体。在马克思主义基本原理中特别是马克思主义哲学之中，认识论里面谈实践主要是谈实践与认识的关系，是站在实践与认识的关系上探讨实践与认识之间的地位和作用。在唯物论的实践观中是探讨实践本身是什么？是站在唯物论的角度上探讨实践的本体。这是两个截然不同的角度。通过物质观、意识观、实践观了解马克思对世界是什么做了辩证唯物的根本性回答的基本立场。西方哲学大致分为三个历史发展时期，第一个历史时期是苏格拉底、柏拉图、亚里士多德时期。以他们为代表来研究世界的本体是什么？紧接着随着西方资本主义的发展，人们开始由哲学的本体论进入了认识论，才有了怎样去诠释世界这样一个哲学范畴和哲学研究领域，哲学发展史由本体论转向认识论。20世纪之后，现代西方哲学又转向了语言现象学、分析学等，比如海德格尔、伽达默尔等西方哲学家。哲学这种转向是随着具体科学和社会的发展而发展起来的。马克思主义诞生于19世纪四五十年代，这时候西方哲学已经跨越本体论和认识论，所以在研究马克思主义哲学时会看到马克思主义自然观里有唯物论、辩证法、认识论三大板块；再加上马克思自己的理论创新——唯物历史观，才有了马克思主义哲学的四大理论板块。恩格斯在哲学史上第一次明确指出："全部哲学，特别是近代哲学的重大的基本问题，是思维和存在的关系问题。"哲学基本问题包含两个方面，因此哲学基本问题包括两大理论板块——本体论和认识论。我们说哲学有唯物论、辩证法、认识论，在哲学基本问题里涉及第一个和第三个问题，即唯物论和认识论，但没有涉及第二个问题，即辩证法。哲学基本问题不是思维与存在的问题，而是思维与存在的关系问题，因为有了关系才有了思维与存在谁是根本，谁是第一性、是本原。这是哲学基本问题两个方面的第一个方面问题，对这个问题的不同回答是划分唯物主义和唯心主义的标准。物质第一性是唯物主义，意识第一性是唯心主义，这是哲学本体论问题。马克思主义对这个问题的回答就是物质决定意识，物质第一性，所以马克思主义哲学是唯物主义，才有了它理论的第一板块唯物论。

与哲学基本问题一致，社会存在与社会意识的关系问题是社会历史观的基本问题。凡是认为社会存在决定社会意识的，是历史唯物主义；凡是认为社会意识决定社会存在的，是历史唯心主义。社会历史观的基本问题仍然是针对哲学基本问题在社会领域中进行延伸和展开，或者说哲学基本问题在社会历史领域、历史观中的运用和具体体现，因为哲学的基本问题不仅包括自然观，还包括社会历史观。马克思主义研究的主线是人类社会发展的规律，它高度关注人类社会这样一条主线的问题，那么它的哲学就是研究人类社会发展规律的世界观和方法论，即辩证的唯物主义和历史唯物主义，是通过辩证唯物主义的自然观引申到历史观。所以对人类社会这个领域，马克思主义哲学单独拿出一块来讲解历史唯物主义。那么与哲学基本问题一样，哲学基本问题是思维与存在的关系问题。进入社会历史领域是社会存在和社会意识的关系问题，凡是认为社会存在决定社会意识的就是历史唯物主义。凡是认为社会意识决定社会存在的就是历史唯心主义。马克思认为社会存在决定社会意识，所以马克思主义创立了唯物历史观。在社会历史领域只有马克思主义是唯物的，其他哲学都是唯心的，包括旧唯物主义在社会历史领域也是唯心的。所以我们说旧唯物主义在自然观上是唯物的，在历史观上是唯心的；把旧唯物主义称为不彻底的唯物主义，或者半截子唯物主义。因此，在马克思主义产生之前，哲学在社会历史领域不存在唯物主义与唯心主义的斗争。马克思主义产生之后，哲学在社会历史领域才有了历史唯物主义和其他哲学唯心主义的斗争。

2. 唯物的辩证法

辩证法是整个马克思主义哲学的重要组成部分，在唯物论的基础上，进一步回答了世界存在的状态问题（也就是世界是联系发展的，还是孤立静止的），从而形成了辩证法和形而上学两种世界观和方法论的对立。坚持唯物辩证法的观点，整个物质世界是普遍联系和永恒发展的。唯物辩证法从逻辑结构上紧紧围绕着对物质世界联系和发展的认识，形成了三大规律和五对范畴。首先，三大规律遵循着人的认识由外到内的过程。质量互变规律从外在形式、形态上描述了发展的基本形式和形态——量变和质变，任何事物的发展从外在上都是不断地从量变到质变再到新的量变的过程；对立统一规律进一步揭示了发展的内在动力和源泉——事物的矛盾，尤其是事物的内在矛盾；否定之否定规律深刻阐明了事物的发展由内在矛盾自我否定所引起的自我完善、自我发展的过程，总方向是前进的，具体的道路是曲折的，从而从形式、形态—动力源泉—方向道路，深入系统地阐述了联系和发展的观点，形成了唯物辩证法的发展观。其次，五大范畴由外到内阐述了对事物普遍联系的认识。现象和本质阐述了事物外部联系和内部联系的关系；原因和结果阐述了事物前后相继、彼此制约的关系；必然性和偶然性阐述了事物发展中两种不同趋势之间的关系；可能性和现实性阐述了可能事物和现实事物之间的关系；形式和内容阐述了事物诸要素同这些要素的结构和表现方式的关系。

3. 辩证唯物的认识论

哲学有三个基本的发问。第一个发问是"世界是什么"，由此形成唯物主义和唯心主义两大阵营，马克思主义做了唯物主义的回答。第二个发问是"世界怎么样"，由此形成辩证法和形而上学的对立，马克思主义坚持唯物辩证法的基本立场和观点。第三个发问是"人类能否认识世界，怎么认识世界"，这就是认识论所要探讨的问题，由此形成可知论和不可知论。

这一部分围绕着人的认识来了解认识的本质和过程，以及认识是否正确、如何检验的问题，从逻辑上分为三个部分。

首先，坚持辩证唯物主义认识论的观点，从实践和认识的关系上揭示了认识的本质是主体在实践基础上对客体的能动反映。认识的机制是对信息的选择和重构过程。辩证唯物主义认识论的基本的观点，也就是实践观。实践观点是马克思主义认识论首要的基本观点，在这个问题上要探讨实践与认识的辩证关系。这是我们首先要接触到的马克思主义在认识论中的首要的、基本的观点。然后在这个基础上进一步看认识本身是什么，从而揭示认识的本质。

其次，认识发展的辩证过程，揭示了认识发展的总过程是不断地从实践—认识—再实践—再认识，如此反复循环的过程，认识和实践、主观和客观具体历史的统一。其中认识具体过程中包含着两次飞跃，以及非理性因素的作用。把握了认识本质之后，接着要去找认识发展的规律。我们运用唯物辩证法从两个角度去找认识发展规律：一个是绝对运动的视角，一个是相对静止的视角。第一，绝对运动的视角，就是从认识发展的总规律去看认识到底是怎样运动发展的。我们看到实践基础上—认识—再实践—再认识这样不断循环往复。随着实践的发展，随着时代的发展，随着社会的发展，认识不断达到新的高度，达到客观正确的认识这样一个总的运动规律。第二，相对静止的视角，就是马克思主义要研究认识的真正规律，必然还要在一个相对静止的区域，一个具体的认识周期内，来分析认识的运动规律。一个具体的认识周期，就是从实践为基础的感性认识上升到理性认识，作为第一次理论飞跃；然后理论认识再回到实践中检验，同时指导实践，这是第二次理论飞跃。

再次，认识是否正确、如何检验？实践是检验真理的唯一标准，阐明了马克思主义的真理观，如何理解实践是检验真理的唯一标准，以及追求真理和创造价值作为人类主客观相互作用的两个方面，两者的统一是人类活动的内在要求。这一问题就是探讨怎样检验认识是否正确。我们要坚持实践是检验真理的唯一标准，来明晰马克思主义的真理观。在马克思主义真理观里，我们探讨真理本身是什么，同时还要看到真理与价值的关系，最后把真理标准和价值标准、把认识和实践相互统一在一起。

4. 唯物史观

历史唯物主义作为马克思主义的社会历史观，是马克思主义的核心内容。从逻辑上分为三个部分：首先，坚持唯物辩证的观点，分析了社会历史的发展过程；其次，强调了人在社会历史中的主体地位和作用；最后，阐述了社会发展和人的发展的关系，论证了社会的发展要以人为本。马克思关于人的全面发展的思想实质，从内容上讲，是为了确立人在世界中的应有的价值和主体地位，求得人类社会发展和个人发展的和谐一致，达到自由的生存；而从理论上讲，则是实现人道主义和历史唯物主义的有机统一。马克思通过系统的论述，明确地将人的全面、自由而充分的发展确定为新唯物主义的价值取向和终极目标，体现了马克思主义人学对人的终极关怀。

三、马克思主义哲学的中国化

中国共产党从成立之日起就把马克思列宁主义确立为自己的指导思想，并在长期奋斗中坚持把马克思主义基本原理同中国具体实际相结合，发展了马克思主义，先后产生了两大理论飞跃成果：毛泽东思想和中国特色社会主义理论体系（邓小平理论、"三个代表"重要思想、科学发展观及"四个全面"战略布局）。马克思主义传入中国并与中国实际相结合，不仅使中国社会的面貌一新，也使马克思主义具有新的时代特征和中国风格的新的面貌。这两个前后相接、并具有重大历史意义的成果的产生，同时也意味着，当代中国的马克思主义哲学形态，正在实践中形成和发展起来。

（一）毛泽东思想

在中国革命时期，毛泽东把马克思主义的普遍原理与中国革命的具体实践相结合，找到了一条有中国特色的革命道路，还进一步提出了有中国特色的革命道路，形成了毛泽东思想。

在中国民主革命的长期艰苦过程中，以毛泽东为主要代表的中国共产党人，运用马克思主义的理论，"把中国长期革命实践中的一系列独创性经验作了理论概括，形成了适合中国情况的科学的指导思想，这就是马克思列宁主义普遍原理和中国革命具体实践相结合的产物——毛泽东思想"。毛泽东思想包含了指导中国新民主主义革命和建设初期的指导思想。而毛泽东思想的活的灵魂，是贯穿于它的各个部分的立场、观点和方法，这就是以"实事求是"为核心的马克思主义思想路线，亦即毛泽东的哲学思想。

（二）中国特色社会主义理论体系

后来在面对"文化大革命"造成的危难局面，以邓小平为代表的共产党人，以巨大的政治勇气和理论勇气，重新科学评价毛泽东思想，彻底否定"以阶级斗争为纲"的错误理论和实践，把马克思主义的普遍原理同中国社会主义建设的具体实践相结合，以"解放思想、实事求是"为标志，在思想路线上拨乱反正，使马克思主义重新焕发生机，使中国重新走上健康发展道路。邓小平理论关于"什么是社会主义，怎样建设社会主义"这个问题的提出和回答方式，是思维方式的层面上对社会主义观的最重要变革，具有十分重大的理论创新意义。从此开辟了建设中国特色社会主义的新的道路。在这一进程中逐渐形成的中国特色社会主义理论体系，凝结了几代中国共产党人和中国人民不懈探索实践的智慧和心血，是马克思主义中国化最新成果，也是一个不断发展的开放的理论体系。它的形成和发展，处处都联系着马克思主义哲学的创新和发展。

江泽民在新的历史条件下围绕着建设一个什么样的党和怎样建设党的问题，深化了我党的执政规律、社会主义建设规律、人类社会发展规律的认识，形成了"三个代表"重要思想。

胡锦涛围绕着发展什么、如何发展的问题，提出了科学发展观。改革开放和中国特色社会主义道路的开辟，使中国的现代化建设和中华民族的崛起，在更加广阔的领域逐步展开，不仅取得了举世瞩目的成就，也积累了极其丰硕的思想理论和精神文化成果，使伟大的中华民族重新站到了世界民族之林前列，中国特色社会主义理论体系也在实践中得到了进一步的证实、发展和完善。

改革开放以来，围绕"什么是马克思主义、怎样对待马克思主义，什么是社会主义、怎样建设社会主义"的理论和实践探索，无不从基本立场和思想方法上，直接或间接地影响着发展观的形成和改变；而围绕"建设什么样的党、怎样建设党"的理论和实践探索，包括执政的中国共产党，要把代表中国先进生产力的发展要求，代表中国文化的前进方向，代表中国最广大人民的根本利益（"三个代表"），作为自己的"立党之本、执政之基、力量之源"重要思想原则的确立，包括对改革开放以来社会阶级阶层结构的变化的把握，包括保持党员队伍的先进性、提高党执政能力的建设，还包括改进党的作风、加强党与人民群众联系的各种努力，反腐倡廉建设，等等，无不与国家政府管理体制和政策的深化改革一道，为建立科学发展的充分主体条件做了必要的准备。正是在这些成果和总结发展实践经验的基础上，才形成了这种新型的、富有时代精神的科学发展观。中国特色社会主义理论和科学发展观的形成，为马克思主义哲学的发展提供了新的启示，也为之作出了新的示范。

在2012年党的"十八大"闭幕不久，以习近平同志为核心的党中央，站在马克思主义哲学视角的高度，紧紧围绕坚持和发展中国特色社会主义、实现中华民族伟大复兴的中国梦，提出了许多富有创见的新思想、新观点、新论断和新要求，深刻回答了新形势下党和国家发展的一系列重大理论和现实问题。这是把马克思主义理论与中国实际相结合，坚持和发展中国特色社会主义的最新理论成果。

大时代呼唤大手笔。无论从国际还是国内环境看，中国特色社会主义的事业，都处在一个需要、并且有利于产生新思想、大智慧的时代。中华民族的新的崛起为马克思主义哲学的发展和繁荣提供了新的巨大机遇。当代中国的马克思主义哲学如果能够回应历史和实践的呼唤，致力于实事求是、理论联系实际的开拓创新，就能够把握机遇，作为自己时代精神的精华，做出新的成绩，达到新的境界。历史经验归结为一点，就是把马克思主义基本原理同中国具体实际相结合，走自己的路，建设中国特色社会主义。在当代中国，建设中国特色社会主义道路，就是真正坚持社会主义；坚持中国特色社会主义理论体系，就是真正坚持马克思主义。

思 考 题

1. 如何把握哲学发展的理论逻辑？
2. 如何看待哲学与哲学史的关系？
3. 你认为中国哲学的主要精神和特点有哪些？
4. 你认为西方哲学的主要精神和特点有哪些？
5. 如何理解马克思主义哲学是哲学史上的革命？

第七章

哲学与文化

哲学同宗教、艺术、科学、道德等形态都是人类的精神活动的产物，是人类认识与把握外部世界的基本方式，其中哲学是文化的核心。哲学为其他文化形式提供本体论、方法论和价值论的理论基础，其他文化形式则为哲学的发展提供经验材料和内容。随着宗教、艺术、道德特别是科学的发展与进步，各文化领域的新成果不断被总结、概括为新概念、新范畴从而被吸收为哲学的新内容。

虽然从产生的时间顺序看，某些原始的形式艺术、宗教、道德可能先于哲学理论产生，但这些形式的宗教、艺术、道德的成熟与发展却不能离开哲学。可以假设，在这些原始的形式艺术、宗教、道德产生之时，也是有人类的原始哲学意识与其相伴的。

第一节 哲学与宗教学

一般而言，哲学总是被概括地理解为"对一切存在的反思"，当然也包括对宗教的反思。因此，无论是讨论宗教或哲学，都不可避免地会涉及宗教与哲学的关系问题。所谓宗教哲学，狭义指对基督教神学作哲学考察和解释的学说，广义指用哲学观点解释一切宗教的学说。它主要研究宗教的本质和规范、宗教世界观与人生观和道德的关系、宗教语言和宗教的象征意义等。

一、宗教的起源及本质

宗教是人类社会发展到一定历史阶段出现的一种文化现象，属于社会意识形态。它的主要特点在于，相信现实世界之外存在着超自然的神秘力量或实体，统摄万物而拥有绝对权威、主宰自然进化、决定人世命运，从而使人对该一神秘力量或实体产生敬畏及崇拜，从而引申出信仰认知及仪式活动。宗教的自身发展，是一个相当长久、复杂的演化过程。作为历史现象和社会现象，宗教观念和行为的发生、发展，皆受到历史和社会条件的制约，也对各相应历史时期和民族、地域的社会生活、文化风习、伦理观念等发生影响。对考古发掘和近存原始社会的考察表明，宗教不是在人类社会最初阶段出现的，而是当生产力和人类智能发展到一定高度——约在旧石器时代后期才出现的。考古发掘所见宗教起源迹象表明，宗教的起源一般为2万~4万年前，至多为10余万年前，但由于文化的极度低下，更久以前的人类行为，已难留下可供考察的明显遗迹。故宗教起源的前奏阶段，有可能早于目前考古所知年代。而宗教的形成年代，则可能大大迟于过去人们的设想。

路德维希·费尔巴哈是德国伟大的唯物主义哲学家，在德国近代哲学发展史上，他的最大功绩就是恢复了唯物主义的权威，并在此基础上完成了德国资产阶级对封建神学的批判。宗教问题始终是费尔巴哈整个著述活动的中心。他认为，宗教是"自己思想和自己生活的主要对象"[①]。1841年，费尔巴哈发表了《基督教的本质》一书，书中从人本学的观点出发，系统地揭露了宗教的本质，尖锐地批判了基督教和唯心论。在费尔巴哈看来，宗教的本质就是人的本质，宗教是被还原为人的自身本质的一种反映，也就是说不是上帝创造了人，而是人创造了上帝。

1844年，马克思在《〈黑格尔法哲学批判〉导言》中科学评价了青年黑格尔派批判宗教的功绩，特别是费尔巴哈将宗教的本质归结为人的本质，是人创造了宗教，而不是宗教创造了人的结论。马克思在此基础上，提出了自己对宗教本质的看法：第一，宗教是那些还没有获得自己或是再度丧失了自己的人的自我意识和自我感觉；第二，国家、社会产生了宗教，即颠倒了的世界观，因为它们本身就是颠倒了的世界；第三，宗教把人的本质变成了幻想的现实性，因为人的本质没有真实的现实性；第四，宗教是人民的鸦片。

关于宗教的本质，马克思主义总的思想是反对用观念的东西去诠释宗教，而主张在宗教的每个发展阶段的现实物质世界去寻找它的本质。恩格斯在《反杜林论》中曾对宗教的本质作了高度的概括，指出："一切宗教都不过是支配着人们日常生活的外部力量在人们头脑中的幻想的反映，在这种反映中，人间的力量采取了超人间的力量的形式。"这句话说明：第一，宗教就其内容和对象来说，与其他社会意识形态一样，都是社会存在的反映。宗教信仰和崇拜的对象并不是什么不可捉摸的神秘权能，而是与人们日常生活密切相关，但却支配着人们日常生活的自然力量和社会力量。宗教的内容不管多么神秘玄虚，我们都可以在世俗社会找到它的"原型"。第二，宗教之为宗教，它与其他社会意识形态的区别在于，从反映形式上看，它是那些支配人们日常生活的外部力量在人们头脑中的"幻想的反映"，是人们幻想的产物。一切宗教信仰和崇拜的对象都是幻想出来的东西，客观上并不存在；从基本特征上看，宗教是一种信仰和崇拜"超人间力量"——"神"或"神灵"的宗教。信仰"超人间力量"是宗教最显著的本质特征。

二、哲学与宗教的关系

（一）哲学与宗教的异同

1. 哲学与宗教的区别

宗教所反映的世界基本上是经验世界，只不过是在描述经验世界时加进了许多缺乏或扭曲经验世界真实性的成分，这就是宗教现象中常见的"颠倒了的世界观"或"幻象的反映"，即将经验世界中的存在者幻象化或神圣化后再用以解释经验世界。这个反映的对象正与科学所反映的对象相等，但科学是真实地反映或实证经验世界中的存在物，所以，宗教与科学在这方面的冲突要大于宗教与哲学之间的冲突。而哲学所反映的世界是一种逻辑上的宇宙观，

[①] 肖群. 浅论宗教的本质：从费尔巴哈到马克思、恩格斯[J]. 西北民族大学学报（哲学社会科学版），2006（05）：15-19.

即经验世界加可能性世界,是中国古典哲学中的"至大无外"的存在者。所以,哲学的宇宙观是一种超验的抽象概念,它不直接否定宗教或科学的实在概念的价值,而是从一个永恒的方向引导和激发宗教观念的演变和科学思想的创新。这是宗教与哲学相异的一个方面。另外一个相异的方面是,哲学注重建立在理性基础上的思辨,而宗教强调建立在体验或幻想上的信仰,即哲学在于"思",宗教在于"信"。哲学从一个永恒的角度来看待一切存在物的发展、演变,这是由其"反思的思想"所具有的无限灵活性所决定的;而宗教也似乎是从一个"永恒"的角度看待"一切存在物"的演变,但其所谓的"永恒"和"一切存在物"都是在对经验世界中的存在物作幻想的类比而形成的,如以"天国"折射"人世",以"永生"折射"长寿",以"地狱"折射"苦难"等。而在哲学的最高概念中只有超验的"理念"、"物自体"或"绝对精神"等。

2. 哲学与宗教的相同之处

在人生观和价值观的领域里,我们又可以看到宗教与哲学相同的一面,即两者都十分关注诸如生与死的意义、善与恶、美与丑、秩序与自由等。对于这些共同的方面,尽管哲学与宗教对它们的解释有思与信的差别,但它们对人类所提供的"安身立命"的功用却是相同的。根据上述的思路,宗教与哲学的异同关系可以总括为两个方面:一是它们涉及的领域有"大小"之别;一是它们进入自己领域的思想方法有"思"与"信"之异。宗教的领域一般不超出人类的经验世界,而哲学的领域往往在经验世界之外还有可能性世界。在经验世界之内,古今中外一切的宗教现象也是哲学思考的领域的一部分,而哲学的可能性世界则不在宗教建立信仰的领域里。在思想方法上,宗教要求其信徒对最高的神圣存在者,无论是人格性的上帝还是绝对灵性存在,都须呈献不假思索的虔诚。而哲学对宗教所谓最高存在者一定要诉诸理性之思考,即最高存在的证据何在;如何证明此证据的可信性;最高存在的本质定义与经验事实有无逻辑矛盾,如神之全善与人世之恶当作何解释等。

(二)哲学与宗教在传统文化中的作用

在东方文化传统中,宗教与哲学的关系是相互渗透、相互影响的,其特点是两者之间的若即若离,界限模糊。作为印度婆罗门教最早经典之一的《奥义书》,既可以看成婆罗门教和印度教的教义基础,也可以看成是它们在哲学方面的基础。它是印度最古老的《吠陀》经典的最后一部分,其中所宣传的"梵我同一"和"轮回解脱"等观念是具有宗教意味的,而其对于物质存在的原素论的解释和对社会伦理的乐生论的解释,又是具有哲学意蕴的。因此,《奥义书》既是古印度的宗教经典又是其哲学经典。特别是在公元前后,在《奥义书》的基础上,形成了著名的印度教正统的哲学流派——吠檀多派。佛教的传统也可以分成宗教和哲学两个相互交融的层面:作为宗教的佛教和作为哲学的佛学。佛教的创始人释迦牟尼本人展现出来的乃是其哲学思想,倒是后人将其思想和探索人生意义的行为改造成宗教教义与奇迹故事。此后,作为宗教传统的佛教在南亚、东南亚、中国、朝鲜、日本等地得到传播,其特点是强调修炼、戒律、出家及庙堂等形式。而作为哲学传统的佛学也在印度、中国、日本等地得到传播,并在历史上形成了大乘佛学与禅宗等。

中国儒家的传统也具有类似性。由孔子开创的儒家学派,思想里既有属于他自己创新的、具有哲学意味的仁义道德思想,也有古老的文化传统中沿袭下来的、具有宗教意味的天命鬼神思想。在这个中国文化的主流思想体系里，孟子的"养气"、董仲舒的"天人感应"、王阳明的"致良知"、康有为的"孔教"运动，以及一般意义上的"敬天祭祖"等，都是在表达儒家思想在宗教层面的含义。另一方面，儒家传统也有明显的哲学层面的意蕴，如孔子强调人世伦理的"仁"、荀子"制天命而用之"的思想、朱熹以"理气"关系解释事物的存在、冯友兰以"理、气、大全、道体"建构"新理学"的思想等。这些都与西方传统的哲学具有相同的理性思辨旨趣。不同的是，儒家的传统强调"天人合一"，总是将这个传统的宗教性和哲学性意蕴融合在一起，没有造成明显的互相冲突和紧张关系。

在西方文化传统中，宗教的启示性不断受到哲学的思辨性挑战，在思想方法上来自希腊哲学的思辨特征主导着整个宗教神学思想的发展方向。西方宗教传统从其源头开始，就突出信仰的启示特色，以与哲学从其源头开始的思辨特色相区别。在琐罗亚斯德教的圣书《阿维斯塔》、犹太教的律法书《托拉》、基督教的"上帝之道"中，充满大量神的启示。可以说，在西方宗教的古典时期，其主要思想特色是启示性的。虽然基督教在最初的时期仍带有犹太教在启示方面留给它的影响，但很快就转向了希腊哲学的理性思辨传统。中世纪早期的基督教神学在奥古斯丁时代形成一个高潮，其特点是柏拉图式的思辨性。到中世纪经院哲学的全盛时期，基督教神学的代表人物托马斯·阿奎那则转向亚里士多德并以其思辨方法建构了自己的神学体系。近代以降，基督教新教神学家施莱尔马赫与巴特又明显表现出康德哲学思想对他们的影响。接下来是存在主义哲学家海德格尔对神学家布尔特曼，怀特海的过程哲学对过程神学运动的影响。从基督教的发展方向看，哲学的思辨性影响是显而易见的。

尽管西方宗教特别是其神学思想传统一直在接受哲学方面的思辨性影响，但其哲学传统却很少受到宗教启示性特征的影响。只是由于中世纪神学在哲学思辨性传统的影响下居于西方思想的主流地位，才使哲学淡出思想领域，成了神学的婢女。可是，自从笛卡儿建立近代哲学以来，哲学又完全恢复了古希腊哲学的思想活力，脱离宗教神学的束缚，并且更加迅猛地发展出枝繁叶茂的诸多新流派。特别是经过康德与黑格尔的洗礼，20世纪的哲学开始全面清算宗教神学在西方传统中的影响。其间，诞生了排斥宗教传统的、无神论的逻辑实证主义和否定上帝绝对存在的以人为核心的存在主义，最精彩的是萨特对上帝的宣判："我给大家讲一个天大的笑话：上帝根本不存在！"[①] 存在主义发展了自启蒙运动以来哲学对神学的否定传统，萨特则在承认人的存在高于一切、提倡人的独立意识和与生俱来的绝对自由的前提下，把宗教传统中那个外在而超越的上帝完全否定了。从此以后，在西方宗教与哲学的关系中，根本的问题不是哲学在面临新问题时回到宗教思想中去寻求答案，而是宗教若要在新的历史条件下维系其信众对神或终极实在的信仰，不得不借鉴哲学的方法并协调自己与哲学在发展方向上的关系。也就是说，西方文化传统在启蒙运动之后所呈现的宗教发展趋势是哲学化的。

第二节 哲学与艺术

一、艺术的范畴界定及特点

一般意义上，我们习惯将"艺术"定义为人类通过借助特殊的物质材料与工具，运用一

---

① 出自《魔鬼与慈善的上帝》。

定的审美能力和技巧，在精神与物质材料、心灵与审美对象的相互作用下，进行的充满激情与活力的创造性劳动。它是一种精神文化的创造行为，是人的意识形态和生产形态的有机结合体。艺术的种类繁多，根据不同的分类标准，可将艺术分为美术（绘画、设计、雕塑、建筑）、音乐（声乐、器乐、舞蹈）、播音主持、表演、戏剧等。艺术类形态及分类标准有很多种，依据艺术形象的存在方式来进行划分，艺术又可分为时间艺术、空间艺术和时空艺术三种，而美术则是一种空间艺术；依据艺术形象的审美方式来进行划分，艺术可分为听觉艺术、视觉艺术和视听艺术；依据艺术的物化形式来进行划分，艺术可分为动态艺术和静态艺术；依据艺术分类的美学原则来进行划分，艺术可分为实用艺术、造型艺术、表演艺术、语言艺术和综合艺术等；依据艺术形象的表现方式来进行划分，艺术可分为表现艺术和再现艺术。一般来说，根据表现手段和方式的不同，艺术可分为表演艺术（音乐、舞蹈等）、视觉艺术（绘画、摄影等）、造型艺术（雕塑、建筑艺术等）、视听艺术（电影、电视等）、语言艺术（文学等）、综合艺术（戏剧、歌剧等）；如果根据时空性质还可以将艺术分为时间艺术、空间艺术、电脑艺术等形式。

艺术是一种很重要、很普遍的文化形式，有着非常复杂而丰富的内容，与人的实际生活密切相关。艺术作为一种精神产品，具有无限发展的趋势，并在整个社会产品中占有越来越大的比重。艺术拥有极其重要的精神价值，其客观作用在于调节、改善、丰富和发展人的精神生活，提高人的精神素质（包括认知能力、情感能力和意志水平）。艺术的欣赏就是人对艺术品的价值进行发现和寻找，是欣赏者、创作者及表演者之间的情感交流与情感共鸣。在艺术欣赏过程中，作者或表演者用动作、色彩、声音以及言词把自己所曾经体验过的感情表达出来，以感染观众或听众，使别人体验到同样的感情。艺术欣赏所产生的情感从表面上看具有超功利性，但它不是对功利性的否定，而是对功利性一种更为广泛、更为深刻的肯定。综合概括起来，艺术的特征主要有形象性、主体性和审美性。

（一）形象性

艺术的基本特征之一便是形象性，或者说是艺术形象是艺术反映生活的特殊形式。哲学、自然科学总是以抽象的、概念的形式来反映客观世界，艺术则是以具体的、感人的艺术形象来反映社会生活和表现艺术家的思想情感。普列汉诺夫曾说：艺术"既表现人们的感情，也表现人们的思想，但是并非抽象地表现，而是用生动的形象去表现。这就是艺术的最主要的特点。"各个艺术门类，它们所塑造的艺术形象可以具有不同的特点，如雕塑、绘画、电影、戏剧等门类的艺术形象，欣赏者可以通过视觉感官来直接感觉到；而音乐、文学等门类的艺术形象，欣赏者必须通过音响、语言媒介才能间接地感受到。但是无论怎样，任何艺术都不能没有形象。

（二）主体性

主体和主体性的思想是文艺复兴以来才有的。在古希腊时代虽然已经具有了以人为本的思想，把人看作万物的尺度，但还没有明确形成主体性的思想，那时的人们所理解的人还不能说是一个主体，他们所理解的自然也还不是客体，古人所理解的人尚与自然处于和谐一体的状态。主体性一方面体现主体的能动性。这种能动性体现为人不仅能够认识和改造客观世界，还能够创造客观世界，把世界改造成更符合人们要求的状态。主体性另一方面又体现了主体的自主性。人一方面是自然的主人,能够控制自然,另一方面又是自己的主人,能够决定自己的行为,把握自己的命运。因而主体性的另一个重要内容就是自由,作为主体的人,他自然是拥有自由意志的。

(三)审美性

艺术的第三个基本特征是审美性。从艺术生产的角度来看,任何艺术作品都必须具有两个基本条件:其一,它必须是人类艺术生产的产品;其二,它必须具有审美价值,即审美性。正是这两点,使得艺术品和其他一切的非艺术品区分开来。正是艺术的这一特点,使得艺术成为传达和交流人们审美意识的一种手段。艺术家通过艺术创作所产生的艺术作品,把自己的审美意识传达给读者、观众和听众,而欣赏者也是通过这种艺术欣赏使自己的审美需要获得满足。此外,通过艺术的物质材料和手段,还可以使人类的千百年来的审美意识记录并保存下来,世世代代地流传下去,成为人类巨大的精神文化宝库。

二、哲学与艺术的关系

马克思和恩格斯并没有提出一般的美学理论,而且也没有对艺术和文学进行过任何系统的研究。但马克思对关于艺术与哲学的简单性阐述,却引发了对哲学与艺术内在关系的极大争论。在《大纲》的"导言"里,马克思曾经提到,"关于艺术,大家知道,它的一定的繁盛时期绝不是同社会的一般发展成正比例的,因而也不是同物质基础的发展成正比例的",接着他还指出,就希腊艺术来说,虽然它跟社会发展的特殊形式结合在一起,但是在一定的方面它对我们仍然是"一种规范和高不可及的范本"并具有"永久的魅力"。这种看法也就表明,不论出于什么原因,有些类型的艺术不是严格地由社会的物质基础决定的,它们具有永久的、超历史的价值(在这里,马克思提示了一种心理学上的解释),这些观点也跟恩格斯在19世纪90年代里写的几封信中关于基础和上层建筑关系的比较广泛的论述保持相一致。

对于哲学与艺术的关系,首先可以从二者含义层面来看。哲学是人类对人生和世界的思考,它蕴含了人类的高度智慧,是对人生、价值观的高度概括和总结。艺术是艺术家的自我表达,对生活体验的再现,他也跟哲学一样蕴含着人类的高度智慧。从这一点上来说哲学与艺术是同源而生却有着不同的表达方式。哲学较之艺术更理性,更概括,更加的概念化。其次,从二者内在的关联性来看,艺术是人的审美观在本体意识中的最初的理性反映的总结,是最初的带有主观心理因素的理性反映的总结,是观察后组成的思维材料对感观的描述。而哲学是通过这种思维材料的总结和进一步观察判断而形成的有系统有规律的组合。但艺术这种最初的理性反映,相对于外在事物来说是表面的感性的,而且具有心理因素的延续性,也就是说心理因素的变化可直接表现在这种反映当中。进一步来说,人的心理因素的变化在人对事物的认识过程中起着决定性作用,所以人在对事物进行观察认识时是受心理因素制约的,而当这种观察的总结具体反映在行为上时就是心理因素的延续。这一点对艺术行为和哲学行为来说,在现实中都具有同样的约束性,而艺术是通过感性认识且具有心理因素延续的最初的理性表达,所以这种心理因素更直观更明显。艺术的具体表达是通过感性思维的加工,从而具有了最初的理性的组织形式的表达方式。

相对于哲学而言,艺术是发散性思维的结果,而哲学是对这种发散性思维进行深度总结和对事物进行深入分析判断的结果,所以哲学本身具有深刻的艺术美感,而哲学在发展中必然会存在于思维形式中。在这种有条理有系统的思维形式下进行艺术行为时，艺术也会变得有系统、有条理起来（这一点对具体科学来说也是一样的）。但这种有系统有条理的行为，在本体上依然是带有主观心理因素的最初的理性式的感性表达，因为人面对的自然界是无限的，所以人对事物的认识是没有尽头的，进而艺术和哲学的发展也是没有尽头的。情感因素是人的心理因素的具体体现，是人的审美意识的延续。而审美意识是产生于人的本能的生理需求的，这种生理需求在审美意识上具体表现为感觉上的味觉、嗅觉、触觉、听觉、视觉等；产生在意识中形成的最初的美感，又通过视觉、听觉、嗅觉、触觉、味觉等来观察分析具体产生美感的相对事物，然后通过思维总结形成了最初的审美观，而人对事物的观察和认识是具有心理上的延续性（这种延续性表现在记忆的瞬间释放上）的，所以人在一次次的行为过程中这种审美观会积累和叠加，再通过思维和整理也就形成了具体的审美观[①]。

生理需求在具体的味觉、嗅觉、触觉、听觉、视觉等感观基础上，就会形成味觉的酸、甜、苦、辣、咸等，嗅觉上的香、臭等，触觉上的顺滑、柔软、粗糙、疼痛等，听觉上的刺耳、悦耳等，以及视觉上的形状、颜色、远近、暗和亮等，这些具体的感觉体现在人的意识中，又会产生恐惧、痛苦、喜悦、舒服等，这些具体的意识上的感觉再经过一段时间的思维和总结后，就会形成美、丑、善、恶等，又具体表现在情感上的爱、恨、恐惧等，而这种情感表现的具体组合就形成了人的审美观。审美观在人的意识中进一步的通过思维组合与总结时就形成了记忆，从而具有了延续性。这种延续性的总结，再通过人的生理需求产生的情感表达时，会形成具体的具有一定强度的系统性，而这种系统是初步的没有通过深度分析判断的。所以这种初步的系统性，体现在具体的理性行为上时，就会以艺术的形式表现出来。

当然，人所有的行为都是由感观达到意识，再经过分析和判断后再产生的，而且意识上的分析和判断总结后会形成一个定格，这种定格在意识上会形成瞬间判断的意识过程，所以具有高度的理性。这种定格意识的高度的理性不但在人的本体上有延续性，而且在社会和历史上也有延续性。所以无论在艺术和哲学上，这种延续性也是必然存在的。这种延续性相对于艺术和哲学来说又是不同的，因为人类始终不能脱离由感性达到意识，再由初步的发散性思维的初步的理性组合，而后经过深度的客观辩证从而形成精确的有系统的总结这一过程，而且由于人对事物的认识没有尽头的，所以艺术和哲学将是永久分立存在的。因为艺术是由人的情感出发而达到意识上的初步理性的，具有相对的表现本体意识的独立性，这种独立性无论是在人的群体上和个体上都具有相同的延续性，是以人本体的情感需要为基础而存在的，而哲学是高度的理性思维辩证的集中和概括，同样具有延续性，但这种延续性却只是起着指导作用。这是因为人类所面对的自然是无限的，因为这无限性使得人所要认识和解决的事物和问题也就具有了无限性不同。而且因为人的认识过程是通过对不同认识过程和接触事物的不同的时间来产生的，所以其中必定会产生差异；相对于宇宙来说人必定不能在同时都处在一个空间，这就决定了人类需要发散性的向宇宙不同角度去探索和认识，而且因为宇宙的无限性，所以这种发散性的探索也就永远没有尽头。而且人类本体本身也因为各种因素而存在着无限性的差异，再加上人本体在观察事物时因所处的环境和角度的不同，所观察的事物在意识上的感觉也是有差异的。进而因为宇宙是在不停的运动变化中的，这种运动和变化体现在一旦事物上的差异又造成了更多差异，这就证明差异是永远存在的，而因为人是存在于宇

---

① http://blog.sina.com.cn/s/blog_60d484550100dv95.html.

宙中的。宇宙的变化对人类的生存和发展有着主动对被动的制约性，所以需要人类向宇宙各个方向发散性地、主动地去探索，以保障人类自身的生存和发展。因此，这一点又充分说明了艺术和哲学的差异是永远存在的，而且它们的发展也永远是没有尽头的。

第三节 哲学与科学技术

一、科学技术的含义及效应

"科学技术"一词，其实包含着科学和技术两个概念。对于"科学"的含义，《辞海》将其定义为"科学是关于自然界、社会和思维的知识体系"。显然，这里强调的科学，既包括自然科学也包括人文科学和社会科学。单单从自然科学的角度来看，所谓科学即是一种反映自然界各种物质运动客观规律，经过实践检验和逻辑推理的理论知识体系。其中英国科学学创始人之一贝尔纳就认为，现代科学的主要特征是一种"建制"和"方法"，是一种"累积的知识传统"和"维持或发展生产的主要因素"。[①] 从中我们可以看出，所谓科学活动的本质在于创新，没有创新就没有科学。任何保守、僵化、停滞不前的观念和教条主义的态度都是科学前进的障碍。而"技术"的原意是木匠，是强调能够按照人们的需求与意图把木料加工、组合进而制成物品的能力和水平，其中侧重更多是"制造的智慧"。而现在的技术更倾向于强调是指"人类在利用、改造和保护自然的过程中通过创新所积累的经验、知识、技巧以及为某一目的共同协作而组成的工具和规则体系"。[②] 由此可以看出，科学和技术虽属于不同的范畴，但两者之间相互渗透、相辅相成，有着密不可分的联系。科学与技术的主要区别不在于知识形成体系与否，而在于形成体系的方式的迥异上。科学是从认识论的角度组织知识，而技术是从生产的角度组织知识。因此，技术的经济意义高于科学，而科学的精神作用大于技术。科学往往需要以技术为中介才能产生经济效果，而技术往往需要从科学中汲取营养才能持续发展。但是，随着现代社会发展，科学与技术之间的依存性和密切性日趋严密，科学越来越离不开技术，技术也越来越离不开科学；科学中有技术，技术中有科学。科学的发展为技术提供理论基础并开辟新的研究领域，而技术的进步又为科学研究提供新的工具、手段和物质基础。正所谓"科学技术化、技术科学化、科技一体化"的局面正在日趋形成整体。所以，在现代社会中人们常常将其并称为"科学技术"。

从"科学技术"的含义中可以看出，其本质在于它是始终以客观事实和规律为依据，是以实践为准绳，并且始终以继承为基础，以创新为灵魂而不断发展的一种特殊社会事业和社会建制。因此，从认知的角度来阐述科学技术的正面效应，实质是强调科技价值的体现问题，即科技具有满足人类需要的社会属性。在现实生活中，科学技术的积极作用和影响是广泛而深刻的，其主要功能和效应不仅体现在经济生产、政治建构方面，还体现在军事强化、思想文化塑造等方面。

首先，科学技术的经济效应，或称之为科学技术对经济的影响作用，主要侧重的是科技

[①] [英]J·D·贝尔纳. 历史上的科学[M]. 伍况甫, 彭家礼, 译. 北京：科学出版社, 1981：58.
[②] 曹必文, 刘丽霞, 贾湛. 科学技术概论[M]. 北京：电子工业出版社, 2006：124.

与经济之间的互动关系。从理论层面分析,科学技术的经济效应是指科技进步对社会经济系统的运行环境、经济系统的要素及其结构、经济系统运行机制等方面发生作用的总称。随着科技经济一体化趋势的不断增强,知识经济和知识社会的日趋显现,经济功能逐渐成为科技社会功能的核心,在社会体系的完善过程中正越来越发挥决定性的作用;其次,科学技术的政治效应。从经济与社会的关系来分析,科技的经济价值不仅体现在对社会生产力的直接推动方面,也隐含在其他社会价值之中,尤其是社会政治领域。谈到科学技术的政治效应,或者说科学技术事业对于政治文明建设的作用,则主要是通过对物质文明和精神文明的积极影响而间接发挥出来的。一方面,现代科学技术尤其是信息技术的发展,使更多的民众参与社会政治生活成为一种可能,从而为现代化民主政治建设提供了强有力的物质手段和辅助工具。另一方面,科学技术可以通过对人的精神世界的影响,也就是通过对精神文明建设的影响间接作用于政治文明建设。最后,科学技术的思想文化效应。科学技术作为人类认识和利用自然的锐利武器,不仅具有其内在生产力的革命性,而且从其循序渐进到发生革命性突变并螺旋式上升发展的过程来看,科学技术还具有文化的社会属性。科学作为社会意识的一项重要内容,它的发展不仅丰富了社会意识的内容,同时也带动了社会意识的发展。另外,科学技术知识作为一种精神力量和转化为直接生产力的潜在力量,能够影响社会存在和其他种种社会意识形式,进而推动社会意识的变革。

当然,科学技术的日趋发展和更新不仅为人类社会生活的方方面面大大提供了便利,而且也大大加速了整个社会的发展速度和水平。但是,在现实生活中,对于科学技术的作用而言,需要客观辩证地来对待,既需要认识到科学技术的积极作用和影响,同时也需要认识到科学技术给人类和社会生活正产生的或者即将产生的一系列负面效应。客观辩证地认识到科技的负面影响,有利于我们更充分利用和发挥科技对人类社会的积极作用,也有利于更好地推进科技的不断进步创新,将其对社会和人类的负面作用降至最低。概括而言,科学技术的负面作用,就是指科学技术在其发展和应用过程中所产生的各种对人类自身、人类社会和人类赖以生存和发展的生态环境的威胁或者危害。换句话说,科学技术的负面作用,就是科学技术"负价值"的体现[1]。现代科技技术的负面效应,主要表现在其发展和应用所产生的对人类自身、人类社会以及生态环境等主要方面的不良影响。现代科技的迅速发展和广泛应用,在有效提高人类的物质生活和精神生活水平的同时,也直接对人类的生理健康和心理健康带来了一系列明显的或潜在的负面影响。在人的生理方面,现代医学和生物科技正对人的生理构成严重威胁;转基因和合成技术的潜在危害正在加大;优生和克隆技术的问世不仅对社会安全性问题提供了疑问,而且对人性的道德伦理提出了挑战。在人的心理方面,现代科技的迅速发展和广泛应用,在极大改变人类的生产和生活方式,提升其物质和文化生活水平的同时,也在无形中培育和强化了人们对科技,尤其是信息科技等现代主流科学技术的强烈依赖、焦虑和恐惧心理,形成了"科技依赖、焦虑和恐惧症"[2]。当然,在一定程度上,我们不能否认人们对科技的认同感和信任度等正面积极效果,但科技片面和极端的发展对人心理产生的不良结果必须引起足够重视。在社会层面上,一些信息、生物科技的发展不仅对传统伦理和道德规范产生冲击,而且在社会公正和正义上产生了明显的不平衡。科技发展的国际区域化

---

[1] 詹颂生. 科学技术的反思:现代科学技术的负面作用及其对策研究[M]. 广州:中山大学出版社,2002:25-35.
[2] 同上。

导致贫富差距的拉大，新的殖民和侵略方式的形成，引发了人际间新的矛盾与对立的出现，特别是新的人际偏见和歧视观念的形成。更重要的是，这些新型科学技术的不当利用导致高新科技犯罪的不断增加，极大的危害社会和公众的安全。除此之外，在生态环境层面上，科技的负面影响还体现在对自然资源的过度开发和不合理利用方面，这不仅大大减少生物的多样性，而且更是诱发和加剧灾害性全球环境变化等危害的罪魁祸首。

二、哲学与科学的关系

科学是人类活动的一个范畴，它的职能是总结关于客观世界的知识，并使之系统化。"科学"这个概念本身不仅包括获得新知识的活动，而且还包括这个活动的结果。哲学探讨具体事物背后的抽象本质，是一门反思性与前瞻性并存的学科。最早的哲学家是古希腊时期的自然派哲学家，这些哲学家是以理性辅佐证据的方式归纳出自然界的道理。对于自然的探讨可以在自然科学和哲学这样两个不同的层次上来进行，这就必然会引出一个问题：这两个层次的关系是怎样的呢？这个问题，通常被称为"科学与哲学的相互发展关系问题"[①]。

（一）科学对哲学发展的推动和制约作用

科学与哲学之间有着密切的联系。哲学是科学发展的理论基础，科学的发展又带领哲学迈进更高领域的殿堂。二者相辅相成，密不可分。无论是从柏拉图到康德，还是从黑格尔到马克思，我们不能不承认，我们能有今天科技的飞速发展，是因为我们正站在巨人的肩膀上看待世界。纵观世界风云，在探索科学技术的道路上，是哲学拭去了蒙在未来的面纱；是哲学点燃了科技发展的火焰；是哲学唤醒了沉睡的大地，唤醒了黎明的梦想。不管我们喜不喜欢，哲学永远是所有事物的基础，它就像一盏明灯为我们指明了前行的道路；它就像一杯清茶，滋润了我们的咽喉、清理了肠胃；它就像神舟飞船的助推器，确保了人们探索外太空的动力；它就像默默耕耘的黄牛，稳健而扎实地为我们科技致富。中国自秦国开始建立了中央集权制度，这有利于封建制度的巩固和国家统一，为科学技术的发展创造了有利条件，中国许多科学著作、科学发明就是直接起因于怎么样管理好幅员辽阔的国家这个目的。中国自统一后，从汉朝以来有"罢黜百家，独尊儒术"的政策，但实际上是在儒学旗号下把各家有利于巩固统治的思想哲学都吸收进去了。

在西方，伽利略发现了自由落体定律，发现了惯性运动，发展了抛物体运动轨迹理论，创立了实验和数学相结合的科研方法。16世纪，波兰科学家哥白尼提出了日心说，引导观察实验方法的确立和实验科学的兴起；开普勒于1609年出版《新天文学》，于1619年出版《宇宙的和谐》，还发现了行星运动三定律，荣获"太空律师"；牛顿发现了万有引力定律；1687年出版《自然哲学的数学原理》，创立了运动三定律，建立了经典力学体系，实现了自然科学的大综合。18世纪后期法国出现了"百科全书派"，中西方的科学技术史推动了哲学的发展。在另一方面，科学技术也同时制约了哲学条件的发展，科学技术过分地忽视科学技术的背景，孤立地抽出哲学理论并急于和近代科学成果相对照，只注重两者的连续，忽视了非连续性的一面。1906—1916年杜恒出版的《列奥纳多·达·芬奇》提出列奥纳多·达·芬奇并不具备人们所设想的天才独创性，他只不过是14世纪经院自然学者理论的一个继承人。1905—1906

[①] 黄黎，彭列汉. 科学与哲学相互关系的研究[J]. 价值工程，2010（10）：301-302.

年他出版的《静力学的起源》发现近代力学的传统和中世纪静力学研究有着直接联系,近代值得夸耀的力学和物理科学的成就中,我们几乎没有察觉到它的改良和进展,哲学发展(科学理论)一直受到当前的科学技术当前时代的限制[①]。

(二)哲学对科学的发展的作用和影响

综观人类整个科学技术史,科学技术的每一次进步,科学技术的每一次革命,无不是受到哲学的启迪和影响,无不是哲学和科技结合的产物。爱因斯坦就是一位具有极高哲学素养的科学巨人,他在哲学认识上"相信有一个离开知觉主体而独立的外在世界是一切自然科学的基础";他的相对论远比牛顿物理学先进,他提出的包括对空间、时间和引力赋予了完整的新概念等一系列科学理论,都闪耀着哲学的光芒。玻恩在1955年的一份报告中指出:"对于广义相对论的提出,……是人类认识大自然的最伟大的成就,它把哲学的深奥、物理学的直观和数学的技艺令人惊叹地结合在一起。"众所周知,大科学家爱因斯坦正是运用了丰富的哲学智慧和哲学的思想方法,吸取了不同学派和科学家的营养,才促使他于1905年一举得出了3项科学大发现,全面开创了现代物理学革命的新局面。科学在哲学意义上的相关性和统一性,就是科学上的拿来主义,将一切相关的思想方法手段和信息,集中统一到研究对象中,博采众家之长,兼收并蓄。只要借助哲学的启迪和指导,科技人员研究和借鉴能力必然得到强化和提升。

纵观世界和中国百年来的科学技术发展的历程,出现了许多伟大的科学家,哲学指导了他们科学创造的全过程。一些著名科学家,随着他们科学研究的发展,越需要哲学的指导,哲学帮助他们开阔了视野,加强了研究的深度,攀登上科学的顶峰。"不管自然科学家采取什么样的态度,他们还是得受哲学的支配"[②],社会科学家也不例外。哲学在这些科学大师的探索、研究过程中起到了重要的支持作用。

现代科学的研究中需要多学科共同参与,哲学可以使他们增强综合能力,眼光更为长远,领域更为宽泛,合作更为紧密,成果更为显著。当今世界最热门的研究领域涉及生物科学与基因技术领域,新能源、新材料科学与纳米技术领域,信息科学与网络技术领域等,这种迅猛发展的现代科学发展态势,依靠哲学的引导、开拓和延伸发展取得了很大的成就。科学研究是以科技工作者为主体所进行的一项认识自然界和人类社会客观规律的活动,涉及自然观、物质观、科学观、价值观等种种问题。普朗克认为"研究人员的世界观将永远决定着他的工作方向"。当今时代,"地球村"的概念在科技界和理论界已经深入人心。科学知识的积累和浓厚的人文氛围,促进了全球性的合作,树立起国际化和全球化的科技合作思维模式。对共同关注的课题进行科学探索和合作正在成为一种世界性的科学发展模式,时代赋予了多国科学家共同进行多学科的探索和合作的哲学内涵。

---

① 李思孟,宋子良. 科学技术史[M]. 武汉:华中科技大学出版社,2000:11.
② 出自恩格斯的《自然辩证法》。

第四节 哲学与语言

一、语言的功能与特征

从广义角度而言,语言是一套共同采用的沟通符号、表达方式与处理规则,符号会以视觉、声音或者触觉方式来传递。严格来说,语言是指人类沟通所使用的语言——自然语言。总而言之,语言是指生物同类之间由于沟通需要而制定的具有统一编码解码标准的声音讯号。一般人都必须通过学习才能获得语言能力,语言的目的是交流观念、意见、思想等。语言学就是从人类研究语言分类与规则而发展出来的,人们的彼此交往离不开语言。尽管通过文字、图片、动作、表情等可以传递人们的思想,但是语言是其中最重要的、最方便的媒介。然而世界各地的人们所用的语言各不相同,彼此间直接交谈是困难的,甚至是不可能的。即使是同一种语言,还有不同的方言,其差别程度也不相同。不仅在不同的地区,有不同的语言和方言,就是在同一地区,不同的社会阶层、不同年龄的人之间都会有特殊的词汇来表达其独特的感情,使另一阶层或不同年龄的人难以理解。

语言是文化的一个重要组成部分,甚至可以说没有语言也就不可能有文化,只有通过语言才能把文化一代代传承下去。语言是保持生活方式的一个重要手段,几乎每个文化集团都有自己独特的语言。语言是在自己特定的环境中,为了生活的需要而产生的,所以各种语言所在的环境必然会在语言上打上烙印。另外,语言是人们交流思想的媒介。因此,它必然会对政治、经济和社会、科技,乃至文化本身产生影响。

作为人类的伟大创造之一,语言也是不断变化发展的,其现今的空间分布也是过去扩散、变化和发展的结果。综合看来,语言的主要功能及特征主要表现如下四个方面:

1. *符号性和系统性*

语言是社会约定俗成的表达观念的符号,符号的本质是社会的,它在某种程度上要逃避社会上某些小集体、小圈子的意识。这是语言最主要的特征。语言是一种社会契约,一个社会接受一种表达手段而排斥另一种表达手段其实都是社会上的集体意识的习惯,或者可以说,没有好坏之分,关键是使用那一种表达方式。另外,语言符号是一种包含着两面性的实体。一方面语言是表示事物的名称的,所以任何语言都是概念的映像,即具有所指性;另一方面,语言要依托声音,这种媒介来表达所指,所以说语言也是声音的映像,声音是语言的另一个侧面,也就是说语言具有能指性。

2. *任意性和线条性*

所谓任意性是指语言符号和文字能指和所指之间是一种任意的连接关系,这种关系是不可论证的;即使有的可以论证,但是在普遍意义上来讲,还是不可论证的关系,这就说明了世界上的语言呈现多样性的原因。所谓线条性是指语言的能指是依托声音来完成的,所以他只能在一维的声音的空间里传播,而不能突破声音的范围和能力,所以说在分析语言的时候语言使能在横向上依照词语出现的先后顺序来完成,这也造就了语言使用和表达的局限,但是语言的声音性,决定了语言的线性是不可消除的必然结果。

3. 不变性和可变性

语言是一个处在不断地运动变化发展之中的体系,这个体系中的各个要素既有一定的稳定性,也有一定的变动性,稳定性是语言系统的已存在的前提,也是语言自身被大规模研习使用的必备条件,而变动性不仅仅是作为一个系统,语言内部的不断衍生、发展的规律所致,而且也是语言的传承性的表现。任何事物都是不断地运动变化发展的,新事物不断地产生,旧事物不断地消亡。语言也是这样,语言系统的变化虽然不是很明显,速度并不是很快,但是受到使用的推动以及社会、文化等等很多因素的映像语言本身在不断向经济、简练、实用、包容力、表现力强的趋势发展。

4. 传承性和交际性

语言从某种意义上来看,是人类文化得以传承和储存的有效载体。因此,它在自身的发展当中,逐步体现出很强的传承性和交际性。所谓传承性,是指语言以自己的风格特色吸引或者促使人们在生活生产中自觉不自觉地通过语言这个工具直接或者间接影响着相关的人群,或者波及其他更广泛的区域,达到传承的效果。另外,语言在人类社会发展当中,不仅在人与人之间、古代人与现代人之间、中国人与外国人之间储存了文明的精华信息,承担文明发展的桥梁,同时,也由于语言本身的强大交际性功能,更显示出独特的交际功能,在丰富的交际中应对各种变化,产生更加有表达力的语言,产生更多的基于生活生产实际的意义。

二、哲学与语言的关系

谈到哲学与语言学的关系,最突出的便是语言哲学的产生。广义地说,语言哲学(linguistic philosophy)是当代西方哲学家对语言现象研究的观点和理论,是分析哲学的一个支派或变种,因为其所用的方法是对语言进行逻辑分析,是以现代数理逻辑的运用为基础的。因此,语言哲学是现代西方哲学中影响最大、成果最为卓著的一个哲学流派。加强对语言哲学基本理论、基本方法的研究对于哲学学科的创新和发展具有极其重要的意义。

"语言学转向"是用来标识西方20世纪哲学与西方传统哲学之区别与转换的一个重要概念,即集中关注语言是20世纪西方哲学的一个显著特征,语言不再是传统哲学讨论中涉及的一个工具性的问题,而是成为哲学反思自身传统的一个起点和基础。换句话说,语言不仅被看成是传统哲学的症结所在,同时也是哲学要进一步发展所必然面对的根本问题,由于语言与思维之间的紧密关系,哲学运思过程在相当程度上被语言问题所替换。这就是语言学转向的基本原因。多数学者认为,西方现代哲学就是认识论向语言学的转向。认识论批判人们的认识能力的问题,而一切认识或"思"均是在我们的语言结构里发生的。语言不仅仅是交流的工具,更是我们乃至整个历史存在的载体,我们的所思、所说、所言,其实就是整个历史存在的所思、所说、所言,而且语言中也透视出自我的存在显现。因此,在讨论一切哲学问题之前,我们首先要对语言本身进行批判,因为语言总是我们有限生存状态的反映,而语言所要表达的"是",则是超越我们语言能力之外的。

一般说来,关于"语言学转向"可以认为是从弗雷格等人开始,到维特根斯坦完成这一转向。尽管达米特在论述分析哲学起源的时候指出,弗雷格本人并没有明确提出语言转向,而且他的有些论述看起来与语言转向正好相反,但达米特所要坚持的是,弗雷格的工作使得后继的哲学研究自然而然转向语言哲学。在这个意义上,弗雷格引发了语言转向。卡茨在其最重要的哲学著作中也曾回顾"语言转向"的过程。他概括指出,弗雷格为语言转向提供了很多根本观念,但弗雷格本人基本上是在传统哲学的框架中思考问题的。卡茨认为,维特根斯坦比其他任何人对所谓语言转向所起的作用都更大。维特根斯坦对哲学的总体影响甚至大于康德,如果说康德是个改良主义者,维特根斯坦就是个革命者。维特根斯坦和另外一些哲学家一道使哲学以一种与传统哲学极不相同的形态得以再生。霍金曾引用维特根斯坦的话"哲学剩余的唯一工作就是语言分析",并且评论指出,"从亚里士多德到康德的伟大哲学传统以整个宇宙的真理为己任,而到了二十世纪,哲学探索的领域竟抽缩得如此狭窄,不啻堕落"。然而,哲学中的"语言转向"究竟是一种进步还是一种堕落?关于这一点也引起许多学者的广泛争议。但是,关于语言哲学的内容还是被普遍认知的,即首先,它特指语言学哲学,是对意义、同义词、句法、翻译等语言学共相进行哲学思考,并且对语言学理论的逻辑地位和验证方式进行研究的学科,它是科学哲学的特殊分支,与物理学哲学、心理学哲学等并列的学科。其次,语言哲学,包括基于自然语言或人工语言的结构和功能的任何一种概念的研究,比如亚里士多德关于存在的哲学思考、罗素的特征描述语理论、莱尔关于心灵概念的著作等均属于此类研究范畴。最后,语言的哲学是对关于语言本质,以及语言与现实的关系等内容的哲学性质的论著。

然而,多数论者认为,到二十世纪末,分析哲学作为一个相对统一的哲学倾向已经不复存在,这一传统中的语言哲学也转而更多地探讨传统的哲学问题。其实,一向列在语言哲学题下的多数讨论本来就不是狭义语言哲学的问题,而是一般的哲学问题,比如弗雷格关于只有个体真实存在的假定,罗素关于一切认识从感觉原子开始的设想,特征描述语理论所谈的存在问题,摩尔关于善的定义问题,奥斯汀和斯特劳森关于真理符合论的争论以及蒯因的本体论相对性,克里普克关于先验认知和必然知识关系的阐发,等等,这些问题和传统哲学的联系是一目了然的。语词意义的问题是语言哲学的基本问题之一,而这个问题显然和更广范围的意义问题联系紧密。达米特说,所谓意义问题,就是理解问题,而我们只要想想洛克、莱布尼茨、休谟那些著作的书名,就知道理解问题是近代哲学讨论得最多的话题,而达米特还恰是最强烈伸张语言转向的哲学家之一。当然,语言哲学有一些侧重点,例如专名问题背后虽然是传统本体论中关于个体和类、实体和属性的问题,但语言哲学对专名问题做了广泛的技术性研究,这是语言哲学传统之外的哲学家所不为的。

回顾语言哲学的发展,我们可以看到,在"语言转向"的背后是哲学和实证科学的明确分离,是哲学明确它自己在当今时代的任务即概念思辨。"哲学还是哲学,不是语言哲学",如果这种看法成立,则语言转向的任务已经完成,并在这个意义上已经终结。语言哲学的大部分内容已经和传统的哲学问题重新融合。若如此,"语言哲学"这个名号就不应当笼统地用来概括当今的哲学,而应当应用于与科学哲学、政治哲学等并列的一个哲学分支,虽然这个分支占有格外重要的地位。

思 考 题

1. 结合宗教自身演变的历史过程,分析哲学与宗教的内在关系的具体体现。
2. 艺术的范畴及特点主要体现在哪些方面?它与哲学有什么样的关系?
3. 如何从哲学视角看社会分工和科技专业化的利与弊?
4. 试从哲学与语言的关系角度,阐述语言哲学转向的演变过程。

哲学名著简介

一、中国哲学名著

1.《老子》

《老子》又称《道德经》、《老子五千文》，共五千多字，有通行本和简本两种，是道家的主要经典著作，也是研究老子哲学思想的直接材料。汉末张道陵创五斗米道，奉老子为教祖，以《老子五千文》为教典教诲道徒，并作《老子想尔注》以宗教的观点解释《老子五千文》，自此成为道教的基本经典。

老子又称老聃（生卒年不详），姓李，名耳，字伯阳，楚国苦县厉乡曲仁里（今河南鹿邑县）人。老聃约与孔子同时而年长，曾做过周朝的守藏吏。老子幼年牧牛耕读，聪颖勤快，晚年在故里陈国居住，后出关之时著书《五千言》而去，莫知所终。

现在世传的主要是1973年长沙马王堆3号汉墓出土的甲乙两种帛书《老子》和1993年湖北荆门郭店楚墓出土的竹简《老子》的简本，分上下两篇，原文上篇《德经》、下篇《道经》，不分章，后改为《道经》在前，《德经》在后，并分为81章，合为《道德经》，是中国历史上首部完整的哲学著作。

《道德经》在政治上提出"小国寡民"思想，其中心内容是要求实现"无为而治"。在哲学体系上，老子第一个提出"道"作为哲学的最高范畴，如"道生一，一生二，二生三，三生万物。万物负阴而抱阳，冲气以为和"，"道可道，非常道；名可名，非常名。无名天地之始；有名万物之母"。老子把"道"作为世界的本体来思考，开辟了中国哲学的形上之领域。"道"在老子那里同时也指规律而言，老子提出"反者道之动"的命题，指出事物向相反的方向转化是合乎规律的运动，在中国哲学史上首次提出了否定原理，构成了辩证法发展史上的一个重要阶段。

《老子》提出"为学日益，为道日损"的知识进路，又为我们打开一条生命智慧之门。

2.《论语》

《论语》是记载孔子及其弟子言行的典籍，也是儒家最有价值的名著。西汉时，中央政府定《论语》为专门之学，设博士专门研究、传授。《隋书·经籍志》将《论语》列入《经类》。宋时《九经》中有《论语》，朱熹将《论语》与《大学》、《中庸》、《孟子》合编为《四书》，并为其作集注（即"朱注"）。明、清官方将朱注作为科举考试的标准，朱注《四书》遂为读书人的必读书，影响之大，罕有其匹。

孔子（公元前551—前479年）名丘，字仲尼，鲁国陬邑（今山东曲阜）人，春秋后期的思想家、教育家、儒家创始人。孔子一生"述而不作"，其言行由其弟子及其再传弟子编撰整理为《论语》。《论语》以语录体和对话文体为主，集中体现了孔子的政治主张、伦理思想、道德观念及教育原则等思想精华。

通行本《论语》有二十篇五百一十二章，共一万五千九百三十七字。每篇以第一章头两三个字为篇名，自《学而》至《乡党》为前十篇，大约成书于子思时代，其特色是"义理精纯，章节简短，文字简约。"宋宰相赵普云"半部《论语》治天下"，就是针对前半部而言。自《先进》至《尧曰》为后十篇，大约成书于子思弟子时代，是第二次续编而成的，义理较驳杂。

《论语》一书的核心内容是"仁"。"克己复礼为仁"、"仁远乎哉？我欲仁，斯仁至矣"，基本内容是约束自己的行为使其符合周礼的规范，基本特点就是求仁完全是自觉的，由自己决定，并不依靠他人，并进一步说明求仁的具体条目。"非礼勿视、非礼勿听、非礼勿言、非礼勿动"即要达到仁必须在视听言动各方面符合周礼，仁是一种全面的道德行为。对仁也灌输了"仁者爱人"的新意，提出"己欲立而立人，己欲达而达人"、"己所不欲勿施于人"的推己及人的"忠恕"方式，来作为实现仁的途径。

《论语》的语言简洁精练，含义深刻，对当代大学生的生命慧根有着显现意义。

3.《墨子》

《墨子》主要部分是墨子本人的思想和活动的可靠记载，是墨子的弟子及后学记录整理的，其中有一部分是战国末期墨者的著作，对墨子的思想有所发展，在反对当时的诡辩论的斗争中起过重要作用；还有一部分是汉初墨者研究攻守战术的作品，是研究墨学的重要史料。

墨子（约公元前468—前376年）名翟，鲁国人。墨子本人曾是一个个体劳动生产者，做过工匠，有时自称为"贱人"，有时自比农村依附的农民。其工匠技术高超，后来由工匠上升为知识分子的"士"，并成为墨家的创始人。墨子所创立的墨家，一开始就同孔子所创立的儒家相对立，成为当时的两大"显学"。

《墨子》一书现存五十三篇，分两大部分。一部分是记载墨子言行，阐述墨子思想，主要反映了前期墨家的思想；另一部分《经上》、《经下》、《经说上》、《经说下》、《大取》、《小取》等六篇，一般称作墨辩或墨经，着重阐述墨家的认识论和逻辑思想，还包含许多自然科学的内容，反映了后期墨家的思想。

墨子面对社会大变迁时代，提出了解决社会办法的十项主张：兼爱、非攻、尚贤、尚同、节用、节葬、非乐、天志、明鬼、非命。这十项内容以兼爱与非攻为核心，以节用、尚贤为支点。他倡导"兼相爱，交相利"、"兴天下之利，除天下之害"观念，以利人为义，亏人自利为不义，以是否利于人民作为衡量是非的重要标准，其思想的根本精神是自苦利人，他的非攻、非乐、节用、节葬等主张，都体现了这一精神。政治上墨子主张尚贤、尚同。墨子思想中保存有较多的宗教思想的影响，他承认天有意志和鬼神的存在，以天志为其全部思想的最后依据，认为天和鬼神都赏善罚恶。

在哲学上，《墨子》主要贡献集中表现在认识论方面，他首次提出了检验认识是否正确的标准问题，即著名的"三表法"。何谓三表？墨子言曰："有本之者，有原之者，有用之者。于何本之？上本之于古者圣王之事。于何原者？下原察百姓耳目之实。于何用之？废（发）

以为刑政，观其中国家百姓人民之利。此所谓三表也。"墨子的"三表说"基本上是一种唯物主义的经验论，在中国古代认识史上有着重大的意义。

《墨子》内容广博，包括了政治、军事、哲学、伦理、逻辑、科技等方面，在先秦百家争鸣中独树一帜，影响很大。汉代以后，由于封建统治者独尊儒术，墨学成为"绝学"。

4．《孟子》

《孟子》是记载孟子及其学生言行的一部典籍。《汉书·艺文志》和《隋书·经籍志》均将《孟子》列入子部儒家类，唐代韩愈表彰《孟子》为道统，亦称孔孟之道。宋仁宗时始列为经部，朱熹合成《四书》，南宋光宗时将其最后列入《十三经》，定为《经书》，是科举考试的主要内容。

孟子（约公元前385—前304年）名轲，邹国（今山东邹县）人。孟子是孔子嫡孙子思学生的学生，以孔子思想的继承人自居，被后世尊为"亚圣"，其思想主要通过《孟子》来体现。

今天我们所见的《孟子》共七篇，每篇分为上、下两部分，即《梁惠王》、《公孙丑》、《滕文公》、《离娄》、《万章》、《告子》、《尽心》各篇上、下，全书共十四卷二百六十一章，约三万五千字。《孟子》与论语一样，也是以记言为主的语录体散文，但它比《论语》又有明显的发展。《论语》的文字简约、含蓄，《孟子》却有许多长篇大论，气势磅礴、议论尖锐、机智而雄辩。

孟子继承和发展了孔子的德治思想，发展为仁政学说，成为其政治思想的核心。孟子针对当时地主阶级激进派推行的"严刑峻法"而提出"制民之产"的理想社会，进而提出了一个富有民主性精华的著名命题："民为贵，社稷次之，君为轻"。他认为如何对待人民这一问题，对于国家的治乱兴亡，具有极端的重要性，并主张"以德服人"，"老吾老以及人之老，幼吾幼以及人之幼"。他把"亲亲"、"长长"的原则运用于政治，以缓和阶级矛盾，维护封建统治阶级的长远利益。孟子把道德规范概括为四种，即仁、义、礼、智。同时把人伦关系概括为五种，即"父子有亲，君臣有义，夫妇有别，长幼有序，朋友有信"。孟子认为，仁、义、礼、智四者之中，仁、义最为重要。仁、义的基础是孝悌，而孝悌是处理父子和兄弟血缘关系的基本的道德规范。他认为如果每个社会成员都用仁义来处理各种人与人的关系，封建秩序的稳定和天下的统一就有了可靠保证。

孟子论证仁政学说的哲学基础是"性善论"。恻隐之心、羞恶之心、恭敬之心、是非之心是孟子的"四心说"，并对应为仁义礼智之"四端"。孟子是中国思想史上系统阐述人性问题的第一人。

5．《庄子》

《庄子》是记录庄周及其门人后学专著。根据《汉书·艺文志》记载，《庄子》五十二篇，但现在流传下来的只有三十三篇（为晋人郭象所编），计内篇七，外篇十五，杂篇十一。其中内篇一般认定为庄子著，外篇杂篇可能掺杂有他的门人和后来道家的作品。《庄子》后被道教奉为《南华经》，是研究庄子的重要史料。

庄子（约公元前369—前286年）名周，宋国蒙（今河南省商丘县）人。庄子知识广博，富于形象思维，以寓言写哲理，文笔汪洋恣肆、恢诡谲奇，是先秦时代著名的哲学家，是道家学派著名代表人物。

　　《庄子》一书，内容复杂，名篇有《齐物论》、《逍遥游》、《养生主》等，庄子继承和发展老子"道法自然"的道论，认为"道"是"自本自根"，道的存在是第一性的，赋予了道最根本的终极意义。同"本根"相连，庄子还强调了道的普遍性与无限性、主宰性与规律性和形而上的超越性，全面地论述了道的性质和规定，把老子所创立的道论在先秦时期推向最高峰。同时他的思想包含着朴素辩证法因素，他认为"道"是"先天生地"的，从"道未始有封"（即"道"是无界限差别的）。他看到一切事物都处在"无动而不变，无时而不移"中，却忽视了事物质的稳定性和差别性，认为"天下莫大于秋毫之末，而泰山为小；莫寿乎殇子，而彭祖为夭"，主张齐物我、齐是非、齐生死、齐贵贱，幻想一种"天地与我并生，万物与我为一"的主观精神境界，安时处顺，逍遥自得，倒向了相对主义和宿命论。

　　庄子追求的"逍遥游"是一种无限开放的精神自由，并通过"心斋"与"坐忘"方法，打通主客内外的界限，不断突破自我中心和人类中心的狭隘心态，使主体精神与天地精神自由往来与交融，获得一种同于大道的超越，对于提升和净化人们的精神境界无疑有着积极的价值。

　　6.《易传》

　　《周易》一书包括《易经》和《易传》两部分。《易经》大体记载周人卜筮的卦辞和爻辞，是以宗教信仰为特征、以适应占筮需要而形成的一部神学著作；《易传》是对《易经》的解释和发挥，共有十篇，古称《十翼》，是以理性思维为特征、以探讨万物本原和世界运动一般规律为主旨的哲学著作。《周易》成为中国哲学源头，魏晋时期与《老子》、《庄子》合称为"三玄"，被古文经学推为五经之首。

　　《易经》成书较早，《易传》是由战国时代至秦汉之际的儒家后学陆续写成的一部研究《易》学的集子。《汉书·艺文志》认为伏羲氏画八卦，周文王演六十四卦，孔子作《十翼》。到了汉武帝以后，《十翼》被称为《易传》，并被视为《周易》的一部分。

　　《易传》有十篇，包括：《彖传》上、下，《象传》上、下，《系辞》上、下，《文言》，《序卦》，《说卦》，《杂卦》。《彖传》是对卦辞的解释，说明每一卦的基本内容；《象传》一部分是说明如何按照卦的基本思想去行动（又称为"大象"），一部分是对爻辞的解释（又称为"小象"）；《系辞》总论《易经》的基本观点；《文言》是解释乾坤二卦经文的言语；《序卦》论述六十四卦排列顺序；《说卦》总述八卦代表的各类事物及其体现的原理；《杂卦》说明各卦挂名的意义及各卦相互关系。《易传》借解释《易经》，建构起宇宙生成论。

　　《易传》在宇宙观上探讨了形上与形下两个层面，即"道与器"关系。明确表示道作为一般原则是万物的本原，器作为具体事物这种形下是形上道的派生。道器关系成为后来中国哲学争论的一个中心问题。《易传》还着重论述了易的"变通"思想，"一阴一阳之谓道"，充分肯定变革的作用，看到了对立双方相互转化的关系，具有朴素辩证法思想。

　　《易传》的哲学理论取向改变《易经》的卜筮术数取向，提出诸多重要概念与命题，为后期儒学乃至其他哲学的发展产生了极其深远的影响。

　　7.《韩非子》

　　《韩非子》是先秦法家学说集大成者的著作。现存《韩非子》一书，主要包括《五蠹》、

《孤愤》、《显学》、《内外储说》、《说林》、《说难》等五十五篇，约十余万字，大部分为韩非子所著，是研究韩非子思想的主要资料。

韩非子（约公元前280—前233年），战国末期韩国人，出身贵族世家，是韩国的公子，是法家学说集大成者，其理论为我国第一个统一专制的中央集权秦国提供了理论依据。韩非与时任秦国丞相的李斯同是荀卿的学生，出于嫉妒，遭李斯陷害，韩非子最终被毒死于狱中。

韩非子继承了商鞅的"法"、申不害的"术"、慎到的"势"，认为法、术、势三者不可偏废，并强调三者的结合，于是将法治理论系统化。韩非子构建的中央集权专制的政治形式是："事在四方，要在中央，圣人执要，四方来效"，并主张"以法为教"、"以吏为师"，厉行赏罚、奖励耕战。在历史观上，韩非子主张厚今薄古，贵今贱古，反对今不如昔。在哲学上，韩非子改造和发挥老子"道"的思想，使其具有客观物质性的内容，还继承了荀子"名于天人之分"的唯物观点，肯定了天是不以人的意志为转移的客观存在。韩非子在此天道观的基础上，进一步提出了道和理的学说，指出"道"是万物变化发展的普遍规律，"理"是构成事物变化发展的特殊规律，二者是一对辩证关系，同时，在认识论方面，反对"前识"注重"参验"。如此，韩非子将唯物主义理论向前大大推进了一步，有着独特的贡献。

韩非子面对社会问题时，主张从现实主义出发，使"法、术、势"结合，"因人情"趋利避害，在学理上开创我国以法治国先河。

8. 《春秋繁露》

《春秋繁露》系后人辑录董仲舒遗文而成书，书名为辑录者所加，隋唐以后才有此书名出现。《隋书·经籍志》著录说有十七卷，宋《崇文总目》春秋类说有十七卷八十二篇，现存本是七十九篇，缺三篇。我国现存最早的《春秋繁露》版本，是南宋嘉定四年（1211年）江右计台刻本，现藏于北京图书馆。注本很多，最详尽的是苏舆的《春秋繁露义证》。

董仲舒（公元前179—前104年），广川（今河北枣强广川镇）人，专治《春秋公羊传》，汉景帝时任博士，西汉时期著名的哲学家和今文经学大师。为适应当时政治需要，董仲舒发挥儒家经典的微言大义，并通过对早期阴阳五行说的改造和利用，重建起天有意志的神学世界观，进一步把天命观念神秘化、系统化，形成一套神学体系，从而开创了封建统治阶级建立神学理论的先河。

董仲舒在《春秋繁露》中宣扬"天人合一"、"天人感应"的神学目的论，认为天是有意志的，是宇宙万物的主宰，是至高无上的神。实际是古代朴素唯物主义的概念——阴阳和五行变成了体现天的意志和目的，神化封建制度的工具。他指出："受命之君，天意之所予也。"《春秋繁露》还大力宣扬"天人感应"说，如果能按照天的意志行事，维持正常的统治秩序，就可长治久安；并且全面论证了"天不变道亦不变"的形而上学思想，大力宣扬"三纲"、"五常"的封建道德观，以期维护封建统治。《春秋繁露》为封建等级制度和伦常关系的合法性制造舆论。

《春秋繁露》以哲学上的神学蒙昧主义、政治上的封建专制主义为基础，提出了一套较为完备的思想体系，使得封建的意识形态宗教化了，董仲舒神学体系的建立，标志着儒学神学化的开始。

9. 《论衡》

《论衡》一书是东汉时期王充的毕生之作，集中反映了他的思想倾向和哲学观点。王充自称："《论衡》篇以十数，亦一言也，曰'疾虚妄'"。《论衡》共三十卷八十四篇，三十余万字，是一部富有战斗性的唯物主义无神论著作。

王充（27—104 年），字仲任，会稽上虞（今浙江上虞）人，他在理论上以"疾虚妄"的哲学精神全面地批判了两汉以今文经学和谶纬迷信思潮为主的唯心主义思想，系统地论述了唯物主义理论体系，是东汉时期最伟大的唯物主义哲学家。

《论衡》一书是论辩性著作，是一部"实论"型散文。作者用事实说话，援引历史和现实生活中的事例批驳各种虚妄之论。《论衡》一书的文字比较接近汉代口语，用词朴实无华，不重雕琢，在当时文风日趋骈俪化潮流中独树一帜。就世界的本原问题来说，王充认为天地万物是由物质性的元气构成的。"元气，天地之精微也。""万物之生，皆禀元气。"王充运用儒家传统的经验直观外推的方法，得出了"天"的自然性结论，"自然无为，天地之道也。"他以"重效验"、"疾虚妄"的求实精神，对"天人感应"、谶纬神学等迷信思想进行了尖锐的揭露和抨击。

王充擅长辩论，并且具有批判精神，在东汉前期谶纬神学猖獗的年代里，他在哲学上，提出了以"天道无为自然"为基本特征的一系列唯物主义的观点，使人们在神学的迷雾中仍然看到了唯物主义和无神论的理性的光辉。

10. 《坛经》

《坛经》是禅宗的第六代祖师慧能讲经说经的言论总集，是禅宗的经典。慧能圆寂后，其弟子们将其经历和言论录整理成《六祖坛经》，简称《坛经》。《坛经》不仅是研究慧能思想的重要资料，而且是具有中国特色的佛教禅宗一派的重要经典。在佛教中，只有佛祖释迦牟尼的言行记录能被称作"经"，而一个宗派祖师言行录也被称作"经"的，慧能是绝无仅有的一个。

慧能（638—713 年）亦称惠能，俗姓卢氏，祖籍范阳（今北京大兴），其父卢行瑶贬于岭南新州（今广东新兴县），慧能即出生于此。父亲早亡，家境贫穷以卖柴为生，后皈依佛门得黄梅五祖弘忍传授衣钵，主持曹溪宝林寺（今广东韶关南华寺），弘扬禅宗，世称禅宗六祖，实为中国禅宗的真正创宗人。

现存《坛经》主要有四种版本，其中元代僧人宗宝改编的《六祖大师法宝坛经》，简称"宗宝本"，影响较大，是常见通行本，一卷，十品。其中《行由品》记载了慧能自述身世的经过。中华书局 1989 年出版了《坛经校释》，收在《中国佛教典籍选刊》中。

慧能倡导的禅宗，以心净自悟为立论的哲学基础，主张心性本净，佛性本有，强调自识本心，见性成佛。他说："人性本净，为妄念故，盖覆真如，离妄念，本性净。""若识本心，即是解脱。""先立无念为宗。""佛法在世间，不离世间觉。"所谓无念，即虽有见闻觉知，而心常空寂之意。慧能的禅法以定慧为本，认为觉性本有，烦恼本无，以此直接契证觉性，便是顿悟，这就是见性成佛的顿悟说。

慧能以文句简单的《坛经》代替了烦琐经院式的佛学，摆脱名相烦琐的思想束缚，不立文字求得开悟，提倡成佛的简易法门，在坚持佛教的基本立场的同时，吸收道家自然主义哲学和儒家的心性学说，形成了其独特的禅学理论与修行方法，使中国佛教发展到顶峰，并对以后中国哲学产生了深远的影响。

11.《四书集注》

《四书集注》是《四书章句集注》的简称，是南宋著名哲学家朱熹为《大学》、《中庸》、《论语》、《孟子》所做的注，由于它的刊行，《大学》、《中庸》、《论语》、《孟子》始被称为"四书"，与"五经"一起成为古代社会最重要的经典著作。

朱熹（1130—1200年）字元晦，一字仲晦，号晦庵、晦翁，祖籍徽州婺源（今属江西），生长于建阳（今福建），并长期讲学于福建，所以后人称他的学派为"闽学"。朱熹是程颢、程颐四传弟子，他继承发展了"二程"，特别是程颐的思想，同时又吸收"北宋五子"思想，对理学思潮进行了系统的、创造性的全面总结，从而建立起以理为最高哲学范畴的客观唯心主义体系，成为理学的集大成者。

朱熹一生著述丰厚，流传于世者也颇多，但最重要的还是《四书集注》，他用毕生精力撰写和反复修改《四书集注》，长达40年，直至临死前一天仍在修改《大学章句》中"诚意"章的注，真可谓勤勉不懈，死而后已。《四书集注》充分反映了朱熹的"道统"学。朱熹继承"二程"的观点和做法，非常尊崇《孟子》和《礼记》中的《大学》、《中庸》，让三者与《论语》并列。他认为，儒家之道是由孔子创立，再经过曾参、子思传至孟子，形成了这样一个儒家道统，但再往后，这个道统就中断了。直至宋代，才出现了河南程氏二夫子程颢、程颐，再加上朱熹自己，儒家道统才得以继续。这就将程朱理学与儒家经典紧密联系起来，抬高了程朱理学的地位。

朱熹还通过《四书集注》的编排次序反映自己的价值取向。他认为，《大学》是"初学入德之门"，初学者应先学《大学》，然后再学其他。《大学章句》内容丰富，有格物、致知、诚意、正心、修身、齐家、治国、平天下等"八条目"，是儒学的基本纲领，包含了理学之主要内容，所以朱熹特别看重它。《中庸》是"孔门传授心法"的重要著作，是儒家相传的思想原则。"中庸"是道德行为的最高标准，《中庸》所提出的"博学、审问、慎思、明辨"的学习过程和认识方法亦为朱熹所推重。所以，《大学》和《中庸》在朱熹的思想体系中占有很高的地位。朱熹在注释《四书集注》时，不局限于烦琐的考据，更多的是从整体上探求与把握原书的思想体系，这同时也反映了朱熹的严谨治学风格。

唐以前，儒学以五经为经典，至南宋朱熹《四书集注》后，历代封建统治者把《四书集注》列入学官，作为法定的教科书和科举考试的标准答案，对中国封建社会后期思想产生了深远、巨大的影响。

12.《传习录》

《传习录》是王阳明的语录和论学书信，是其弟子所记，陆续刻印的。"传习"一词源出自《论语》中的"传不习乎"一语。《传习录》上、中、下三卷包含了王阳明的主要哲学思想，是研究其思想及心学发展的重要资料。

王阳明（1472—1529年），名守仁，字伯安，浙江余姚人，因被贬贵州时曾居住于阳明洞，世称阳明先生。他是我国明代中叶著名的哲学家，"心学"流派创始人，与陆九渊思想一起被称为"陆王心学"。

在《传习录》里，王阳明秉承陆九渊的"心即理"学说，批评朱熹的心外求理修养方法，反对程颐、朱熹通过事事物物追求"至理"的"格物致知"方法，因为事理无穷无尽，格之则未免烦累，故提倡从自己内心中去寻找"理"，认为"理"全在人"心"。在知与行的关系上，王守仁从"天地万物本吾一体"出发，反对朱熹的"先知后行"之说，主张知行合一。他认为"知"是人心本有的，不是认识了外物才有的，这个知就是"良知"。王阳明正是在继承中国传统儒学的万物一体思想的基础上，又吸收了佛道二家的相关智慧，结合自己的人生体验，在其"致良知"说的理论范围内，重点强调富于心学特色的"万物一体"思想，并使之成为阳明哲学体系的核心及其人生的终极境界。

《传习录》集中反映了王阳明的心性之学，特别是"四句教"，即"无善无恶是心之体，有善有恶是意之动，知善知恶是良知，为善去恶是格物"，有其特殊意义。直到今天，王阳明的思想在当代新儒家中仍有其深刻的影响。

13.《周易外传》

《周易外传》是王夫之的第一部易学著作，是在批判历史上研究易学的各种唯心主义观点的同时，发挥自己朴素的唯物主义哲学思想的重要著作。

王夫之（1619—1692 年），字而农，号姜斋，别号一壶道人，湖南衡阳人。晚年居衡阳之石船山，世称"船山先生"。王夫之是我国明末清初最伟大的唯物主义哲学家，宋明理学的批判终结者。王夫之学问渊博，尤精于经学、史学、文学，其主要著作后人编为《船山遗书》。

王夫之通过《周易外传》认为，人生的忧危险阻并非一定就是某种不可预期的重大变故，相反，它通常蕴含在日常的言笑之中，蕴含在对他人不切实际的期望中。《易》作为礼的源头，它的六十四卦中，《易传》所阐明的"九卦之德"与礼的关系最为密切，它们反映了礼"以常待忧患"的性质，也体现了《易》之变与礼之常的统一，而"惟衣裳可以配乾坤"，则揭示了易象与礼象的同一性。王夫之并将礼归宗于《易》，以《易》为礼的本源，认为礼的理念都是《易》的原则的推衍或显现，在《易》与礼之间，人们可以由对忧患险阻的知晓、把握，达到对贞常之礼的自觉践履，礼与《易》共同构成了幸福人生的指南，阐明了"立于易简以知险阻"的人生理论。

王夫之的哲学论断富有批判精神。他注释经学，自觉地继承和发扬《易》学系统中的朴素辩证法和从王充到张载的唯物主义气一元论，以发挥自己的思想。同时，大体把各种宗教神学和唯心唯识之说都归入"异端"阵营，主张对它们"伸斧钺于定论"，给以严厉批判。另一方面，他又主张采取"入其垒，袭其辎，暴其恃而见其瑕"的批判方法，对老庄哲学、佛教理论深入研讨，在批判中注意吸取其中合理内容，从而积累了大量先世的思想资料，创立了具有总结历史意义的博大哲学体系。他的哲学达到了我国古代朴素唯物主义和朴素辩证法的最高水平，同时也标志着中国古代哲学的终结。

二、西方哲学名著

1.《理想国》

《理想国》是柏拉图勾勒的合乎其理想的国家及制度的著作。作品围绕着城邦国家的起源、政体及各种制度的问题进行探讨，可以说是"国家篇"或"论国家"，是西方古代政治思想的一个源头。

柏拉图（公元前 427—前 347 年）出身于雅典贵族家庭，是苏格拉底的嫡传弟子，也是把苏格拉底思想发扬光大并加以体系化改造的最杰出的希腊哲学家。柏拉图正是通过《理想国》这部政治哲学著作思想走向成熟，就此放弃从政，转向哲学，成为西方最伟大的哲学家之一。

《理想国》共分十卷，但是一般打破按卷划分内容的模式，将全书分为六大部分：①有关正义的某些流行观点；②国家和个人的正义；③哲学王，以及关于两个世界划分的理论，关于存在与认识的四个阶段的学说，有关善的理念、教育的课程、辩证法等思想；④社会和灵魂的退步，论各种政治制度；⑤哲学与诗之争；⑥论不朽，重新回到正义的问题。由此可见，上述的②、③、④三个部分是全书最重要的部分。可以说《理想国》就是一部正义论，该书自始至终贯穿着"正义"这条主线，正义论是柏拉图《理想国》中法律思想的出发点和归宿。

《理想国》开启了对理想国家加以描述的先河。柏拉图作为古希腊唯心主义哲学的最大代表，他的哲学成为罗马哲学和基督教神学的思想来源，并直接影响了亚里士多德。

2. 《形而上学》

《形而上学》是亚里士多德最重要的哲学著作之一，也是西方哲学史上第一部专门研究哲学问题的著作，被称为第一哲学。它是关于存在者之为存在者的原理和原因的科学，也就是关于实体或本体的学说。现存的《形而上学》一书共有十四卷。它不是一部由亚里士多德本人在有计划的情况下写成的系统著作，而是由后人将一些内容相近的文稿集中在一起编辑而成的，文献之间的联系比较松散，甚至还有不少重复和矛盾。

亚里士多德（公元前 384—前 322 年），出生于色雷斯地区的斯塔吉拉城，柏拉图的学生和亚历山大大帝的老师。亚里士多德是古希腊哲学的集大成者，也是各门科学的奠基人。人们称其为"古希腊哲学家中最博学的人物"，恩格斯则称其为"古代的黑格尔"。

亚里士多德通过《形而上学》这部著作，集中对其尊敬的老师柏拉图的理念论进行批判，"爱吾师，吾更爱真理"，从而建立起自己的形而上学体系。在哲学中论述本体与本质、形式与质料、潜能与现实等范畴之间的关系，比较系统地阐述了他的"本体"学说，建立起西方哲学史上第一个形而上学体系，对后来的西方哲学的发展有着深刻的影响。

"形而上学"的原意就是"在物理学之后"。此书传到中国后，曾被译作《玄学》，意在表明书的内容和中国魏晋时期的玄学有相似之处，都以超感性、非经验的东西为研究对象。又由于《易经·系辞》有"形而上者谓之道，形而下者谓之器"的说法，意思是，在有形体的东西之上的、凭感官不能感知的东西叫作"道"，而有形体的、凭感官可感知的东西叫作"器"。据此，严复把"物理学之后"译为"形而上学"。因此，这里的"形而上学"也就是哲学本体论的意思，与黑格尔或马克思所说的作为辩证法对立面的形而上学是不一样的。

3. 《忏悔录》

《忏悔录》原名"Confessiones"是奥古斯丁代表作，也是基督教哲学的典型代表作。"Confessiones"在古典拉丁文本作"承认、认罪"解，但在教会文学中，转为承认神的伟大，有歌颂的意义。奥氏本来着重后一意义，即叙述一生所蒙天主的恩泽，发出对天主的歌颂；但一般都注重了第一义，因此我国过去都称此书为"忏悔录"，在欧洲则"忏悔录"已成为自传的另一名称。

奥古斯丁（354—430年）出生于罗马北非，古罗马帝国时期基督教思想家，欧洲中世纪基督教神学家，是教父思想的集大成者。在罗马天主教系统，他被封为圣人和圣师，并且是奥斯定会的发起人。对于新教教会，特别是加尔文主义，他的理论是宗教改革的救赎和恩典思想的源头。

《忏悔录》是一本以祷告自传手法所写的悔改故事，当中描写早期奥古斯丁归信时的内心挣扎及转变经历。本书共十三卷，以内容言，可分为两部分：卷一至卷九，是记述他出生至三十三岁母亲病逝的一段历史；卷十至卷十三，即写出作者著述此书时的情况。

第一部分：卷一，歌颂天主后，记述初生至十五岁的事迹。卷二、三，记述他的青年和在迦太基求学时的生活。卷四、五，记述他赴米兰前的教书生涯。卷六、七，记述他思想转变的过程。卷八则记述他一次思想斗争的起因、经过与结果。卷九是他皈依基督教后至母亲病逝一段事迹。 第二部分：卷十是分析他著书时的思想情况。卷十一至十三，则诠释《旧约创世纪》第一章，瞻仰天主六日创世的工程，在歌颂天主中结束全书。

奥古斯丁通过《忏悔录》将希腊理性模式转变为基督教信仰，带来了实质性的改变，这意味着中世纪信仰时代的到来。

4. 《第一哲学沉思集》

《第一哲学沉思集》是笛卡儿最重要的哲学著作之一，被视为近代西方哲学的奠基之作。《第一哲学沉思集》最初是用拉丁文写的，出版于1641年。

笛卡儿（1596—1650年），生于法国西部图兰省和布瓦杜省交界处的拉埃镇（今名拉埃—笛卡儿镇）的一个绅士家庭，他父亲是布列塔尼省的参议员。笛卡儿一生勤奋好学，在哲学领域，他被西方人尊称为近代哲学之父、欧洲大陆理性主义哲学的奠基者。他的哲学代表作有《第一哲学沉思集》。

《第一哲学沉思集》的正文包括一封给巴黎神学院的信、一篇内容提要和六篇沉思。第一篇沉思提出普遍怀疑的重要性，认为"人们有理由怀疑一切，特别是物质性的东西"；第二篇说明思想者的存在是无可怀疑的；第三篇进而证明上帝的存在；第四篇提出凡是理性清楚明白地理解到的都是真的，以及错误的来源是什么；第五篇论述物质事物的本质是广延；第六篇讲物质事物的存在，以及人的灵魂和形体的差别。这本书的正文很短，附录很长。笛卡儿写完原稿后，把手抄本分送给当时的思想家们征求意见，收到很多反驳；他把这些反驳加以整理，一一给予答辩，作为附录，是当时思想交锋的宝贵资料。

在这部著作中，笛卡儿通过普遍怀疑的方法，力图使心灵摆脱感官，通过纯粹理智来获得确定的知识。他从"我思故我在"这一著名的命题出发，推出上帝的存在和外界物体的存在，重新建立起心灵、上帝和物体的观念的可靠性。笛卡儿在书中所阐发的天赋观念论、身心二元论、理智至上论，以及他对知识的确定性的追寻，直接引发了欧洲大陆的理性主义风潮，对后世哲学有着深刻的影响。

5. 《人性论》

《人性论》是休谟旅居法期间写成的第一部重要哲学著作，也是其一生中最重要的著作，是西方哲学史上第一部公开以对"人性"的探讨为唯一对象的哲学著作，对于人类思想史具有独创性的理论贡献。全书分三卷，分别是"论知性"、"论情感"和"论道德"，1739 年后分卷出版。

休谟（1711—1776 年）出身于苏格兰爱丁堡的一个没落贵族家庭，18 世纪英国著名的经验论哲学家，与约翰·洛克及乔治·贝克莱并称英国"三大经验主义者"。其代表作有《人性论》、《人类理智研究》、《宗教的自然史》等。

休谟在《人性论》中从知性、情感和道德三方面探讨人性的原理，试图在精神科学领域建立一个具有全新基础的、完整的体系。

第一卷"论知性"的主题是认识论，主要说明了知识的起源、分类和范围，人的认识能力和界限，以及推理的性质和作用等认识论的内容。第一卷是《人性论》中最重要的部分，是其他部分的基础，包含了休谟对哲学的主要贡献。

第二卷"论情感"是第一卷的继续，其主题是情感的起源、性质和活动，并为下一卷关于道德问题的讨论打下基础。其中对意志和自由的讨论有相对的独立性。

第三卷"论道德"是在前两卷基础上对道德问题的全面阐述。其中第一章论述了道德的基本原理，属于伦理学的内容；第二章讨论"人为的德"，既是伦理学的内容，也是政治学的内容；第三章讨论的是"自然的德"。

休谟总结了自笛卡儿以来近代西方哲学的成果，对于后来的实证主义、实用主义、新实在论等主张以经验为基础的各类哲学的发展都有深刻的影响，其最直接、最重要的贡献是推动了康德批判哲学的形成。他的一些观点和方法对于处理当今哲学的复杂问题仍然有重要的意义。

6. 《纯粹理性批判》

《纯粹理性批判》是康德著名的"三大批判"之一，是康德哲学的奠基性著作，是对认识论的极为细致的批判性考察。《纯粹理性批判》全书除两版序言和一个总导言外，分为"先验要素论"和"先验方法论"两部分，前一部分占全书大多数篇幅，分为"先验感性论"和"先验逻辑"，"先验逻辑"又分为"先验分析论"和"先验辩证论"。

康德（1724—1804 年）出生于普鲁士哥尼斯堡（今俄罗斯加里宁格勒）的一个虔诚的新教徒家庭，启蒙运动时期最重要的思想家之一，德国古典哲学创始人。他最重要的代表作就是《纯粹理性批判》、《实践理性批判》、《判断力批判》，这三部被合称为三大批判的著作。

《纯粹理性批判》把人类一切知识建立在主体先验的能动作用，特别是知性的来源的综合统一基础之上，极大地高扬了人的主体独立性，这在当时是一件石破天惊的大事。在人的主体性面前，有关上帝和灵魂不朽的一切宗教说教都推动了作为一种特殊的甚至最高的、形而上学知识的地位，一切都要经过理性法庭的批判的审查才有资格进入科学的殿堂。

《纯粹理性批判》在人类思想史上具有极为重要的地位，它所提出的问题、所开创的思路，甚至所犯的错误，直到今天都还在作为哲学思维几乎是取之不尽的源泉而广泛地发生作用。

7. 《小逻辑》

《小逻辑》是黑格尔《哲学全书》的第一部分"逻辑学"；是《大逻辑》的精练提要，又是其补充和发挥，最足以代表黑格尔晚年成熟的逻辑学体系，从而构建了历史上最庞大、最全面的哲学体系。

黑格尔（1770—1831年）出生于今天德国西南部符腾堡州首府斯图加特一个政府公务员家庭，是德国古典哲学的集大成者。1829年，黑格尔被任命为柏林大学校长和政府代表，哲学思想被定为普鲁士国家的钦定学说，1831年死于霍乱。

《小逻辑》中译本包括以下内容：

1）《哲学全书》一、二、三版的"序言"和"柏林大学开讲辞"。这些内容只有真正懂得黑格尔哲学及其与时代的关系后才能完全理解，初读时不妨择要阅读，注意黑格尔就贯穿本书的"新方法"，即"与内容相一致的"辩证法对于哲学认识真理的极端重要意义的论述。

2）"导言"。导言的内容概论哲学（不专指逻辑学）的对象、内容和方法。

3）"逻辑学概念的初步规定"和"逻辑学概念的进一步规定和部门划分"构成逻辑学的"导言"，主要讨论了三个问题：①逻辑学的对象和性质；②思想对客观性三种态度；③概念的辩证本性。

4）逻辑学体系的主要内容。划分为存在论、本质论和概念论三部分。

黑格尔的逻辑学作为他整个哲学的大纲，是黑格尔哲学中最具重要意义的部分，也是黑格尔的方法论即辩证法的集中体现，它是马克思主义哲学的直接理论来源。

三、马克思主义哲学名著

1.《关于费尔巴哈的提纲》

《关于费尔巴哈的提纲》（简称《提纲》）是马克思于1845年春天在比利时首都布鲁塞尔写成的。整个《提纲》非常精练，一共十一条，总共一千余字，包含的内容非常丰富。恩格斯对《提纲》给予了高度的评价，称之为"包含着新世界观天才萌芽的第一个文件。"

马克思（1818—1883年），出生于德国普鲁士邦莱茵省（现属于联邦州莱茵兰-普法尔茨）特里尔城一个律师家庭。他于1835年考入波恩大学，1836年，他进入柏林大学，攻读法律和哲学，并参加了青年黑格尔小组钻研黑格尔的哲学著作。1841年获得哲学博士学位，1842年进入《莱茵报》当编辑。他是全世界无产阶级的伟大导师、科学共产主义的创始人，伟大的政治家、哲学家、经济学家、革命理论家、"千年第一思想家"。主要著作有《关于费尔巴哈的提纲》、《资本论》、《共产党宣言》等。

《提纲》以批判费尔巴哈为重点，第一次全面地批判了费尔巴哈唯物主义的直观性和不彻底性，提出了新唯物主义区别于一切旧唯物主义的根本点是实践的观点，从而确立了唯物主义的实践观，标志着马克思主义新世界观的诞生。马克思的《提纲》吸收了传统实践哲学，特别是亚里士多德、康德和黑格尔哲学思想的精华，通过对以往哲学特别是费尔巴哈哲学的批判，彰显了实践的价值维度。把实践的价值维度作为逻辑主线而贯穿其中，从而奠定了实践在马克思主义哲学中的核心地位。

《提纲》在马克思思想发展过程中，是一块结束旧质开创新质的界碑，在马克思主义哲学史上具有根本划界的意义，是马克思主义世界观的天才提纲。

2.《共产党宣言》

《共产党宣言》（以下简称《宣言》）是马克思和恩格斯合作为共产主义者同盟起草的纲领，国际共产主义运动第一个纲领性文献，马克思主义诞生的重要标志。1848年2月在伦敦第一次以单行本问世。《宣言》第一次全面系统地阐述了科学社会主义理论，指出共产主义运动已成为不可抗拒的历史潮流。

《宣言》的结构，正文由一个简短引言和四章组成。从1872年开始，马克思、恩格斯先后为《宣言》的再版分别撰写了七篇重要序言，进一步阐发了《宣言》的基本思想和随着形势的发展对其所做的若干必要修正、补充。

《宣言》运用辩证唯物主义和历史唯物主义分析生产力与生产关系、经济基础与上层建筑的矛盾，分析阶级和阶级斗争，特别是资本主义社会阶级斗争的产生、发展过程，论证资本主义必然灭亡和社会主义必然胜利的客观规律，作为资本主义掘墓人的无产阶级肩负的世界历史使命。《宣言》公开宣布必须用革命的暴力推翻资产阶级的统治，建立无产阶级的"政治统治"，表述了以无产阶级专政代替资产阶级专政的思想。《宣言》还指出无产阶级在夺取政权后，必须在大力发展生产力的基础上，逐步地进行巨大的社会改造，进而达到消灭阶级对立和阶级本身的存在条件。《宣言》批判当时各种反动的社会主义思潮，对空想社会主义作了科学的分析和评价。《宣言》阐述作为无产阶级先进队伍的共产党的性质、特点和斗争策略，指出为党的最近目的而奋斗与争取实现共产主义终极目的之间的联系。《宣言》最后庄严宣告："无产者在这个革命中失去的只是锁链。他们获得的将是整个世界。"并发出国际主义的战斗号召："全世界无产者，联合起来！"

《宣言》的发表，鼓舞全世界共产党人坚定共产主义信念，并直接影响了中国几代领导人的政治方针，推动了中国的发展。

3.《反杜林论》

《反杜林论》是恩格斯于1876—1878年的著作，是一部伟大的马克思主义著作，是马克思主义发展史上的一座丰碑。这部著作通过对假马克思主义者杜林的批判，系统地论述了马克思主义的三个组成部分（哲学、政治经济学、科学社会主义）及其内在联系，是一部马克思主义的百科全书。

恩格斯（1820—1895年）出生于德国莱茵省巴门市（今乌培塔尔市）一个纺织厂主家庭。中学辍学经商。德国社会主义理论家、哲学家，马克思主义的创始人之一，马克思的亲密战友，世界无产阶级的伟大导师和领袖。

《反杜林论》共分五个部分，即序言、引论、哲学、政治经济学、科学社会主义。序言主要有三版，是说明《反杜林论》一书出版的历史背景。引论部分设有两章，其中心思想是阐述社会主义怎样从空想变成科学的。"哲学"设有十二章，恩格斯剖析了杜林唯心主义和形而上学的世界观，系统地论证了马克思主义哲学的基本原理，并在1888年出版单行本《费尔巴哈和德国古典哲学的终结》中进一步系统阐述。《政治经济学》共有十章，其中第十章是马克思写的，驳斥了杜林的庸俗经济学观点，全面地论证和发挥了马克思主义政治经济学说。《科学社会主义》共有五章，揭露了杜林假社会主义的实质，进一步阐述了社会主义从空想到科学的发展过程和科学社会主义的基本原理。马克思主义理论中的哲学是世界观和方法论，政治经济学是具体证明和运用，科学社会主义是落脚点和归宿，三者是辩证统一的。

《反杜林论》这部著作的问世，对于保卫马克思主义世界观，维护科学社会主义纲领，推动德国工人运动和整个共产主义运动的发展，起了十分重要的作用。

主要参考文献

[1] 张岱年. 中国哲学大纲[M]. 北京：中国社会科学出版社，1982.

[2] 任继愈. 中国哲学史[M]. 北京：人民出版社，1978.

[3] 孙叔平. 中国哲学史稿（上）[M]. 上海：上海人民出版社，1980.

[4] 北京大学哲学系外国哲学史教研室. 古希腊罗马哲学[M]. 北京：商务印书馆，1982.

[5] 北京大学哲学系外国哲学史教研室. 十六—十八世纪西欧各国哲学[M]. 北京：商务印书馆，1975.

[6] 北京大学哲学系外国哲学史教研室. 十八世纪末—十九世纪初德国哲学[M]. 北京：商务印书馆，1975.

[7] 北京大学哲学系外国哲学史教研室. 西方哲学原著选读（上、下）[M]. 北京：商务印书馆，1984.

[8] 中国社会科学院哲学研究所中国哲学史研究室. 中国哲学史资料选辑（先秦之部上、下）[M]. 北京：中华书局，1964.

[9] 中国社会科学院哲学研究所中国哲学史研究室. 中国哲学史资料选辑（宋元明之部上、下）[M]. 北京：中华书局，1982.

[10] 中国社会科学院哲学研究所中国哲学史研究室. 中国哲学史资料选辑（近代之部上、下）[M]. 北京：中华书局，1983.

[11] 钱广华. 西方哲学发展史[M]. 合肥：安徽人民出版社，1988.

[12] 贺麟. 黑格尔哲学讲演集[M]. 上海：上海人民出版社，1986.

[13] 钱广华. 现代西方哲学评析[M]. 合肥：安徽大学出版社，1996.

[14] 周辅成. 西方伦理学名著选辑（上、下）[M]. 北京：商务印书馆，1987.

[15] 齐良骥. 康德的知识学[M]. 北京：商务印书馆，2000.

[16] 李泽厚. 批判哲学的批判[M]. 北京：人民出版社，1979.

[17] 张世英. 论黑格尔的逻辑学[M]. 上海：上海人民出版社，1981.

[18] 汪子嵩. 亚里士多德关于本体的学说[M]. 北京：生活·读书·新知三联书店，1982.

[19] 马玉珂. 西方逻辑史[M]. 北京：中国人民大学出版社，1985.

[20] 罗国杰. 西方伦理思想史[M]. 北京：中国人民大学出版社，1985.

[21] 李醒尘. 西方美学史教材[M]. 北京：北京大学出版社，2005.

[22] 唐君毅. 哲学概论（上、下）[M]. 北京：中国社会科学出版社，2005.

[23] 叶秀山. 前苏格拉底哲学研究[M]. 北京：人民出版社，1983.

[24] 李秀林，王于，李淮春. 辩证唯物主义和历史唯物主义原理[M]. 北京：中国人民大学出版社，2004.

[25] 冯友兰. 中国哲学简史[M]. 北京：北京大学出版社，1996.

[26] 赵敦华. 西方哲学简史[M]. 北京：北京大学出版社，2000.

[27] 王海明. 伦理学原理[M]. 北京：北京大学出版社，2001.

[28] 李德顺. 哲学概论[M]. 北京：中国人民大学出版社，2011.

[29] 刘文英. 中国哲学史[M]. 北京：南开大学出版社，2002.

[30] 杨春时. 美学[M]. 北京：高等教育出版社，2004.

[31] 熊十力. 新唯识论[M]. 北京：中华书局，1985.

[32] 牟宗三. 心体与性体（第一册）台北：台北正中书局，1968.
[33] 詹石窗，盖建民. 中国宗教通论[M]. 北京：高等教育出版社，2006.
[34] [英]W·C·丹皮尔. 科学史[M]. 李珩，译. 北京：商务印书馆，1979.
[35] [英]斯蒂芬·F·梅森. 自然科学史[M]. 上海外国自然科学哲学著作编译组，译. 上海：上海人民出版社，1977.